Eigentum des
Institut für analytische Psychotherapie
von Kindern und Jugendlichen
Heidelberg e.V.

Konzepte der
Humanwissenschaften

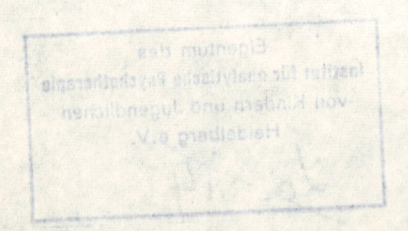

Moses Laufer
M. Eglé Laufer
Adoleszenz und Entwicklungskrise

Aus dem Englischen
übersetzt von Ulrike Stopfel

Klett-Cotta

Klett-Cotta
Die Originalausgabe erschien
unter dem Titel »Adolescence and Developmental Breakdown«
im Verlag Yale University Press, New Haven und London
© 1984 by Yale University
Für die deutsche Ausgabe
© J.G. Cotta'sche Buchhandlung Nachfolger GmbH, gegr. 1659,
Stuttgart 1989
Fotomechanische Wiedergabe nur mit Genehmigung des Verlags
Printed in Germany
Umschlag: Klett-Cotta-Design
Gesetzt in 10 Punkt Century
Auf säurefreiem und holzfreiem Werkdruckpapier gedruckt
und gebunden von Wilhelm Röck, Weinsberg
Zweite, in der Ausstattung veränderte Auflage, 1994

Die Deutsche Bibliothek – CIP-Einheitsaufnahme
Laufer, Moses:
Adoleszenz und Entwicklungskrise / Moses Laufer;
M. Eglé Laufer. Aus d. Engl. übers. von Ulrike Stopfel. –
2., in der Ausstattung veränd. Aufl. – Stuttgart: Klett-Cotta, 1994
(Konzepte der Humanwissenschaften)
Einheitssacht.: Adolescence and developmental breakdown ⟨dt.⟩
ISBN 3-608-91684-9
NE: Laufer, M. Eglé:

Für Anna Freud

*Anna Freud war glücklich darüber,
daß dieses Buch ihr gewidmet werden sollte,
aber sie hat sein Erscheinen nicht mehr erlebt.
Über viele Jahre hinweg war sie uns
eine große Hilfe bei unserer Arbeit.
Als Ausdruck unserer immerwährenden Dankbarkeit widmen wir ihr unser Buch.*

Inhalt

Vorwort ... 9

**I Adoleszenz:
Persönlichkeitsentwicklung, Pathologie, Krise**
1 Die Adoleszenz und
die endgültige sexuelle Organisation ... 19
2 Die Entwicklungskrise ... 41
3 Körperbild und Masturbation ... 59
4 Das heranwachsende Mädchen. Sein Verhältnis zum
eigenen Körper. Die Masturbation ... 75
5 Überich, idealisiertes Körperbild, Pubertät ... 93

II Krise und Behandlungsprozeß
6 Krise, Übertragung, Rekonstruktion ... 109
7 Objektbeziehungen, der Einsatz des Körpers,
die Übertragung ... 129
8 Der Selbstmordversuch in der Adoleszenz:
Eine psychotische Episode ... 151

III Klinische Aspekte
9 Zwanghaftes Verhalten und die zentrale Masturbationsphantasie: Klinische Implikationen ... 179
10 Entwicklungssperre ... 206
11 Gegenübertragung und sexuelle Entwicklung ... 216

IV Abklärung
12 Die Abklärung psychischer Störungen
in der Adoleszenz ... 229
13 Das diagnostische Vorgehen ... 252

Bibliographie ... 270
Register ... 279

Vorwort

Dieses Buch will die Erkenntnisse der Psychoanalyse heranziehen, um die Störungen in der Adoleszenz zu verstehen und um sie bei der Abklärung und Behandlung dieser Störungen nutzbar zu machen. Unsere Erfahrungen aus der Behandlung sowohl jugendlicher als auch erwachsener Patienten haben uns gelehrt, daß die Periode der Adoleszenz einen ganz spezifischen und wesentlichen Beitrag zum psychischen Leben des Menschen leistet und daß man die psychischen Erschütterungen dieser Periode anders betrachten muß als die Störungen im Kindes- und im Erwachsenenalter. Diese andere Betrachtung muß den Umstand berücksichtigen, daß die Adoleszenz mit der sexuellen Reife beginnt, einem Geschehen, das den Gang der psychischen Entwicklung ändert und pathologischen Episoden in dieser Periode eine andere Bedeutung und Dynamik verleiht, als sie den Störungen im Kindes- oder auch im Erwachsenenalter eigen sind.

Es ist einige Jahre her, daß uns eine ganz schlichte Tatsache auffiel und schließlich gewisse Zweifel an den herkömmlichen Erklärungen von der Funktion der Adoleszenz für die Persönlichkeitsentwicklung und von der Bedeutung pathologischer Episoden in dieser Periode in uns weckte: Offensichtlich waren die bekanntgewordenen Fälle von Selbstmord und versuchtem Selbstmord in der Adoleszenz unverhältnismäßig zahlreich, während der bewußte Entschluß zur Selbsttötung als soziales oder klinisches Problem vor der Adoleszenz noch gar nicht existierte. Später erkannten wir, daß unsere in der Adoleszenz stehenden Patienten – anders als die große Mehrheit der erwachsenen Patienten – ganz besonders anfällig dafür waren, sich entweder unmittelbar körperlichen Schaden zuzufügen oder sich doch jedenfalls für etwas zu entscheiden, das in ihrer Vorstellung ihr Körperbild verändern würde – also für Anorexie, Obesitas, Selbstverstümmelung, Drogenkonsum und -sucht. Dazu kam, daß für alle Patienten dieses

Alters die Frage nach der Normalität oder Abnormität ihres Tuns und Denkens eine ganz große Rolle spielte, ein Anliegen, das sich ausnahmslos auf die sexuelle Normalität oder Abnormität bezog.*

Aufgrund dieser Beobachtungen und unserer Erfahrungen aus der Tätigkeit in einer ambulanten Einrichtung für jugendliche Patienten und in einem psychoanalytischen Forschungszentrum** wurde uns klar, daß es immer wieder die gleichen Fragen sind, die sich uns im Zusammenhang der Behandlung vieler Jugendlicher stellen: Warum die plötzlichen Anzeichen einer psychischen Erkrankung, die so rasch als Schizophrenie diagnostiziert wird? Warum die schwere Depression, die Anorexie, die Anzeichen sexueller Abnormität oder die Gewalttätigkeit, die nicht Ausfluß einer sozialen Norm zu sein scheint, sondern die Reaktion auf eine innere Stimme oder auf das dringende Bestreben, das Gefühl der eigenen Abnormität aus dem Bewußtsein herauszuhalten?

Wir konzentrieren uns hier auf die Adoleszenz in der Funktion, die der Persönlichkeitsentwicklung dient, und auf den Zusammenhang dieser Funktion mit den Störungen in dieser Lebensperiode. Die Ansicht, die wir in diesem Buch entwickeln, lautet, daß das pathologische Moment in der Unterbrechung der Persönlichkeitsentwicklung während der Adoleszenz liegt. Die Folge einer solchen Unterbrechung ist notwendig ein gestörtes Verhältnis des Jugendlichen zu sich selbst als einem sexuellen Wesen, eine passive Beziehung zum gleichgeschlechtlichen Elternteil und der Verzicht auf den

---

* Wenn wir in diesem Buch von »den Jugendlichen« sprechen, beziehen wir uns auf männliche wie auf weibliche Jugendliche. Wo eine Präzisierung notwendig wird, werden wir von »männlichen Jugendlichen«, »weiblichen Jugendlichen«, von Jungen oder von Mädchen sprechen. Alle im Text verwendeten Namen sind Decknamen.
** Das *Brent Consultation Centre,* eine ambulante kommunale Einrichtung, bietet Jugendlichen im Alter von 16 bis 23 Jahren seine Hilfsdienste an. Dazu gehören Diagnose, kurzfristige Beratung und Psychotherapie. Das *Centre for Research into Adolescent Breakdown* bietet psychoanalytische Behandlung mit dem Ziel der Erforschung der Adoleszenzkrise. Diese Behandlung steht ausgewählten Jugendlichen bis zum Alter von neunzehn Jahren zur Verfügung.

Wunsch oder die Fähigkeit, die infantile Sexualität zu überwinden. Was unserer Meinung nach die eine Form der Pathologie in der Adoleszenz von der anderen unterscheidet, sind die zugrundliegende Phantasie, die ausgelebt wird und Befriedigung erfährt, das Ausmaß und die Art der Regression, die mit dem spezifischen pathologischen Geschehen verknüpft ist, und die – in der Phantasie bestehende – Art der Bindung an den inzestuösen Elternteil. Aus diesem Grunde beschäftigen wir uns hier nicht mit den spezifischen Manifestationen seelischer Störungen, wie sie gewöhnlich mit der Adoleszenz assoziiert werden.

Auch haben wir nicht die Absicht, uns mit jenen weiter zurückliegenden Faktoren in der Entwicklung des betreffenden Menschen zu befassen, die möglicherweise die Störungen in der Adoleszenz verursacht haben. Über den spezifischen Zusammenhang zwischen frühen Disharmonien in der Persönlichkeitsentwicklung und psychischen Störungen in der Adoleszenz besteht noch immer große Unsicherheit. Daß wir uns hier mit entsprechenden Erklärungen nicht aufhalten wollen, hat aber noch einen gewichtigeren Grund: Wir wollten uns lieber auf die Betrachtung der Adoleszenz beschränken – auf ihre Rolle in der Entwicklung der Persönlichkeit, auf die Bedeutung psychopathologischer Störungen, auf den Zusammenhang zwischen diesen Störungen und der sexuellen Körperlichkeit des jugendlichen Patienten und auf die mit alldem zusammenhängenden Probleme der Diagnose und Behandlung. Eine Beschäftigung mit den »Schrittmachern« der Adoleszenzkrise hätte uns von der gezielten klinischen Beobachtung unserer jugendlichen Patienten abgelenkt und ein Element der Spekulation in unsere Arbeit hineingetragen, das wir gerade vermeiden wollen.

Die psychoanalytische und psychiatrische Literatur hat unserem Verständnis der Sachverhalte, mit denen wir es in der Arbeit mit dem psychisch gestörten oder kranken Jugendlichen zu tun haben, auf vielfache Weise aufgeholfen. Dennoch trauen sich noch immer viele unserer Kollegen an die Behandlung solcher Jugendlicher nicht heran. Ihr Zögern – das unserer Meinung nach kaum gerechtfertigt ist – läßt sich bis zu einem gewissen Grade mit der von jeher beobachteten Zurückhaltung oder Unsicherheit erklären, psychoanalytische oder psychiatrische Erkenntnisse auf eine Periode der psychischen Entwicklung anzuwenden, die durch so weitreichende körperliche und geistige Veränderungen gekennzeichnet ist, daß das Ergebnis unserer Bemühungen wohl im besten Fall nicht im voraus abzusehen und im schlimmsten Fall gefährlich ist.

Das Interesse an der Adoleszenz war anfangs überschattet von Zweifeln daran, ob eine Behandlung während dieser Entwicklungsphase überhaupt angebracht sei. Die meisten Autoren konzentrierten sich auf die normale Entwicklung und beschrieben vor allem jene sozialen oder kulturellen Faktoren, die für Entwicklung oder aber für die pathologischen Abweichungen sorgten. Die Untersuchungen der biologischen Vorgänge während der Adoleszenz trugen zwar nicht schon in sich zum Verständnis pathologischer Erscheinungen bei, aber sie lenkten die Aufmerksamkeit doch gezielt auf die ungeheuren psychischen Veränderungen in dieser Zeit und indirekt auch auf das von der Pubertät an im Jugendlichen vorhandene sexuelle und aggressive Potential.

Selbst unter den Psychoanalytikern war das Interesse an Normalität oder Pathologie in der Adoleszenz minimal, zumal wenn man an die Flut der psychoanalytischen Literatur denkt, wie sie sich seit Freuds frühen Veröffentlichungen angesammelt hat. Freuds wichtigster Beitrag zum Verständnis der Pubertät und der Periode der Adoleszenz findet sich in seinen »Drei Abhandlungen zur Sexualtheorie« (1905), einem Werk, das für jede Art der Betrachtung von Normalität und Pathologie von grundsätzlicher Bedeutung bleibt. Daneben haben sich Autoren wie G. Stanley Hall, August Aichhorn, Siegfried Bernfeld, Helene Deutsch, Edith Jacobson, Erik Erikson und Peter Blos große Verdienste um die Darstellung der wechselvollen Natur dieser Periode und besonders gefährdeter Bereiche in der Entwicklung des Kindes und des Jugendlichen erworben.

Zeitlich parallel zu diesen bedeutenden theoretischen Beiträgen entwickelte sich das Interesse an der Behandlung des

Jugendlichen. Dabei stand über Jahre hinweg die Überzeugung im Vordergrund, daß die traditionelle Behandlung, wie man sie dem erwachsenen Patienten angedeihen ließ, sich für den Jugendlichen nicht in gleicher Weise eigne. Das Interesse konzentrierte sich sehr weitgehend auf die Frage der Anwendbarkeit der verschiedenen Therapieformen – der Familientherapie, der Gruppentherapie, des Rollenspiels, der Beratung, der Chemotherapie – auf die Arbeit mit dem jugendlichen Patienten. Dahinter stand die Überlegung, daß ein Erfolg an die Eignung der jeweils angewandten Behandlungsform geknüpft sei. Aber denjenigen, die mit kranken Jugendlichen arbeiteten, wurde auch klar, daß man von einem Verständnis der Psychopathologie der Adoleszenz noch weit entfernt war. Dieses Problem wurde allerdings nicht in einen Zusammenhang mit der Frage gestellt, ob eine bestimmte Behandlungsform angebracht war oder nicht.

Der Annahme, daß man die Psychopathologie der Adoleszenz von einem anderen Ausgangspunkt aus betrachten muß als die Psychopathologie des Erwachsenenalters, kommt für uns immer dann besonderes Gewicht zu, wenn wir uns mit den Psychosen oder den sogenannten Psychosen bei einigen unserer heranwachsenden Patienten befassen. Früher hatten wir Bedenken, Jugendliche mit diesen Manifestationen psychoanalytisch zu behandeln. Aber wir gewannen immer wieder den Eindruck – sei es bei der Abklärung einer Störung, sei es im Laufe der Behandlung –, daß die Jugendlichen in vielen Fällen Anzeichen zeigten, die man bei einem erwachsenen Patienten vielleicht als psychotisch bezeichnet hätte, die aber viel eher auf einen vorübergehenden, wenn auch heftigen Ausbruch aus der Realität deuteten und nicht auf eine ausgewachsene und irreversible Psychose.

Aus dieser Überlegung ergeben sich natürlich entscheidende Konsequenzen, zumal wenn unsere Annahme, daß die Vorgänge in der Adoleszenz ganz wesentlich zur Normalität oder Abnormität des Erwachsenen beitragen, richtig ist. Mit anderen Worten: Einen kranken Jugendlichen nicht zu behandeln, der Anzeichen psychotischen Verhaltens oder einer mutmaßlichen Psychose zeigt, die dann nach Abklärung als frühe Symptome der Schizophrenie des Erwachsenenalters bezeichnet oder aufgefaßt werden könnten, würde bedeuten, daß man eine Chance verpaßt, diese schwere Pathologie noch umzukehren; oder aber, wenn die Dinge ungünstiger liegen, den Jugendlichen wenigstens in die Lage zu versetzen, einen gewissen Kontakt zu seiner inneren und äußeren Realität zu wahren und ihn nicht bis an den Punkt geraten zu lassen, an dem er diesen Kontakt ganz aufgeben müßte.

Unsere Annahmen über die Natur des Konfliktes, den wir in den verschiedenen Formen pathologischen Verhaltens in der Adoleszenz erkennen, haben zur Formulierung gewisser Vorstellungen über die Anfälligkeit für einen »Ausbruch aus der Realität« geführt, die allem Anschein nach mit dem Eintritt der Pubertät und während der Adoleszenz ganz erheblich zunimmt. Bisher wissen wir noch nicht, wie sich eine klare Unterscheidung zwischen der sogenannten Entwicklungskrise (die einen vorübergehenden Ausbruch aus der Realität einschließen kann) und den eindeutigeren Psychosen wie der Schizophrenie oder der depressiven Psychose treffen läßt. Aus unseren psychoanalytischen Forschungen schält sich aber immer deutlicher die Erkenntnis heraus, daß ein Ausbruch aus der Realität während der Adoleszenz nicht notwendig ein Zeichen für eine Psychose oder für die Anfänge einer Psychose sein muß. Vielmehr läßt sich ein solcher Ausbruch als mögliche Reaktion des Jugendlichen auf Phantasien verstehen, die ihn überwältigen, in denen sexuelle und aggressive Wünsche im Zusammenhang mit seinem eigenen Körper eine Rolle spielen und die im Widerspruch zu seinem idealisierten Körperbild stehen. Das Bild, das der Jugendliche vor der Pubertät von sich selbst hatte, mag die unbewußte Phantasie enthalten haben, einen anderen Körper zu besitzen als denjenigen, den er tatsächlich besaß; und erst in der Pubertät, in dem Augenblick, in dem sein Körper zur psychischen, zur sexuellen Potenz gelangt ist, schlagen seine Bemühungen um Zurückweisung der Wahrheit (der Tatsache nämlich, männlichen bzw. weiblichen Geschlechts zu sein) fehl. Unter Umständen muß der Jugendliche seine Zuflucht dann zu einem Ausbruch aus der Realität nehmen – dem einzigen ihm zu

Gebote stehenden Mittel, die alte verzerrte Sicht beizubehalten. Die wahnhaften Konstrukte, die paranoiden Projektionen, die heftigen Attacken gegen den Körper in Form von Selbstmordversuchen und Akten der Selbstverstümmelung, die Halluzinationen des Jugendlichen – all das läßt sich als Teil einer solchen Entwicklungskrise verstehen, in welcher der Jugendliche seinen zur sexuellen Reife gelangten Körper ablehnt und statt dessen die Beziehung zu einem phantasierten Körper fortsetzt, der anders ist als derjenige, den er tatsächlich hat. In diesem Kontext nimmt die Frage der geschlechtlichen Differenzierung und damit auch die ursprüngliche Bewältigung der ödipalen Situation eine entscheidende Bedeutung an, zumal für die Bestimmung des Schweregrads der Pubertäts- und Adoleszenzkrise.

Der Annahme Freuds, daß das Vorhandensein eines psychopathologischen Moments immer auf eine Störung des Sexuallebens einer Person deute, kommt ganz besonderes Gewicht zu, wenn man sie auf den heranwachsenden Menschen anwendet. Wenn Freud vom Sexualleben spricht, meint er eine ganze Reihe von Lebensbereichen: das Niveau und die Qualität der Objektbeziehungen, die präödipalen und ödipalen Identifizierungen und ihren Zusammenhang mit der späteren sexuellen Orientierung, die Sublimationen mit Hilfe des intellektuellen und kreativen Potentials, die spezifischen Formen der sexuellen Aktivität innerhalb der Beziehung zu Menschen des gleichen oder des anderen Geschlechts, die Reaktion auf inzestuöse Strebungen und die entsprechenden Abwehrmechanismen. In diesem Sinne betrachtet Freud den Körper und die frühe Beziehung zum eigenen Körper auf dem Weg über die Mutter als das Fundament der zukünftigen psychischen Struktur; das heißt, das Körper-Ich ist der Vorläufer der Ich-Organisation. Wenn das so ist, dann können wir annehmen, daß die Beziehung zum eigenen Körper das ganze Leben hindurch eine zentrale Beziehung bleibt, auch wenn die Bedeutung des Körpers für die Psyche sich von einer Entwicklungsperiode zur nächsten drastisch verändert. Wir sind der Überzeugung, daß diese Beziehung zum eigenen, sexuell reifen Körper von der Pubertät bis zum

Ende der Adoleszenz, also etwa bis zum Alter von 21 Jahren, die Vergangenheit des Menschen einschließt und daß in dieser Beziehung Konflikt und Angst wieder aufleben, so daß die alten Lösungen wiederholt werden, nun allerdings in einem neuen und sehr viel gefährlicheren Kontext. Die Behandlung und Untersuchung von Jugendlichen, die in der Beziehung zu ihrem Körper schwere Erschütterungen erkennen lassen – ein Thema, das dieses Buch von Anfang bis Ende durchzieht –, haben uns immer wieder Gelegenheit zur Beobachtung jener Faktoren geboten, die unserer Meinung nach integrierende Bestandteile sowohl der Entwicklungskrise als auch der krankhaften psychischen Störungen sind, wie sie später bei vielen Erwachsenen auftreten.

I Adoleszenz:
Persönlichkeitsentwicklung, Pathologie, Krise

1 Die Adoleszenz und die endgültige sexuelle Organisation

Im Bemühen um eine präzisere Darstellung dessen, was die Periode der Adoleszenz zur normalen psychischen Entwicklung beiträgt, stellten wir fest, daß wir nicht nur die Struktur psychopathologischer Entwicklungen in der Adoleszenz präzise definieren, sondern ebenso präzise auch darlegen mußten, wie diese Struktur sich von derjenigen der Neurosen, Perversionen und Psychosen des Erwachsenenalters unterscheidet. Freuds Überzeugung, daß man zum Beispiel Perversion als solche nicht definieren könne, bevor die sexuelle Orientierung eines Menschen festliegt (1905, 162–72; 1919), leuchtete uns durchaus ein, als wir uns in diesem Gedanken zunächst mit den pathologischen Entwicklungen in der Adoleszenz und dann mit der Funktion der Adoleszenz für die Persönlichkeitsentwicklung beschäftigten. Freud hatte als Beispiel zwar die Perversion herangezogen, aber insgesamt ging es ihm um die Entwicklung der sexuellen Orientierung des Menschen und um den Gedanken, daß die Hauptquelle der Befriedigung gewöhnlich erst gegen Ende der Adoleszenz ein festes und vorhersagbares Muster aufweist. Zugleich war ihm auch an dem Hinweis gelegen, daß Störungen des Sexuallebens, die vor der Etablierung der Hauptquelle der Befriedigung vorhanden sind, anders betrachtet und verstanden werden müssen als spätere Störungen.

Die Feststellungen, zu denen wir in unserer Arbeit mit jugendlichen Patienten gelangten, schienen diese Überlegungen über die Herausbildung einer definitiv pathologischen Orientierung und Gestaltung des Sexuallebens immer wieder zu bestätigen. Wenn die Hauptquellen der Befriedigung im Normalfall erst gegen Ende der Adoleszenz festliegen, dann, so dachten wir, wäre dies auch der Fall beim pathologischen Moment. Aber irgend etwas fehlte uns noch zum vollen Verständnis der Wirkung der Pubertät und ihres Einflusses auf die persönlichkeitsbildende Funktion der Adoleszenz, und nur dieses Spezifikum konnte uns einer präzisen Definition der charakteristischen Merkmale pathologischer Entwicklungen in der Adoleszenz näherbringen. Erst wenn uns diese charakteristischen Merkmale bekannt wären, könnten wir die Psychopathologie der Adoleszenz von der Psychopathologie des Kindes- und des Erwachsenenalters unterscheiden. Und diese Möglichkeit der Unterscheidung wiederum hätte höchst bedeutsame Konsequenzen, um Störungen in der Adoleszenz abklären und behandeln zu können, und wäre darüber hinaus von großem Belang für die Fragen der Prävention und der Reversibilität schwerer Störungen in Adoleszenz und Erwachsenenalter.

In seinen »Drei Abhandlungen zur Sexualtheorie« (1905) beginnt Freud seine Studie über »Die Umgestaltungen der Pubertät« wie folgt: »Mit dem Eintritt der Pubertät setzen die Wandlungen ein, welche das infantile Sexualleben in seine endgültige normale Gestaltung überführen sollen« (GW, Bd. V, S. 108). Im Zusammenhang mit der Beschreibung dieser Wandlungen, die in der Pubertät eintreten sollen – und hier meint er die Unterordnung der Partialtriebe unter den Primat der Genitalzone – stellt Freud fest: »Wie bei jeder anderen Gelegenheit, wo im Organismus neue Verknüpfungen und Zusammensetzungen zu komplizierten Mechanismen stattfinden sollen, ist auch hier die Gelegenheit zu krankhaften Störungen durch Unterbleiben dieser Neuordnungen gegeben. Alle krankhaften Störungen des Geschlechtslebens sind mit gutem Rechte als Entwicklungshemmungen zu betrachten« (S. 109). Nachdem er seine Ansichten über das kindliche Sexualleben und die prägenitale Organisation zusammengefaßt hat, spricht Freud von der Periode bis zur Pubertät als von einem »bedeutsamen Vorläufer der späteren endgültigen Sexualorganisation«.

Freuds Bemerkungen über die Wandlungen, die mit dem Eintritt der Pubertät einsetzen, möchten wir folgendermaßen ergänzen: Die Pubertät – also die körperlich-sexuelle Reife und die damit einhergehende Fähigkeit zur Fortpflanzung – bringt einen Prozeß in Gang, der während der gesamten Adoleszenz anhält. Es handelt sich um einen Prozeß des Erlebens, der Reorganisation und schließlich der Integration der bisherigen psychischen Entwicklung in den neuen Kontext der physisch-sexuellen Reife. Die präpuberalen Wünsche und Phantasien waren vor Eintritt der physisch-sexuellen Reife gefahrlos und annehmbar, aber von der Pubertät an sind diese gleichen Wünsche und Phantasien mit einer neuen inzestuösen Bedeutung befrachtet. Was bisher normal und was pathologisch war, wird jetzt als Zeichen sexueller Normalität bzw. sexueller Pathologie angesehen, und entsprechend wird darauf reagiert. Der Körper, der bis zur Pubertät als passiver Träger von Bedürfnissen und Wünschen erfahren wurde, wird jetzt in der sexuellen und in der aggressiven Phantasie wie im sexuellen und im aggressiven Verhalten zur aktiven Kraft.

Etwas allgemeiner gefaßt, lautet unsere These wie folgt: Mit der Bewältigung des ödipalen Konflikts sind zwar die wichtigsten sexuellen Identifizierungen fixiert und das Körperbild in seinen Grundzügen festgelegt worden, aber erst während der Adoleszenz verschmelzen der Inhalt der sexuellen Wünsche und die ödipalen Identifizierungen zu einer nicht mehr umkehrbaren sexuellen Identität. In der Adoleszenz werden die ödipalen Wünsche im Bewußtsein des Besitzes eines zur Reife gelangten Genitalapparates überprüft, und es kommt zu einem Kompromiß zwischen dem Erwünschten und dem Zulässigen. Diese Kompromißlösung bestimmt innerhalb der Variationen des Normalen die sexuelle Identität eines Menschen.

Für uns liegt die wichtigste Funktion der Adoleszenz also in der Festlegung der endgültigen sexuellen Organisation, einer Organisation, zu der – was die Körperrepräsentation angeht – jetzt auch der zur Reife gelangte Genitalapparat gehören muß. Die verschiedenen Aufgaben, die in der Adoleszenz zu bewältigen sind – die veränderte Einstellung zu den ödipalen Objekten, die veränderte Einstellung zu den Gleichaltrigen, das neue Verhältnis zum eigenen Körper –, sollten unter dieser wichtigsten entwicklungsorientierten Funktion subsumiert und nicht als separate Aufgaben betrachtet werden. Aus der Art, wie der Jugendliche an diese Aufgaben herangeht, können wir erkennen, ob er sich kontinuierlich in Richtung des Erwachsenwerdens bewegt, oder ob eine therapeutische Intervention angezeigt ist. Von dem Augenblick an, da die endgültige sexuelle Organisation erreicht ist, gibt es keine Möglichkeit eines irgendwie gearteten inneren Kompromisses mehr, wie sie zu einem früheren Zeitpunkt in der Adoleszenz vielleicht noch gegeben war. Was wir dann in dem jungen Erwachsenen sehen, zumindest in seinen krankhaften Störungen, ist das Ergebnis einer in der Adoleszenz eingetretenen Entwicklungskrise.

An anderer Stelle in diesem Kapitel werden wir das klinische Material aus der Analyse eines Spätadoleszenten und eines jungen Erwachsenen präsentieren, um die Natur dieser in der Adoleszenz geforderten Neuordnungen und die Natur der krankhaften Störungen im frühen Erwachsenenalter zu veranschaulichen, welche die in der Adoleszenz eingetretene Entwicklungskrise reflektieren. Wir werden auf den Zusammenhang zwischen diesen Neuordnungen und der gegen Ende der Adoleszenz erfolgten Integration der zentralen Masturbationsphantasie in die endgültige sexuelle Organisation aufmerksam machen. Und schließlich werden wir zeigen, daß sich darin wiederum die Art und Weise spiegelt, wie der Jugendliche den zur Reife gelangten Genitalapparat am Ende dieser Entwicklungsperiode als Teil der Körperrepresentation integriert hat.

Die zentrale Masturbationsphantasie

Wir nehmen an, daß der Mensch im Rahmen seiner normalen Entwicklung von allem Anfang an Möglichkeiten findet, seine Triebforderungen zu befriedigen, indem er entweder den eigenen Körper oder ein Objekt benutzt (Freud 1905; Mahler 1974; Schilder 1935). Im vorödipalen Stadium stehen dem Kind eine ganze Reihe autoerotischer Aktivitäten, Spiele und Phantasien zu Gebote, mit deren Hilfe es die Beziehung zu der Befriedigung gewährenden Mutter von neuem erschaffen und ausleben kann. Aber nach der Auflösung des Ödipuskomplexes und der Internalisierung des Überich können wir nicht mehr in der gleichen Weise von den Möglichkeiten des Kindes sprechen, seine instinktiven Wünsche und Bedürfnisse in bezug auf sein erstes Liebesobjekt, die Mutter, zu befriedigen. Vom Augenblick der Auflösung des Ödipuskomplexes an werden alle regressiven Formen der Befriedigung vom Überich als annehmbar oder unannehmbar beurteilt. Und im größeren Zusammenhang der zukünftigen sexuellen Orientierung und der endgültigen sexuellen Organisation wird durch die Auflösung des Ödipuskomplexes die zentrale Masturbationsphantasie fixiert – jene Phantasie, in der die verschiedenen regressiven Formen der Befriedigung und die wichtigsten sexuellen Identifizierungen enthalten sind. Das weitere Schicksal dieser Phantasie ist von besonderer Signifikanz für die normale bzw. die pathologische Entwicklung in der Adoleszenz. Wie weit sie in die Entwicklung während dieser Phase integriert worden ist bzw. wie weit sie diese Entwicklung gestört hat, das wird zu einem späteren Zeitpunkt im Leben des erwachsenen Menschen erkennbar.

Diese zentrale Masturbationsphantasie ist unserer Überzeugung nach ein universales Phänomen und hat für sich genommen nichts Pathologisches. In der Kindheit und im Latenzalter bleibt ihr Inhalt unbewußt, aber er äußert sich in verschleierter Form in Gestalt von Tagträumen, von Phantasien, die das Masturbieren begleiten, in Form von Spielen oder vorgeblichen Aktivitäten und Beziehungen (A. Freud 1965). In der Latenzperiode und der Präadoleszenz bestimmt im wesentlichen die Reaktion des Überich die Reaktionen des Kindes auf diese Phantasie und die verschiedenen Formen der autoerotischen Aktivität; mit der Reifung der Genitalien nimmt der Inhalt der Phantasie dann aber eine neue Bedeutung an und stellt Forderungen an das Ich, die sich qualitativ von den früheren Forderungen unterscheiden. Auch wenn der Inhalt der zentralen Masturbationsphantasie sich normalerweise in der Adoleszenz nicht verändert – der Umstand, daß sie vor dem Hintergrund eines reifen Genitalapparates erlebt wird, hat zur Folge, daß die Abwehrorganisation sehr viel stärker in Anspruch genommen wird.

Nach unseren Beobachtungen kann diese Phantasie nach der Pubertät eine zwanghafte Qualität annehmen – das heißt, der Jugendliche muß sie in seinen Objektbeziehungen und in seinen sexuellen Aktivitäten ausleben, und die einzige Befriedigung, die seinem Gefühl nach wirklich zählt, ist diejenige, die auf einer unbewußten Ebene auch das Ausleben eben dieser Phantasie repräsentiert. Der zwanghafte Charakter ist für den Jugendlichen erschreckend, denn seine Phantasie weist jetzt unter Umständen ein Element der Gewalt und der Destruktivität auf, und zudem macht sie es ihm, während er sie auslebt, ohne weiteres möglich, die Realität zu verleugnen. Die Phantasie wird für den Patienten zum integrierenden Bestandteil seines Übertragungserlebnisses und bildet insgeheim nicht selten die Grundlage der Befriedigungen, die er aus der Behandlung gewinnt. Wir haben den Eindruck, daß das Agieren, das wir mit der Adoleszenz assoziieren und häufig als zur normalen Entwicklung gehörig akzeptieren, zu einem großen Teil die Bemühungen des Jugendlichen spiegelt, neue Möglichkeiten zu finden, die zentrale Masturbationsphantasie zu integrieren. Und ähnlich verhält es sich oft auch mit den Krisen oder den zeitweisen psychotischen Episoden, wie sie in der Adoleszenz auftauchen: Sie sind die einzige dem Ich zu Gebote stehende (wenn auch pathologische) Lösung der Frage, wie sich der Inhalt der zentralen Masturbationsphantasie in den neuen Kontext der Genitalität einbringen läßt. Das klinische Material wird diese Zusammenhänge bis zu einem gewissen Grade verdeutlichen.

Wir möchten hier nicht den Eindruck erwecken, als ob diese Kernphantasien dem Bewußtsein leicht zugänglich seien, oder als ob es die wichtigste Aufgabe des Analytikers sei, die Kernphantasien zusammenzusetzen, während ihn das übrige Verhalten des Patienten nicht weiter zu interessieren brauche. Das ist selbstverständlich nicht der Fall. Es wird zweifellos viel Zeit kosten, die zentrale Masturbationsphantasie eines Patienten aufzudecken, aber die Hinweise darauf sind im klinischen Material, in der Fülle der Derivate aus dem Unbewußten, durchaus vorhanden – in den wiederkehrenden Tagträumen, in den Objektbeziehungen, die dem Patienten wichtig werden, in den Phantasien, die seine masturbatorischen oder anderweitigen sexuellen Aktivitäten begleiten, und in wiederkehrenden Verhaltensweisen, die sich zum Teil als ein Ungeschehenmachen der Verdrängung verstehen lassen. Im Laufe der Arbeit mit dem kranken Jugendlichen gelingt es uns dann aufgrund dieser Einblicke in das Unbewußte, die Phantasie zusammenzusetzen und damit die Motivation, die Macht bestimmter Formen der Befriedigung und am Ende das pathologische Geschehen zu erkennen. Die Phantasien selbst sagen uns nichts über ihre Entstehungsgeschichte, und wenn wir sie wieder zusammenfügen, trägt uns dies außer einem Einblick in das Unbewußte und in die Bedeutung des pathologischen Geschehens nichts ein. Ein Bild von ihrer Entstehungsgeschichte läßt sich nur dadurch gewinnen, daß man ihnen im Kontext der Übertragung nachgeht. Für die Behandlung und die Heilung der Krankheit ist eine klare Vorstellung von der Beschaffenheit der Kernphantasie allerdings notwendig.

Vorhandensein und Bedeutung der zentralen Masturbationsphantasie sind in keiner Weise davon abhängig, ob ein Mensch masturbiert oder nicht. Wichtig ist dagegen – zumindest in unserem Verständnis der Krankheit des Patienten – die Beachtung des Zusammenhangs zwischen seinem gegenwärtigen Sexualleben und seinen Objektbeziehungen einerseits und seiner infantilen Sexualität andererseits – also seinem Autoerotismus, seiner frühen Beziehung zu dem Befriedigung gewährenden Objekt, seinen präödipalen Phantasien und dem gleichzeitigen Realitätsbezug und seinem sich wandelnden Verhältnis zum eigenen Körper als einer Quelle der Befriedigung. Nach unseren Erfahrungen ist es nämlich keineswegs ungewöhnlich, daß der jugendliche Patient (oder der Erwachsene) Möglichkeiten gefunden hat, jede Erinnerung an frühe autoerotische Aktivitäten vollständig zu verdrängen und sich als einen Menschen zu präsentieren, der sich – wenn überhaupt – nur selten irgendwelchen Phantasien überläßt und möglicherweise sogar den bewußten Wunsch nach sexuell befriedigenden Beziehungen in seinem gegenwärtigen Leben aufgegeben hat. Eine solche Situation ist allerdings Teil des pathologischen Geschehens und tut dem Vorhandensein oder dem Einfluß oder auch dem Rang dieser Phantasie in keiner Weise Abbruch; sie bedeutet lediglich, daß es erheblich schwieriger werden kann, die Phantasien ans Licht zu bringen und sich über ihre Bedeutung im Leben des Patienten klar zu werden.

Späte Adoleszenz und frühes Erwachsenenalter

Durch Probehandeln wird der Jugendliche nach einer Kompromißlösung suchen, die es ihm im günstigsten Fall ermöglicht, die Wünsche, wie sie in seiner zentralen Masturbationsphantasie enthalten sind, zu befriedigen und gleichzeitig die Zustimmung seines Überich zu erlangen, indem er den Forderungen seines Gewissens und den Erwartungen seines Ichideals nachkommt. Das bedeutet, daß ihm altersgemäße Möglichkeiten offenstehen müssen, Befriedigung und neue Objekte zu finden. Der Besitz eines reifen Genitalapparates bedeutet, daß regressiven Wünschen nicht mehr die gleiche Freiheit zugestanden werden kann wie bisher, denn solche Wünsche können jetzt das Abwehrsystem bedrohen und eine Verurteilung durch das Überich bewirken.

Solange die Genitalität die Hauptquelle der Befriedigung bleibt, kann man das Problem als ein Entwicklungsproblem betrachten. In vielen Fällen einer pathologischen Entwicklung ist es aber so, daß der Sieg der prägenitalen Wünsche über die Genitalität den Möglichkeiten des Jugendlichen, die Masturbation und die sie begleitenden Phantasien als Probehandeln einzusetzen, im Wege steht. Das gilt in besonderem Maße für die Spätadoleszenz, also etwa für das Alter von sechzehn Jahren an. Dann wird der zur sexuellen Reife gelangte Körper als Quelle der regressiven Wünsche angesehen, und das hat zur Folge, daß er als dasjenige Mittel, durch das Befriedigung erlangt werden kann, zurückgewiesen werden muß (Blos 1972; Ritvo 1971). Wegen der Wünsche, die in seiner zentralen Masturbationsphantasie enthalten sind, fühlt der Jugendliche sich unter Umständen ständig versucht zu tun, was er einerseits will und andererseits doch nicht zulassen darf. Angesichts dieser Forderungen »weiß er nicht so recht« – besser gesagt, er ist vollkommen ratlos. Die Folge ist unter Umständen, daß er auf die Fähigkeit verzichtet, seinen Körper bzw. die von seinem Körper kommenden Sensationen zu kontrollieren.

Die normale Entwicklung in dieser Phase sieht anders aus. Auch wenn der Jugendliche sich noch so stark versucht sieht, seinen regressiven Wünschen nachzugeben, so ist ihm unbewußt dennoch klar, daß er die Möglichkeit der Wahl hat. Wenn wir die Richtung der Libido und die Objektbeziehungen unter die Lupe nehmen, wie sie sich in den Phantasien und zumal in den Masturbationsphantasien darstellen, dann erkennen wir, daß die Libido objektgerichtet ist, auch wenn die Befriedigung narzißtischer oder autoerotischer Natur ist. Zudem ist in den Masturbationsphantasien Jugendlicher, die sich normal entwickeln, insbesondere »älterer« Jugendlicher, die aktive Suche nach einem Objekt der sexuellen Liebe enthalten. Die normal fortschreitende Entwicklung und die aus dem Probehandeln erfolgenden Lösungen in der Adoleszenz besitzen eine aktive Qualität – das heißt, der Jugendliche spürt, daß er die Dinge zumindest teilweise in der Hand und unter Kontrolle hat –, ob er sich nun in seiner Phantasie als den aktiven oder den passiven Teil sieht. Für seine Persönlichkeitsentwicklung ist das Gefühl wichtig, daß er noch immer *die Wahl hat, innerhalb seiner sexuellen Rolle aktiv oder passiv zu sein.* Dieser Umstand bestimmt die weitere Entwicklung in der Adoleszenz und bedeutet, daß die endgültige sexuelle Organisation im Aufbau ist. Er impliziert, daß die genitalen wie die prägenitalen Wünsche, die in der zentralen Masturbationsphantasie enthalten sind, weiter aktiv bei der Suche nach einer Lösung eingesetzt werden können. Mag es sich dabei auch um eine Kompromißlösung handeln – am Ende siegt die Genitalität.

Anders sehen die Dinge bei denjenigen Jugendlichen aus, deren Abwehrsystem unfähig ist, mit dem Ansturm der regressiven prägenitalen Wünsche fertigzuwerden (Deutsch 1932; Harley 1961), und die das Ausleben der zentralen Masturbationsphantasie in erster Linie als immer neue Überwältigung empfinden. Ihr sexueller Körper erscheint ihnen dann zugleich als Quelle und als Repräsentant ihrer Abnormität. Die vorrangigen Wünsche dieser Jugendlichen bleiben prägenitaler Art, und damit ist ihnen das Mittel der Masturbation – als Probehandeln – verschlossen; die sexuelle Befriedigung, die ihr Körper ihnen gewährt, fungiert als ständige Bestätigung ihrer Kapitulation. Bei diesen Jugendlichen kann die endgültige sexuelle Organisation vorzeitig festgelegt sein – entweder weil sie keine Wahlmöglichkeit haben oder weil die Möglichkeit der Wahl ihnen als zusätzliche Bedrohung eines ohnehin schon gefährdeten Systems der Abwehr gegenüber weiterer Regression erscheint.* Was wir in solchen Fällen, zumal bei älteren Jugendlichen und jungen Erwachsenen, beobachten, ist die pathologische Antwort auf den Konflikt, wie er in der Adoleszenz bestand. Es ist, als hätten sie sich mit dem Gedanken abgefunden, daß sie zur Genitalität – verstanden als Ebene der Objektbeziehungen wie als Ebene der Befriedigung – entweder nicht gelangen können oder nicht gelangen dürfen. Sie haben die Tatsache akzeptiert, daß es nun keine Möglichkeit der Wahl mehr gibt.

Klinisches Material

Das klinische Material stammt aus den Analysen zweier männlicher Patienten, eines Jugendlichen und eines jungen Erwachsenen. Möglicherweise erscheint es dem Leser als Extrem dessen, was uns in der analytischen Arbeit begegnet, aber es wirft Licht auf die wichtigsten Themen dieses Kapitels: auf die Rolle der zentralen Masturbationsphantasie beim Zustandekommen der endgültigen sexuellen Organisation am Ende der Adoleszenz und auf den Unterschied in der Entwicklung und im Verhalten des Heranwachsenden und des jungen Erwachsenen.

---

* Siehe Kapitel 10 und 12.

Der Heranwachsende: Mark

Mark war viereinhalb Jahre lang in analytischer Behandlung, im Alter zwischen 16 und 21 Jahren. Anfangs hatte er wegen Migräne, Depressionen und entsprechend unregelmäßigen Schulbesuchs Hilfe erbeten, in Wahrheit war es aber sein Masturbationsverhalten, das ihn beunruhigte und ihm das Gefühl vermittelte, er sei entweder verrückt oder pervers. In aller Regel masturbierte er nackt, den Anus exponiert, die Gesäßbacken stark angespannt. Gelegentlich schlug er sich auf den Rücken. Dann wieder bewegte er sich auf allen vieren knurrend über den Fußboden in der lustvollen Vorstellung, daß jemand in seinen Anus eindringen könne; oder er masturbierte im Wohnzimmer neben oder im Rücken seiner im Lehnstuhl scheinbar schlafenden Mutter.

Bis auf den plötzlichen und tragischen Tod seines Vaters – damals war Mark zwölf Jahre alt gewesen – war sein Leben vor der Adoleszenz offenbar ereignislos und keineswegs ungewöhnlich verlaufen. Aber es stellte sich rasch heraus, daß einige seiner Beziehungen in der Latenzzeit, vor allem sein Verhältnis zur Kirche, die pathologische Entwicklung bereits ahnen ließen, die dann während der Adoleszenz offenkundig wurde. Wenn er in der Kirche allein war, pflegte er mit einem schweren Packen Bücher auf dem Rücken im Raum herumzugehen, bis er vollkommen erschöpft war – ein Verhalten, mit dem er einen Teil seiner zentralen Masturbationsphantasie auslebte. Im Leben des Heranwachsenden spielte das Erlöserthema im Zusammenhang mit seinem Masochismus und seinem Verlangen nach Demütigung eine sehr bedeutende Rolle.

Nach nahezu zweijähriger Behandlung wuchs sich Marks zuvor nur gelegentlicher Drogenkonsum zur regelrechten Sucht aus; wenig später erschien er nicht mehr zur Behandlung. Zu dieser Zeit war er dem Tod nahe. Auf die technischen Schwierigkeiten wollen wir hier nicht näher eingehen, aber jedenfalls hatte der Analytiker einen Fehler begangen, als er Mark gestattete, sich der Phantasie zu überlassen, daß er kastriert, hilflos, ein Mädchen sei. Während der ganzen Zeit seiner Behandlung war völlig klar, daß sein Kastrationswunsch viel größer war als seine Kastrationsfurcht; die Behandlung und später die Drogenabhängigkeit bedeuteten für Mark die Kapitulation gegenüber seinem Wunsch, weiblich zu sein, und die Perpetuierung der zentralen Phantasie, geliebt, gedemütigt und errettet zu werden.

Wir sind auch bei der Behandlung anderer männlicher Jugendlicher auf diesen Wunsch gestoßen, aber die Kastrationsfurcht und die Identifizierung mit dem ödipalen Vater ermöglichen es manchen dieser Patienten, den Wunsch nach passiver Unterordnung unter den Vater aufzugeben und die Derivate dieses passiven Wunsches zu verdrängen oder zu integrieren. Dieser Prozeß, den man als Teil der normalen Adoleszenz betrachten kann, fehlte bei Mark, dessen Handlungen – die masturbatorischen wie auch die übrigen – ja immer an die zentrale Masturbationsphantasie gebunden waren. Keine seiner regressiven Verhaltensweisen und Phantasien war jemals von dieser Phantasie losgelöst oder der Genitalität untergeordnet.

Mark berichtete, daß er sich etwa ein Jahr vor Beginn der Behandlung wiederholt einen Slip seiner Mutter angezogen und sich vorgestellt habe, ein Mädchen zu sein. Diese Kostümierung war immer von Masturbation begleitet. Sein Interesse an seinem Körper und das Verlangen, er selbst oder seine Mutter möchten etwas mit diesem Körper tun, hatten schon lange Zeit bestanden. Als Kind hatte er Würmer gehabt, und die Mutter hatte ihm regelmäßig den After gesäubert. Manchmal dachte er, die Würmer hätten etwas damit zu tun, daß er ein Mädchen gewesen sei oder werden würde. Der Zusammenhang mit einer Schwangerschaftsphantasie ist klar; interessant war allerdings, daß diese Deutung ihn nicht im mindesten beeindruckte. Er erinnerte sich an die Erzählung seiner Eltern, daß sie ihn, wäre er ein Mädchen geworden, nach der Lieblingsschwester seines Vaters hätten nennen wollen, und er war überzeugt, daß sein Vater ihn mehr geliebt hätte, wenn er ein Mädchen gewesen wäre. Aber in der Vorstellung, vom Vater geliebt zu werden, schien auch Marks Wunsch nach Demütigung und Bestrafung enthalten.

Ein Mädchen zu sein, körperlich umsorgt zu werden und Demütigung zu erfahren – all das war in seine Masturbationsphantasie eingegangen und zu ihrem beherrschenden Thema geworden. In der Phantasie war er identisch mit der Frau, die von dem großen und kraftvollen Mann penetriert wurde. Das Gefühl der Hilflosigkeit nach dem Masturbieren erfüllte ihn mit tiefer Befriedigung; er fühlte sich umsorgt und vorübergehend eins mit seiner Mutter.

Im letzten Jahr der Behandlung war eine bedeutsame Veränderung in seiner Masturbationsphantasie auszumachen. Mark fand allmählich Gefallen an dem Gedanken, mit einem der Mädchen aus seinem College geschlechtlich zu verkehren. Der Analytiker befürchtete, hier handele es sich – in der Übertragung – um eine weitere Kapitulation von seiten des Patienten, aber Mark fing tatsächlich an, diese Phantasie in seinen wirklichen Beziehungen zu erproben: Er traf jetzt Verabredungen und konnte sich, nachdem er mit einem Mädchen ausgegangen war, beim Masturbieren vorstellen, daß er in das Mädchen eindringe.

Um zu verstehen, was hier vorgegangen war, müssen wir bis zu der Zeit zurückgehen, als er von der Droge abhängig wurde. Damals war er achtzehn Jahre alt, und seine Mutter war an Diabetes erkrankt. Mark fing an, dem Unterricht fernzubleiben, und lag stundenlang auf dem Fußboden. Als es seiner Mutter wieder besser ging, war er zwar eine Zeitlang in Hochstimmung, aber die Sorge um ihre Gesundheit und die Furcht, sie könne sterben, hatten doch sehr stark zu seinem Gefühl der Hilflosigkeit und seinem Wunsch, aufzugeben und zu sterben, beigetragen. Er verließ die Schule, nahm eine Nachtarbeit an und verbrachte den Tag im Drogenrausch. Seine Stimmung, nachdem er sich die Droge gespritzt hatte, beschrieb er als »wunderbar; der Penis schrumpft, und es ist fast unmöglich, eine Erektion zu kriegen – aber das macht nichts, denn in solchen Augenblicken braucht man keinen Penis«. Nachdem er den Schulbesuch aufgegeben hatte, kam er auch nicht mehr zur Behandlung. Er blieb einen ganzen Monat lang weg und tauchte erst wieder auf, nachdem der Analytiker ihn angerufen und ihm gesagt hatte, er solle doch wiederkommen. Etwas später konnte Mark dem Analytiker erzählen, daß seine Mutter, während er in seinem Zimmer liege, die Spritzen neben sich, es fertigbringe hereinzukommen, mit ihm zu reden und so zu tun, als ob überhaupt nichts los sei. (Der Analytiker konnte nicht feststellen, ob es sich dabei um eine Tatsache oder um eine Phantasie handelte.) Dann habe er immer das Gefühl, es sei ja doch alles egal, kein Mensch interessiere sich für ihn, und er könne eigentlich genausogut sterben. Mark war auch imstande, dem Analytiker zu erzählen, er habe zu der Zeit, als er sich spritzte und beschloß, von der Schule abzugehen, insgeheim gehofft, der Analytiker werde ihm durch irgendeine Handlung zeigen, daß er ihn mochte. Als das nicht geschah, habe er sich gesagt, wenn ihm niemand helfen wolle zu leben, könne er ja genausogut aufgeben. In diesem Schluß steckten auch Elemente des Verhältnisses zu seinem verstorbenen Vater – als ob sein Vater und nun auch der Analytiker sich von ihm zurückgezogen hätten und von ihm verlangten, er solle ein Mädchen werden.

Im Grunde sagte er, irgend jemand müsse ihm helfen, sich mit dem internalisierten Konflikt auseinanderzusetzen. Allein konnte er das nicht tun, unter anderem weil das Aufgeben, das Sterben und das Warten auf die Rettung so fest in seiner zentralen Masturbationsphantasie verankert waren. Er wartete darauf, daß entweder seine Mutter oder der Analytiker ihm seinen Körper abnehmen und ihm helfen würden, und als seine Mutter und der Analytiker durch ihr Verhalten erkennen ließen, daß sie seinen Körper nicht wollten, konnte er keinen Ausweg aus der Sackgasse erkennen.

Im zweiten Teil der Behandlung kam es zu mehreren Krisen, mit denen der Analytiker technisch auf ganz andere Weise fertig wurde als früher. Mark spielte mit dem Gedanken, Drogen zu nehmen und den Analytiker durch einen erneuten Zusammenbruch zu attackieren. Aber zugleich veränderten sich seine Masturbationsphantasien, und gelegentlich kam darin auch der Analytiker vor. In der einen Version saugte Mark am Penis des Analytikers und fühlte sich von ihm geliebt. In einer anderen Version tauchten Menschen auf, die zu kleinen Bällen zusammengerollt waren – eine Repräsentation des totalen Rückzugs, des Wunsches, am eigenen Penis zu saugen, sich ganz und gar selbst zu genügen –, mit anderen Worten, sowohl männlich als auch weiblich zu sein.

Es ist klar: Marks Krise hieß im Klartext, daß er aufgab, weil er völlig hilflos und zudem der Meinung war, daß den Menschen, die ihm jetzt die wichtigsten waren – seiner Mutter und dem Analytiker –, nichts an ihm lag. Der Analytiker konnte ihm letzten Endes helfen, weil die Behandlung Mark in den Stand setzte, sich dem Sog der Wünsche, wie sie in seiner zentralen Masturbationsphantasie enthalten waren, nicht völlig auszuliefern. Die Resonanz von seiten des Analytikers und das große Interesse, das seine Mutter ihm zuwandte, als es ihr wieder besser ging, führten sozusagen an einen toten Punkt – das heißt, der Konflikt blieb am Leben. Für Mark bewirkte die Behandlung das, was normalerweise zu einem späteren Zeitpunkt in der Adoleszenz geschieht: Sie ließ die Identifizierung mit dem ödipalen Vater in den Vordergrund kommen und half dem Patienten, sie zur Festlegung seiner endgültigen sexuellen Organisation zu gebrauchen. Ohne die Behandlung wäre auf den toten Punkt die Kapitulation gefolgt, das heißt, am Ende der Adoleszenz wären Marks passive Wünsche – aufzugeben, ein Mädchen zu sein und seine Mutter mit seinem Körper machen zu lassen, was sie wollte – in sein Selbstbild integriert worden. Seine Zukunft ist noch immer gefährdet, aber ohne die Behandlung während der Adoleszenz, *vor* der Festlegung seiner endgültigen sexuellen Organisation, hätte der junge Erwachsene sich durch ein perverses Sexualleben ausgezeichnet, nur wenige Beziehungen – wenn überhaupt – zu anderen Menschen unterhalten und in seiner Bereitschaft zur Kapitulation möglicherweise sogar den Entschluß gefaßt zu sterben.

Der junge Erwachsene: Paul

Paul war im Alter von 23 Jahren etwas länger als ein Jahr in analytischer Behandlung gewesen. Nach der Sommerpause kam er nicht wieder und erklärte, es reiche ihm jetzt, von seiner Mutter und dem Analytiker zur Veränderung »gezwungen« zu werden; er werde sein Leben von nun an selbst in die Hand nehmen. Behandlung und Veränderung bedeuteten für Paul den Verlust der einzigen Möglichkeit, zur sexuellen Befriedigung zu gelangen. Er gab die Behandlung in dem Augenblick auf, in dem er im Analytiker die Mutter erkannte, die ihm diese heimliche Befriedigung nehmen wollte.

Zur Behandlung war er überwiesen worden, weil man ihn zum Verlassen des psychiatrischen Krankenhauses hatte auffordern müssen: Er hatte die dort geltenden Regeln ganz allgemein nicht akzeptieren wollen, vor allem aber hatte er immer wieder Drogen mit auf die Station gebracht. Über Pauls Geschichte vor der Adoleszenz war dem Analytiker kaum etwas bekannt. Paul erinnerte sich an seine Kindheit als an eine Zeit, in der alles, was er tat, sich um seine Mutter drehte – ob er im Garten spielte, sie auf ihren Gängen begleitete oder darauf wartete, daß sie Zeit für ihn haben und mit ihm spazieren oder einkaufen gehen würde. Mit sieben Jahren kam er in ein Internat, das sich in einiger Entfernung von seinem Elternhaus befand. Eine Zeitlang war er dort sehr unglücklich, aber dann »gewöhnte ich mich daran«. Er freundete sich mit ein paar Jungen an, aber die meiste Zeit verbrachte er allein. Das Bild, das er von diesem Lebensabschnitt bewahrte, zeigte ihn, wie er gehänselt und drangsaliert wurde, in seinem Zimmer weinte, auf den Besuch seiner Eltern wartete und sich vor dem Augenblick fürchtete, in dem sie ihn wieder verlassen würden.

Mit 18 Jahren, noch immer im Internat, unternahm er einen Selbstmordversuch und wurde in das örtliche psychiatrische Krankenhaus eingewiesen, wo er einige Monate blieb. Der Selbstmordversuch wurde weder von seiner Familie noch von ihm selbst ernstgenommen. Einige Wochen, nachdem er sein Studium aufgenommen hatte, unternahm er einen weiteren Versuch, sich das Leben zu nehmen, und verließ anschließend die Universität. Ein paar Monate lang tat er überhaupt nichts, wurde in dieser Zeit aber zum starken Marihuana-Raucher und behielt diese Gewohnheit während der ganzen Dauer der Behandlung bei.

Schon im Internat hatte er hin und wieder das Gefühl gehabt, daß etwas mit seinen Gedanken nicht in Ordnung sei. Sein einziger Trost in Zeiten der Verzweiflung und der Leere war sein Teddybär, den er seit frühester Kindheit besaß. Er hatte ihn noch immer bei sich, und der Bär war ihm noch immer wichtig. Als Schüler und auch später pflegte er ihn eng an sich zu drücken, und das half ihm über die Leere hinweg, die er in seinem Innern spürte. In der Schule war ihm die Erkenntnis gekommen, daß alles andere besser sei als niemanden zu haben, der einen liebte, und er war auch jetzt noch der Meinung, daß diese Erkenntnis ihn auf den Gedanken gebracht hatte, eine homosexuelle Beziehung sei doch zumindest eine Möglichkeit, Halt und freundliche Beachtung zu finden.

Paul unterhielt eine enge Beziehung zu einem einzigen Jungen seines Alters; sie masturbierten einander, und Paul ließ den anderen seinen Anus inspizieren, »aber das war auch alles«. Er erinnerte sich daran als an etwas, was ihm nicht besonders zugesagt hatte, »aber es war besser als heulen«. Nach seinem Selbstmordversuch und dem Abgang von der Universität lernte er einen Mann kennen, der ein paar Jahre älter war als er selbst und mit dem er eine homosexuelle Beziehung einging. Sie praktizierten Fellatio und Analverkehr, und Paul wurde auf ein Bett geschnallt, woraufhin der andere Mann ihn masturbierte. Paul sagte, er habe nichts dagegen gehabt, denn wenigstens sei jemand an ihm interessiert gewesen.

In der Zeit, in der Paul in Behandlung war, unterhielt er fast keinen Kontakt mit seinen Eltern, und auch vorher war die Verbindung mit ihnen schon sehr lose gewesen. Nach Pauls Meinung wollten seine Eltern nichts anderes, als daß er sich anpaßte und ein guter Sohn war. Wiederholt sagte er, es sei ihm ganz egal, wie es den beiden ginge, aber zugleich wartete er ungeduldig auf Post von seiner Mutter.

Während eines großen Teils des Jahres, in dem er in Behandlung war, konnte er sich in keiner Arbeitsstelle halten, weil er morgens nur schwer aus dem Bett fand. Er pflegte erst zwischen drei und sieben Uhr morgens schlafen zu gehen, nachdem er den größten Teil der Nacht entweder trinkend oder Haschisch rauchend verbracht hatte. Dem Analytiker berichtete er, daß er sich als Kind entsetzlich vor der Dunkelheit gefürchtet hatte: Seine Mutter mußte bei ihm sein, wenn er zu Bett ging, und wenn sie sein Zimmer dann verließ, mußte er den Teddybär an sich drücken; sonst, so fürchtete er, würde ihm vielleicht etwas zustoßen. Im Internat konnte er mit diesem Problem eher fertigwerden, denn dort teilte er das Zimmer mit anderen Jungen und fühlte sich sicher; den Teddybär mußte er im Bett allerdings weiterhin bei sich haben. Jetzt dagegen mußte er jeden Abend trinken oder Hasch rauchen, bis er nicht mehr wußte, wo oder wer er war. Das war die einzige Möglichkeit, jenen Teil seines Bewußtseins zu betäuben, der ihm sagte, er sei schlecht oder schmutzig. Wenn er nachts im Bett lag und nicht betrunken oder von Drogen berauscht war, dann pflegte nämlich etwas in seinem Innern ihn zu attackieren und ihm seine Nutzlosigkeit und »Schlechtigkeit« vorzuhalten. Tagsüber allerdings war er sich dieses Teils seiner selbst nicht bewußt, solange er seinen Geist und seinen Körper sozusagen unter Kontrolle wußte – mit anderen Worten, solange er fast den ganzen Tag lang das Gefühl hatte, fast tot zu sein. Er verbrachte viel Zeit mit der Suche nach Adressen, wo er Marihuana kaufen konnte, er lief durch die Straßen oder besuchte Leute, die er im Krankenhaus kennengelernt hatte und die ihn dann beköstigten und sich um ihn kümmerten.

An der Art seines Masturbierens und der begleitenden Phantasie hatte sich seit der frühen Adoleszenz wenig geändert. Zunächst trank er oder rauchte Hasch; dann legte er sich im Dunkeln auf den Fußboden und stellte sich vor, daß jemand etwas an ihm vornehme (was das war, darüber konnte er sich nicht recht klar werden). Anschließend machte er Licht, zog sich ein Kleidungsstück seiner Mutter an, zog es wieder aus, schlug sich auf den Rücken oder auf das Gesäß und masturbierte. Er war sich nicht sicher, wer ihn da eigentlich schlug. All das verschaffte ihm ein gutes Gefühl – der Alkohol, das Masturbieren und die Schläge betäubten ihn für den Rest des Tages. Dem Inhalt jener Phantasie, die gerade am Werk war, wenn er auf sich einschlug, kam er mit der Bemerkung am nächsten, daß er dann das Gefühl habe, daß jemandem an seinem Wohl gelegen sei. Einige Male tauchte eine Tante in dieser Phantasie auf, aber er hatte keine Vorstellung, was sie tat.

Es war außerordentlich schwierig, im Laufe der Behandlung jenen Zeitpunkt in der Adoleszenz auszumachen, zu dem er gespürt hatte, daß seine Welt zusammengebrochen und er zu der Überzeugung gekommen war, daß daran nichts zu ändern sei. Offenbar war das Erlebnis der Krise – für die sein Selbstmordversuch und die Einlieferung in die pychiatrische Klinik standen – insofern traumatisch gewesen, als er sich damals von inneren Kräften vollkommen überrumpelt gefühlt hatte und nicht entfernt in der Lage gewesen war, mit ihnen fertigzuwerden. Und zugleich war ihm klar gewesen, daß er sich auch nicht an die Außenwelt wenden konnte, um hier die Hilfe zu finden, die er brauchte, um sich diesen Kräften entgegenzustellen. Er konnte nur von seiner Einsamkeit und davon sprechen, daß ihm nicht das Geringste an seinem Leben lag. Sterben wollte er dann in dem Augenblick, in dem er sich sicher war, daß sich an seinen verrückten Gedanken und seinen Aktivitäten beim Masturbieren niemals etwas ändern würde. Zur Zeit der Adoleszenzkrise wie auch später, als er schon in Behandlung war, hatte er das Gefühl, daß sowieso alles egal sei, daß er an seinem Sexualleben und an seinen Beziehungen zu anderen Menschen doch nichts ändern könne und daß es »nur schade« wäre, wenn er stürbe.

Ein erstes Ziel der Behandlung mußte darin bestehen, nach Möglichkeit wieder ein Gefühl dafür in ihm zu wecken, daß er andere Menschen brauchte und auf sie angewiesen war. Eine Zeitlang sah Paul in dem Analytiker die einzige Person, der er vertrauen konnte, und glaubte, er könne es nur in der Behandlung riskieren, das Ausmaß seiner Verzweiflung offenzulegen. Zum ersten Mal seit Jahren konnte er über die schwere Depression und das Gefühl der Leere sprechen, die seinem augenblicklichen Verhalten zugrundelagen, und sie ansatzweise spüren. Aber diese Erfahrung war allzu schmerzlich. Paul mochte den Analytiker, aber, wie er selbst sagte, er fürchtete sich allmählich davor, zur Behandlung zu kommen, denn der Analytiker sprach über Dinge, die er vergessen wollte und von denen er inzwischen glaubte, daß sie nicht mehr wichtig seien. Der Analytiker erschien ihm jetzt als jemand, der ihn vielleicht dazu bringen würde, sich an die schlimmste Zeit seines Lebens zu erinnern (und damit meinte er sowohl die Zeit im Internat als auch die Zeit, in der er sich als Heranwachsender auf dem Weg in die Perversität gesehen hatte; und dabei war das Allerschlimmste gewesen, daß beide Male kein Mensch sich dafür interessiert hatte, was mit ihm los war).

Als Paul merkte, daß der Analytiker ihn mochte, gelang es ihm, für eine Weile eine Arbeit zu finden und gelegentlich seinen Ärger auf sich selbst, auf seine Drogenabhängigkeit und auf die Drogenhändler zum Ausdruck zu bringen, die ja schließlich von seiner Schwäche lebten. Während der Sommerpause stellt er sogar fest, daß der Analytiker ihm fehlte. Andererseits war er aber auch überzeugt, daß die Behandlung ihm nicht eigentlich half, eine andere Einstellung zu seinem Körper und vor allem zu seinem Penis zu gewinnen. Es war, als ob sein allmählich erwachendes Bedürfnis, mit anderen Menschen umzugehen, ihm jetzt besonders deutlich vor Augen führte, wie sehr er sich seit der Adoleszenzkrise darum bemüht hatte, alle Objekte aus seinem Sexualleben zu verbannen. Zu seinem gegenwärtigen Sexualleben – das im wesentlichen darin bestand, daß er masturbierte, mit seinem Teddybären im Bett lag oder sich selbst streichelte – gehörten das immer neue Ausleben seiner zentralen Masturbationsphantasie und die Abwehr gegen die ängstliche Unruhe, die ihn befiel, wenn er sich von irgend jemandem abhängig glaubte. Die Drogen, sein Teddybär und der Umstand, daß mehrere Leute ihn gern hatten, vermittelten ihm das Gefühl, daß es auf sein Selbstbild – ein Jemand mit einem Penis, der seine Funktion nicht erfüllte – ja nicht ankomme; daß es jetzt Menschen gab, die ihn mochten, perpetuierte vielmehr den Gedanken, daß er sich tatsächlich von seinem sexuellen Körper befreit und auf der ganzen Linie nachgegeben hatte.

Aus Pauls Beschreibung seiner Handlungen und Gedanken beim Masturbieren ging hervor, daß er zu seiner endgültigen sexuellen Organisation schon zur Zeit der Adoleszenzkrise gefunden hatte; seither hatte sich in seinem Leben kaum etwas verändert. Gar keine Veränderung war in seinen Masturbationsphantasien auszumachen; sie waren ohne jeden Abstrich in seine Persönlichkeit eingegangen. Sein ganzes Dasein schien jetzt vom immer neuen Ausleben der zentralen Masturbationsphantasie geprägt. Mehr noch – er fühlte sich allem Anschein nach gedrängt, sein Leben in einer ganz spezifischen Weise zu führen. Die Möglichkeiten, die zur Zeit der Adoleszenz vielleicht noch in ihm gesteckt hatten, waren durch die Krise zerstört worden.

Folgerungen für die Behandlung

Wenn es zutrifft, daß die endgültige sexuelle Organisation des Menschen gegen Ende der Adoleszenz zustandekommt, dann kann die korrekte Diagnose und Behandlung in der Adoleszenz für das ganze weitere Leben eines Menschen von Wichtigkeit sein. Manche Therapeuten halten eine Behandlug – und zumal eine intensive Behandlung – gerade zum Zeitpunkt der Adoleszenz für kontraindiziert. Aus dem vorliegenden Kapital dürfte deutlich geworden sein, warum wir diese Ansicht für falsch halten. Wenn der Entwicklungsprozeß in der Adoleszenz durch einen internalisierten Konflikt ernsthaft gestört oder im Gefolge einer psychischen Krise zum Stillstand gekommen ist, dann ist eine Behandlung unserer Meinung nach nicht nur indiziert, sondern sogar dringend notwendig. Sie ist deshalb dringend notwendig, weil es noch immer möglich ist, die weitere Entwicklung zu fördern und dem Jugendlichen zu helfen, die Genitalität in seine endgültige sexuelle Organisation zu integrieren. Manche Jugendliche neigen zu schwerer und rascher Regression und sind in Gefahr, ihr Leben – so wie Paul – nahezu ausschließlich am Ausleben ihrer zentralen Masturbationsphantasie auszurichten. Wie wir anhand des klinischen Materials zu zeigen versucht haben, besteht die große Gefahr schwerer zukünftiger Störungen dann, wenn es zu einer Krise kommt, die den Entwicklungsprozeß anhält oder als traumatische Episode erlebt wird.

Im Fall junger Erwachsener müssen noch andere wichtige Gesichtspunkte – diagnostischer wie therapeutischer Natur – berücksichtigt werden. So sollten wir uns zum Beispiel hüten, Denk- oder Verhaltensweisen, die typisch für die Adoleszenz sind, als Anzeichen einer vorübergehenden Entwicklungsstörung oder einer »verlängerten Adoleszenz« zu betrachten (Bernfeld 1923; Blos 1954). Vielmehr deuten derartige Phänomene darauf hin, daß jemand als Jugendlicher in seiner Entwicklung festgefahren war – was wir jetzt vor uns sehen, ist die pathologische Lösung des zurückliegenden Konflikts. Zur Zeit des Überganges von der Adoleszenz zum jungen Erwachsenenalter, um das vollendete 21. Lebensjahr, läßt sich sehr viel besser voraussagen, wie ein Mensch mit seinen Ängsten umgehen wird; die Qualität seiner Objektbeziehungen liegt fest; die Kanäle der libidinösen Befriedigung haben erheblich an Spezifität gewonnen.

2 Die Entwicklungskrise

In unserer klinischen Arbeit sind wir zu dem Schluß gekommen, daß manifesten Verhaltens- und Funktionsstörungen in der Adoleszenz eine Entwicklungkrise in der Pubertät vorausgeht, die sich sehr nachteilig auf die Funktion der Adoleszenz, die für die Persönlichkeitsentwicklung entscheidend ist, auswirkt – auf die Festlegung einer endgültigen sexuellen Identität. In diesem Kapitel wollen wir uns dem Verständnis der Entwicklungskrise und ihres Zusammenhangs mit späteren pathologischen Entwicklungen dadurch nähern, daß wir uns auf bestimmte Aspekte dieser Funktion der Adoleszenz konzentrieren.

Unsere Sicht der Psychopathologie der Adoleszenz – ihrer Erscheinungsformen wie ihrer Abklärung und Behandlung – orientiert sich an der Frage nach der Bedeutung der Pubertätskrise für den betroffenen Jugendlichen. Eine zentrale Annahme betrifft dabei den definitiven wechselseitigen Zusammenhang zwischen der Konsolidierung des Körperbildes, der endgültigen geschlechtlichen Differenzierung, der Auflösung des Ödipuskomplexes und dem Zeitpunkt, zu dem das pathologische Moment sich etabliert und – sofern nicht therapeutische Hilfe erfolgt – irreversiblen Charakter annimmt. Wir datieren das endgültige Zustandekommen dieser pathologischen Organisation auf das Ende der Adoleszenz. Nach alldem ist die Entwicklungskrise also ein kritisches und im Verlauf der Adoleszenz kumulierendes Geschehen mit gewichtigen Implikationen für die Normalität bzw. die psychische Gestörtheit des erwachsenen Menschen.

Wir sind immer wieder beeindruckt von der großen Zahl der Patienten, die uns berichten, daß alles mehr oder weniger in Ordnung war, bis – in den Jahren des Heranwachsens oder als sie bereits erwachsen waren – plötzlich etwas eintrat, was ihr Leben unwiderruflich veränderte. Wir sprechen hier von solchen Patienten, die uns wegen manifester pathologischer Äußerungen um Hilfe bitten – wegen schwerer Depressionen, versuchten Selbstmords, Perversion, psychotisch anmutender und von allen möglichen zwanghaften Phantasien und Handlungen begleiteter Verhaltensweisen, Anorexie und dergleichen. Aber um welche Manifestation es sich auch handelte: in allen Fällen der psychoanalytischen Behandlung von Patienten mit solchen manifesten Störungen konnten wir schließlich sagen und – was therapeutisch von Wichtigkeit war – auch rekonstruieren, daß diese Patienten im Pubertätsalter eine *Entwicklungskrise* durchgemacht hatten. Diese Krise war irgendwie ausgelebt worden, aber um einen sehr hohen Preis – sie hatte die Objektbeziehungen der betroffenen Personen verzerrt; sie hatte sie genötigt, ihr Gewissen auf irgendeine Weise zu hintergehen, um nicht von Schuldgefühlen im Zusammenhang mit ihrer Sexualität oder ihren regressiven Phantasien gequält zu werden, und sie hatte ihre Empfindungen in manchen Fällen so weit abgestumpft, daß ihr Kontakt mit der Außenwelt ernsthaft beeinträchtigt war und hier und da sogar psychotisch anmutende Merkmale auftauchten.

Bei unseren jugendlichen Patienten manifestierte sich die Krise (die sich noch nicht zur pathologischen Organisation verdichtet hatte) in Verhaltensweisen wie etwa tätlichen Angriffen auf den Vater oder die Mutter, Selbstmordversuchen, zwanghaften Aktivitäten, die ihr Leben bedrohten oder ihnen suggerierten, daß ihre Sexualität nicht länger ein Problem darstelle, oder aber – um auch das andere Ende des Spektrums aufzuzeigen – in Promiskuität und allen möglichen Anstrengungen, zu einem anderen Körperbild und einem anderen Gebrauch ihres Körpers im Umgang mit Personen des gleichen oder des anderen Geschlechts zu gelangen.

Der Zeitpunkt der Entwicklungskrise

Wir setzen die Störungen der Adoleszenz nicht mit denjenigen der Kindheit oder des Erwachsenenalters gleich, selbst wenn einigen dieser Störungen (z. B. der Anorexie, der Fettsucht und einer Reihe von Perversionen) die gleiche Phantasie entspricht, wann immer das pathologische Moment sich manifestiert. Wir definieren die Entwicklungskrise in der Adoleszenz als die unbewußte Zurückweisung des sexuellen Körpers und die damit einhergehende Passivität angesichts der Forderungen, die vom eigenen Körper erhoben werden, mit dem Ergebnis, daß der betroffene Jugendliche seinen Genitalapparat ignoriert oder als ihm nicht zugehörig betrachtet bzw., in den schwereren Fällen, der Meinung ist, daß dieser Apparat anders sei als er ihn haben wollte. Es handelt sich um eine Krise im Prozeß der Integration des (neuen, nämlich nun durch physische Reife ausgezeichneten) Körperbildes in die Selbstrepräsentation.

Wie immer die Störung im einzelnen aussieht: Was ganz spezifisch mit dem Entwicklungsprozeß interferiert und was wir als adoleszent-pathologisches Moment bezeichnen können, das ist in der verzerrten Sicht des Jugendlichen von seinem Körper und damit auch in dem verzerrten Verhältnis beschlossen, das er zu diesem Körper unterhält und das sich in Form von Haß oder Scham angesichts seiner sexuellen Körperlichkeit äußert. Anders als das Kind oder der erwachsene Patient erfährt der jugendliche Patient seinen Körper als ständigen Vertreter dessen, was ihn mit schmerzlichen oder erschreckenden Phantasien und Emotionen überwältigt – als ständigen Beweis dafür, daß er nachgegeben, daß er passiv kapituliert, daß er sich regressiven Forderungen gefügt hat. Dieses Fazit – daß er nämlich das Opfer regressiver Forderungen geworden sei – äußert sich häufig in der Weise, daß der Jugendliche den Haß auf seinen Körper auf seine Mutter projiziert und nun das Gefühl hat, sich ihr ergeben zu haben.

Die Entwicklungskrise tritt im Pubertätsalter ein, und ihr Eintritt steht in unmittelbarem Zusammenhang mit der Reaktion des Jugendlichen auf den Umstand, daß sein Körper zur sexuellen Reife gelangt ist.* Für den Jungen heißt das,

---

* Wir sind der Meinung, daß die Adoleszenzkrise ihren Vorläufer in einer Entwicklungskrise zur Zeit der Auflösung des Ödipuskomplexes hat, aber die bisher gewonnenen klinischen Anhaltspunkte reichen zur Bestätigung dieser Hypothese noch nicht aus.

daß er Samen produzieren, ejakulieren und eine Frau schwängern kann; für das Mädchen bedeutet es die Ovulation, die Möglichkeit, schwanger zu werden und ein Kind auszutragen, und die in regelmäßigen Abständen einsetzende Menstruation, solange keine Schwangerschaft besteht. Die Pubertätskrise ist Ausdruck der Angst oder auch der Panik des Jugendlichen angesichts der Tatsache, daß er nun plötzlich einen in sexueller Hinsicht reifen Körper besitzt. Die Schwere der Krise und ihrer Konsequenzen für das Leben des Jugendlichen und später des Erwachsenen hängen davon ab, welche Bedeutung der Jugendliche – unbewußt – mit seinem sexuellen Körper verbindet und wie weit sein Abwehrsystem aufgelöst wird.

Die Auswirkungen der Entwicklungskrise können gleich, das heißt noch im Pubertätsalter, oder erst zu einem viel späteren Zeitpunkt in der Adoleszenz zutage treten. Wenn sie gleich offenkundig werden, dann ist das ein Zeichen dafür, daß die Krise mit den direkten inzestuösen Wünschen des Jugendlichen oder mit der Angst zu tun hat, die ihn angesichts des Zusammenbruchs seiner Phantasie erfüllt, es werde ihm keine Entscheidung bezüglich der Frage abverlangt werden, ob er einen männlichen oder einen weiblichen Körper haben wolle. Das deutet auf die Möglichkeit einer – vorübergehenden oder auch bleibenden – ernsthaften Beeinträchtigung der Realitätsprüfung. Die Krise kann sich auf alle mögliche Weise manifestieren: in Form des Rückzugs aus der Gruppe der Gleichaltrigen; in Form des heimlichen und zwanghaften Masturbierens im Verein mit sadistischen oder perversen Handlungen; in Form plötzlicher Attacken gegen die ödipalen Eltern; in Form der anscheinend mit der Pubertät einsetzenden Schulphobie; in Form des Nichtwahrhabenwollens der puberalen Veränderungen und der beinahe-bewußten Versuche, den puberalen Körper in einen vorpuberalen zu verwandeln; in Form von Verletzung oder Beschädigung des eigenen Körpers; in Form bewußter Versuche, sich das Leben zu nehmen.

Selbstverständlich müssen wir auch diejenigen Krisen, die erst zu einem späteren Zeitpunkt in der Adoleszenz offenkundig werden, mit aller Sorgfalt beachten. Immerhin aber deutet die Fähigkeit des Jugendlichen, im Anschluß an den Eintritt der Pubertät noch eine Zeitlang ohne schwere Zerrüttung zu funktionieren, doch darauf hin, daß sein Abwehrsystem ihn zumindest vorübergehend in die Lage versetzt hat, die Antwort auf seine direkten inzestuösen Wünsche zu verlagern, womit eine schwere Beeinträchtigung seiner Realitätsprüfung etwas weniger wahrscheinlich geworden ist. Eine später sichtbar werdende Krise – in Form eines Selbstmordversuchs, der Anorexie, starken Drogenkonsums oder der Drogenabhängigkeit, von Homosexualität, schwerer Depression, plötzlichem Lernversagen – ist eher ein Zeichen dafür, daß der sexuelle Körper erst im Anschluß an einen Versuch, den reifen Genitalapparat in die Körperrepräsentation hineinzunehmen, zurückgewiesen worden ist. Die Projektionen solcher Jugendlicher können ihr tägliches Leben sehr stark beeinträchtigen und sich sehr ungünstig auf ihre Fähigkeit auswirken, zwischen Realität und Phantasie zu unterscheiden, aber der Schaden für ihre psychische Struktur scheint doch nicht ganz so schwer zu wiegen wie im Fall jener Jugendlichen, deren Krise schon im Pubertätsalter offenkundig ist.

Was der Jugendliche in der Krise unbewußt mit der Tatsache seines zur sexuellen Reife gelangten Körpers verbinden kann, hält sich trotz des offensichtlich so weiten Fächers seiner manifesten Verhaltensweisen in Grenzen: Es ist der Gedanke an die Zerstörung der ödipalen Identifizierungen, der Gedanke an den Inzest, an die Möglichkeit einer sexuell abnormen Entwicklung; es ist ferner der Verlust des narzißtischen Vollkommenheitsgefühls und der Umstand, nun einen männlichen bzw. einen weiblichen Körper zu besitzen – auch wenn dies vielleicht in der Phantasie geleugnet wird.

Was immer er im Augenblick der Krise von diesen Möglichkeiten hält – es steht in einem direkten Zusammenhang mit seiner Reaktion auf die Notwendigkeit, seinen Körper von seinen inzestuösen Objekten und seiner ödipalen Vergangenheit zu trennen und als männlichen bzw. weiblichen Körper zu differenzieren. Der Jugendliche, dessen Entwicklung normal verlaufen ist, weiß unbewußt, daß er in seinem Sexualleben weiterhin wählen kann, das heißt, daß er sich von den inzestuösen Objekten entfernen und auf andere Beziehungen zubewegen kann – ein Schritt, der auch die freie Entscheidung für jene Befriedigungen impliziert, die dann in seinem ganzen künftigen Leben dominant bleiben werden. Der Jugendliche dagegen, der eine Entwicklungskrise erlebt hat, spürt unbewußt, daß diese Wahlmöglichkeit nicht existiert; er hat vielmehr das Gefühl, daß die Entscheidung bzw. das Ergebnis außerhalb seiner selbst liegen, daß sie in irgend jemandes Macht oder auch in der Macht eines in seinem Körper befindlichen Etwas stehen.

Die geschlechtliche Differenzierung

Vorstufen der geschlechtlichen Differenzierung werden zwar schon in der ödipalen Periode erreicht und während des Latenzalters erprobt, das Selbstbild »männlich« oder »weiblich« wird endgültig aber erst am Ende der Adoleszenz zusammengefügt, wobei das Ergebnis einer normal verlaufenen Entwicklung sehr anders aussieht als dasjenige einer Entwicklung, die durch eine Krise erschüttert wurde.

Im Verlauf der normalen Entwicklung kann der Jugendliche mit Hilfe seiner Beziehungen, seiner autoerotischen Aktivitäten, seiner Phantasien und mit Hilfe von allen möglichen Arten von Probehandeln zu einem Körperbild gelangen, in das sowohl der eigene, zur sexuellen Reife gelangte Genitalapparat als auch die bewußte Akzeptanz des Genitalapparats des anderen Geschlechts eingegangen sind. Ein solcher Entwicklungsprozeß steht für die Fähigkeit, die ödipal-inzestuösen Wünsche aufzugeben und – am Ende der Adoleszenz – die ödipalen Eltern innerlich »wiederherzustellen«, das heißt, sie nicht länger unbewußt für ihre alten Fehlleistungen anzuklagen. Damit fällt dann auch das »Eingeständnis« nicht mehr schwer, daß den ursprünglichen ödipalen Wünschen und Forderungen eine unerfüllbare Phantasie innewohnte, der Gedanke nämlich, daß die Vollkommenheit ewig fortdauern und am Ende der andersgeschlechtliche ödipale

Elternteil »erworben« werde. Von der Warte der am Ende der Adoleszenz erreichten geschlechtlichen Differenzierung her betrachtet, bedeutet diese Befreiung von den ödipalen Eltern zugleich auch die Befreiung von ödipalen Schuld- und Haßgefühlen und die Fähigkeit, einen funktionierenden Penis bzw. eine funktionierende Vagina, der bzw. die nicht als mangelhaft oder abnorm betrachtet wird, zu akzeptieren.

Die Furcht vor ödipaler Aggression und die noch immer bestehende Furcht vor dem elterlichen Neid führen in der ersten Phase der Adoleszenz zur vorsichtigen psychischen Aneignung der eigenen, zur Reife gelangten Geschlechtsorgane. Zugleich ist diese Periode aber auch von dem – defensiven – Wunsch geprägt, dies wieder aufzugeben und vorübergehend in die Passivität gegenüber dem gleichgeschlechtlichen ödipalen Elternteil zurückzukehren. Diese temporäre Passivität oder Unterordnung hält die Angst des Frühadoleszenten und seine Furcht vor der Vergeltung von seiten des andersgeschlechtlichen Elternteils in Schach, und zugleich kommt darin sein Wunsch zum Ausdruck, weiterhin in nichtinzestuöser, das heißt in nicht-konfliktärer Weise versorgt und geliebt zu werden. Gewöhnlich setzt die ödipale Identifizierung mit dem gleichgeschlechtlichen Elternteil den Jugendlichen in den Stand, diesen regressiven Wunsch zu überwinden.

Erst in der zweiten Phase der Adoleszenz ist das Körperbild dann so weit stabilisiert und integriert, daß der Jugendliche die der Abwehr dienende passive Unterordnung unter die ödipalen Eltern als Quelle der Befriedigung aufgeben kann. So gewinnt er, ohne sich dessen bewußt zu sein, die Freiheit, diese alte Beziehung durch eine Objektbeziehung zu einer Person des anderen Geschlechts, um die er sich nun aktiv bemüht, zu ersetzen.

In seiner Suche nach einer solchen Beziehung ist der Jugendliche, wiederum ohne daß ihm dies bewußt ist, mit der Notwendigkeit konfrontiert, die Existenz des andersgeschlechtlichen Genitalapparats zu integrieren. Die Entwicklung schreitet normal fort, wenn die mentale Repräsentation des andersgeschlechtlichen Genitalapparats unzerstörbar internalisiert ist, eine Repräsentation, die das Fundament sowohl für die Möglichkeit der narzißtischen Vereinigung als auch der libidinösen Befriedigung bildet. Erst jetzt kann eine Objektbeziehung zu einer Person des anderen Geschlechts an die Stelle der autoerotischen Aktivität treten, die bisher als Probehandeln diente. Diese Entwicklung erlaubt dann die Identifizierung mit der Person des anderen Geschlechts, die ihrerseits die Basis für die Objektliebe abgibt (Abraham 1924).

Ein solches normales Ergebnis äußert sich in der Weise, daß der Jugendliche ungehindert nach gleich- und andersgeschlechtlichen Altersgenossen Ausschau halten kann, wobei ihm die gleichgeschlechtlichen als Identifikationsobjekte und die andersgeschlechtlichen als Objekte seiner sexuellen Wünsche dienen. Jetzt aber kann er sich wieder der ängstlichen Unruhe im Zusammenhang mit der Getrenntheit seines Körpers bewußt werden, zugleich sich aber in seiner Phantasie auch eine »Wiedervereinigung« durch den Geschlechtsverkehr vorstellen (Deutsch 1932; Ferenczi 1913). Gegen Ende der Adoleszenz mündet dieser normale Prozeß in die endgültige Differenzierung des Jugendlichen als männlich bzw. weiblich.

Zu diesem Ergebnis gelangt allerdings derjenige Jugendliche nicht, der eine Entwicklungskrise durchgemacht hat. Wo die Entwicklung nicht zur heterosexuellen Objektbeziehung fortschreiten kann, sondern homosexuell, pervers oder autoerotisch bleibt, trifft die Integration der mentalen Repräsentation der andersgeschlechtlichen Genitalien weiter auf Angst und Abwehr. In solchen Fällen wird die Pubertät eher als die Forderung empfunden, die alten Vollkommenheitsideen aufzugeben und genitale Merkmale zu erwerben, welche die Beziehungen zu den ödipalen Objekten zerstören würden. In den schwereren Fällen repräsentiert sie sogar die endgültige Konfrontation mit der Tatsache, daß der Körper anders ist, als der Jugendliche sich ihn erhofft hatte. Für den Jugendlichen ist das dann die Bestätigung für den Haß der Mutter auf das Kind.

Was die Krise bzw. das pathologische Moment, wie es im

Leben des heranwachsenden Patienten jetzt präsent ist, eigentlich bedeutet, das ist in den Phantasien enthalten, die integrativer Bestandteil seines täglichen Lebens und seiner Aktivitäten sind. Im vorangegangenen Kapitel sprachen wir von der zentralen Masturbationsphantasie des Patienten, in der die verschiedenen regressiven Befriedigungen und die wichtigsten sexuellen Identifizierungen enthalten sind. Wir stellen uns so etwas wie eine Hierarchie der Phantasien vor, wobei es eine bestimmte Kernphantasie gibt, die alle anderen Phantasien an Bedeutung und an Einfluß übertrifft und letztlich in die Pathologie verwoben ist.* Diese Phantasie zeichnet sich dadurch aus, daß sie ganz direkt mit dem Ödipuskomplex zusammenhängt, insofern nämlich, als ihre Form und ihr Inhalt an die Auflösung dieses Komplexes gebunden sind. Aber sie wird erst in der Adoleszenz endgültig in das *sexuelle* Körperbild integriert – sie enthält nämlich auch die Richtung der sexuellen Beziehungen und Befriedigungen der jeweiligen Person. Diese klinisch gewonnenen Hinweise haben uns zu der Annahme geführt, daß das Körperbild, wie es am Ende der phallisch-ödipalen Periode zusammengefügt ist, über die Form der Bewältigung der ödipalen Situation entscheidet und für das spätere Sexualleben und die psychische Störung eines Menschen zentral bleibt.

Unter dieser Annahme ist folgendes zusammengefaßt: Während der phallisch-ödipalen Periode – also im Alter von drei bis fünf Jahren – wird sich das Kind der Unterschiede zwischen *phallisch* und *kastriert* deutlicher bewußt, und diese Vorstufe der späteren Differenzierung in männlich bzw. weiblich macht es notwendig, daß es sich mit seinen inzestuösen Wünschen auseinandersetzt. Als Freud vom Überich als vom Erben des Ödipuskomplexes sprach (1924), bezog er sich nach unserer Meinung auf etwas, das die Vorstellung von der Errichtung einer mentalen Instanz, welche die elterlichen Verbote und Ideale übernimmt und sie Teil des Innenlebens des Kindes werden läßt, bei weitem übersteigt. Unter der »Auf-

---

* Eine detailliertere Erörterung findet sich in Kapitel 1.

lösung« verstand er den unbewußten Kompromiß, der eine ganze Reihe von Herren zufriedenstellt – das Es, die äußere Realität und das Bewußtsein der eigenen Hilflosigkeit im Angesicht des ödipalen Vaters/der ödipalen Mutter. Auflösung bedeutet mithin die verinnerlichte Realität, daß der Körper des Kindes vom Körper der Eltern nun getrennt ist, die sexuelle Rolle aber *realiter* noch nicht zu vollziehen vermag. Das Überich mag das Ich des Kindes beschützen, aber die Auflösung des Ödipuskomplexes bedeutet die Verschmelzung und Integration der präphallischen und der phallischen Körperrepräsentation. Wir erkennen jetzt, welche Wirkung auf die Persönlichkeitsentwicklung dem Produkt der infantilen Sexualität – also der libidinösen Besetzung des Körpers, der Beziehung zur Mutter und den präödipalen (das heißt nichtinzestuösen) Befriedigungen aus dieser Beziehung zur Mutter und zum eigenen Körper – zukommt (Loewald 1979).

Aber »ödipale Bewältigung« bedeutet schließlich auch die narzißtische Besetzung des sexuellen Körperbildes, das heißt, die präödipalen Beziehungen und Internalisierungen werden jetzt als Liebe zum bzw. als Haß auf den eigenen phallischen oder kastrierten Körper erfahren. Mit anderen Worten, die alten Gefühle von Liebe und Haß von seiten der Eltern werden jetzt Teil der Liebes- oder Haßgefühle, die das Kind dem eigenen Körper entgegenbringt, den es jetzt als phallisch oder als kastriert erfährt. Zum ersten Mal in seinem Leben erscheint ihm sein Körper als Quelle oder Behältnis seiner Liebe oder seines Hasses, als »Träger« jener Objekte, die lieben oder hassen, beschützen oder bedrohen. Im Rahmen der schweren Störungen in der Adoleszenz äußert sich dies als Selbsthaß, als Wunsch, den sexuellen Körper zu vernichten, als Bemühung, den Körper oder das Körperbild nach der Pubertät zu verändern, oder schließlich in dem Gefühl, daß die Verfolger am Ende im eigenen Körper Wohnung genommen haben.

Als wir den Gedanken des Zusammenhanges zwischen Körperbild und Lösung der ödipalen Situation einführten, erwähnten wir die zentrale Masturbationsphantasie. Wohl existiert diese Phantasie auch schon im präödipalen Leben – auf jeden Fall scheint es so –, aber erst in der phallisch-ödipalen Periode tritt eine – von der sexuellen zu unterscheidende – inzestuöse Bedeutung hinzu. Erst nach der Pubertät schließlich stellt sich nach unseren Beobachtungen bei manchen Patienten dann das Gefühl ein, sich in ganz spezifischer Weise verhalten zu *müssen* – sie spüren unbewußt, daß sie die Kontrolle über die Phantasie und die zugehörigen Aktivitäten nicht mehr in der Hand haben. Mit anderen Worten, die Abwehr angesichts der ödipalen Wünsche ist gefährdet, und unter Umständen liegt die einzige Möglichkeit, diese Wünsche in Schach zu halten, für die betroffenen Jugendlichen in einer Flucht aus der äußeren Realität und in der Verzerrung ihres sexuellen Körperbildes.

Der Zwangscharakter, den diese Phantasie bei manchen Menschen nach der Pubertät annimmt, repräsentiert wohl den Umstand, daß sie es nicht vermocht haben, vom »alten« phallischen bzw. kastrierten Körperbild zum männlichen bzw. weiblichen Bild überzuwechseln. Mit anderen Worten, erst nach der Pubertät wird der Phallus bzw. wird die Vagina im Normalfall als aktives oder potentiell aktives Organ angesehen. Mit dem Eintritt der Pubertät steht der junge Mensch vor der Notwendigkeit, den funktionierenden Penis/die funktionierende Vagina in die Körperrepräsentation hineinzunehmen. Und mit deren Vorhandensein erhebt sich im Zusammenhang mit den inzestuösen Wünschen und Befürchtungen eine Forderung an das Ich, die es nie zuvor erfahren hat. Die alten Inzest- und Parrizid-Phantasien können jetzt Realität werden, ebenso wie die ödipale Rache (Loewald 1979).

Entwicklungskrise und Ödipuskomplex

Freuds Erkenntnis, daß jedes menschliche Wesen in einer bestimmten Phase seiner Entwicklung von der Vernichtung oder Beseitigung eines Elternteiles träumt, wodurch das Kind zum alleinigen Empfänger der sexuellen Liebe des überlebenden Elternteils würde, führte ihn zu weiteren Feststellungen über die Bedeutung von Konflikt und Abwehr und zu einer bestimmten Sicht der späteren geschlechtlichen Differenzierung. Jetzt konnte er zur Erklärung der Inzest- und Parrizidgedanken ausführen, daß es sich dabei nicht etwa um vorübergehende Phantasien einiger weniger Unglücklicher handele, sondern um Prozesse, denen im Leben des Menschen ein zentraler Ort zukomme, zumal für das Verständnis der weitgefächerten pathologischen Erscheinungen, mit denen wir es in unserer klinischen Arbeit zu tun haben.

Freud ging über diese häufig wiederholte Darstellung der kindlichen Wünsche und Intentionen weit hinaus. Er wollte anhand dieses Konzepts einen Entwicklungsprozeß veranschaulichen, an dessen Anfang die Beziehung des kleinen Kindes zu seiner Mutter und die Identifizierung mit dieser steht. Dadurch beginnt das Kind den eigenen Körper als Objekt zu sehen, von dem es Befriedigung erhalten kann und vermittels dessen sich das Urgerüst der Ichfunktionen entwickelt, einschließlich der Entwicklung und Ausprägung des Überich. Er vertrat die Auffassung, daß man sich das Auftreten des Ödipuskomplexes als Orientierungspunkt im Gang der Entwicklung nur während der phallischen Phase vorstellen könne. Für Freud handelte es sich, mit anderen Worten, um ein Konzept, das nur sinnvoll war, wenn man eine fundamentale Einheit bzw. Interdependenz zwischen der Biologie und der Psychologie des Individuums als gegeben anerkannte (1924). Der Ödipuskomplex mußte an eine Periode der libidinösen und der Ichentwicklung gebunden sein, in der es einmal bereits zur ausreichenden Differenzierung zwischen dem eigenen Körper des Kindes und dem Objekt gekommen war, mit dem das Kind sich identifizierte; in der zum andern die Beziehung des Kindes zu seinem Körper ein Körperbild bei ihm einschloß und in der schließlich die sexuelle Sehnsucht unbewußt von Emotionen begleitet war, die aus diesem Wunsch und diesem Drang einen Zustand der Eifersucht, des Hasses und der Liebe machten. Darin hatte auch das Gefühl seinen Platz, daß der gehaßte Elternteil Vergeltung üben würde, indem er dem Kind seine Liebe entzog und es physisch attackierte und schädigte – die klassische Situation der kindlichen Kastrationsangst.

Ein wichtiger Aspekt der Theorie des Ödipuskomplexes betrifft den Umstand, daß er den Kulminationspunkt eines langen Prozesses darstellt, dessen primäres Resultat, entwicklungstheoretisch betrachtet, darin besteht, daß dem Ich jetzt die Aufgabe zufällt, die gesamte Vergangenheit des Menschen sozusagen zu organisieren und zu konsolidieren und zugleich eine neue psychische Instanz einzuführen, in der die »Eltern aus der Vergangenheit« sowie die vergangenen realen und phantasierten Äußerungen von Zustimmung, Kritik und Drohung enthalten sind. Dies alles aber auf einem Funktionspegel, der jenseits der ursprünglichen rohen Wünsche und Befürchtungen liegt, wie sie der Zeit vor dem Eintreten des Ödipuskomplexes angehörten. Mit der Auflösung des Ödipuskomplexes soll die infantile Sexualität allmählich zurückgelassen werden – das heißt, das Kind entwickelt sich jetzt zu einem »organisierten« und gelegentlich sehr beunruhigten Wesen. Ein neuer Realitätssinn – der auch die innere Realität betrifft – wird seinen Allmachtsgefühlen jetzt Blessuren versetzen.

Als Freud sein Konzept des Ödipuskomplexes präsentierte, war er sich der Signifikanz des präödipalen Lebens sehr wohl bewußt, wie seine Ausführungen über die infantile Masturbation (1905), seine Theorie des Narzißmus (1914), sein Verständnis der Vorlust im Gegensatz zur Endlust, das Thema der Objektfindung nach der Pubertät und die Feststellung, daß es sich dabei in Wahrheit um das Wiederfinden des Objekts handle, sowie seine unzähligen Hinweise auf die zentrale Bedeutung der Beziehung des Kleinstkindes und des Kindes zur Mutter, auf die Bedeutung der Mutterbrust und auf den Zusammenhang zwischen dieser und den frühesten Bemühungen des Kindes um Unterscheidung zwischen der inneren und der äußeren Realität (1923) zeigen. Die Gespräche, die er, wie wir wissen, mit Breuer, Jung, Abraham, Ferenczi und Jones führte, vertiefen diesen Gedanken (siehe Jones 1954, 1955, 1957). Aber Freud wußte noch nicht, was wir heute über die präödipale Periode wissen. Die Bedeutung der Studien über das präödipale Leben (Jacobson 1964; Kernberg 1979; Klein 1945, 1958; Mahler, Pine und Bergmann

1975; Segal 1964, 1977; Winnicott 1953, 1958) liegt darin, daß sie unser Wissen über die Vorboten der normalen wie der pathologischen Entwicklung erweitern und uns hellhörig für die kritischen Abweichungen von der normalen Entwicklung machen, die schließlich zu den Neurosen oder Psychosen, den Perversionen, den Borderline-Störungen und krankhaften narzißtischen Erscheinungen des Erwachsenen führen.

Aber diese krankhaften Störungen des Erwachsenen erfahren ihre Fixierung erst nach der endgültigen Festlegung des sexuellen Körperbildes – das heißt erst während der Adoleszenz, wenn das ursprüngliche ödipale (»phallische« oder »kastrierte«) Körperbild zum sexuell getönten (»männlichen« oder »weiblichen«) Bild wird. Insoweit gewinnt Freuds Sicht der Adoleszenz als Rekapitulation des früheren Lebens des Menschen, das nun im Kontext des physisch reifen Körpers erfahren wird, für das Verständnis der Entwicklungskrise eine besondere Signifikanz. Noch haben wir zwar keine ausreichenden klinischen Anhaltspunkte dafür, aber es sieht so aus, als sei die Pubertätskrise, wie sie in der Reaktion auf das Männlich- oder Weiblich-Sein zum Ausdruck kommt, das Gegenstück zu der ursprünglichen Reaktion auf den als phallisch bzw. als kastriert erkannten eigenen Körper.

Klinisches Material

Jane

Das hier vorgelegte klinische Material veranschaulicht den Zusammenhang zwischen den krankhaften Störungen, wie sie im Verlauf der Analyse einer Heranwachsenden beobachtet wurden, und der (von uns vermuteten) akuten Entwicklungskrise und dem Verlauf der geschlechtlichen Differenzierung. Es zeigt die Verbindung zwischen der aktuellen Störung und denjenigen Faktoren, die anscheinend eine wichtige Rolle beim Zustandekommen des Körperbildes am Ende der phallisch-ödipalen Periode und bei der spezifischen Art der Lösung des ödipalen Konflikts gespielt hatten.

Jane war sieben Jahre lang in Analyse, nachdem sie als

Siebzehnjährige im Anschluß an eine unvermutete und bedenkliche Episode in der Schule – sie hatte Mitschülerinnen angeschrien und angegriffen – zur Behandlung gekommen war.* Man hätte in dem Vorfall auch das erste Anzeichen einer akuten Entwicklungskrise erkennen können, aber im Laufe der Behandlung stellte sich heraus, daß die Krise sich, sozusagen geräuschlos, in Wahrheit schon im Pubertätsalter abgespielt hatte. Damals hatte Jane sich zum geschlechtlichen Umgang geradezu gezwungen gefühlt und war überzeugt gewesen, daß irgend jemand sie eines Tages umbringen würde – eine Überzeugung, die ein Dauerthema in der Übertragung bildete: Nach Janes Meinung lag dem Analytiker nichts an ihr; vielmehr wünschte er im Grunde ihren Tod.

Ihre ödipalen Beziehungen waren allem Anschein nach von verdeckten Rachegefühlen gekennzeichnet – von ihrer eigenen Rache an ihrer jüngeren Schwester und an ihrer Mutter bzw. von der Rache der Mutter an ihr, weil sie der Liebling ihres Vaters war und alles bei ihm erreichte. Die phantasierte Verführung des Vaters wurde in der Latenzzeit und für eine kurze Weile auch noch in der Adoleszenz ausgelebt, und möglicherweise trug der Vater das Seine dazu bei. Jane lag zum Beispiel mit ihm im Bett, schmuste mit ihm und glaubte, sie könne ihn so so weit bringen, daß er eine Erektion haben würde. Daß ihre Mutter von Selbstmord und von Depressionen sprach, hatte nach Janes Meinung seinen Grund darin, daß sie, Jane, imstande war, die Beziehung zwischen Mutter und Vater zu zerstören.

Aber diese nicht unübliche Phantasie des ödipalen Mädchens hatte noch eine weitere Komponente, die anscheinend eine wichtige Rolle innerhalb des pathologischen Geschehens spielte, das dann gegen Ende der Adoleszenz und im frühen Erwachsenenalter beobachtet wurde und kurz nach Beginn der Analyse als Selbstmordversuch in Szene gesetzt wurde. Solange sie denken konnte, hatte Jane immer das Gefühl gehabt, daß in ihr etwas sei, das andere Menschen töten oder

---

* Eine detaillierte Schilderung von Janes Analyse findet sich in Kapitel 9.

aber sich gegen sie selbst wenden und sie selbst töten könne. In der Adoleszenz äußerte sich dieses Gefühl in der Überzeugung, ihre Vagina sei voll Eiter oder voll Gift. Wenn sie mit einem Mann zusammen war, dachte Jane daran, daß der Partner sich Lust von ihr erhoffte, während sie doch imstande war, seinen Penis durch das Gift in ihrer Scheide zu zerstören.

Das hatte aber noch eine andere und gewichtigere Bedeutung für ihr späteres Leben. Insgeheim war Jane davon überzeugt, daß sie und ihre Mutter gemeinsam jeden Menschen zerstören konnten, und »zerstören« hieß für sie töten. Ihre Identifizierung mit der Mutter und der Haß, den sie der Mutter gegenüber empfand, waren überdeckt von dem ständig vorhandenen Gefühl, daß sie, Jane, entweder sterben oder umgebracht werden müsse, einem Gefühl, das sie als Heranwachsende zum Teil dadurch auslebte, daß sie sich als Anhalterin von Autofahrern mitnehmen ließ und sich auf diese Weise unmittelbar der Gefahr aussetzte, vergewaltigt oder ermordet zu werden.

Aber die zuverlässigsten Hinweise auf einige ihrer pathologischen Züge und auf die Entwicklungskrise lieferte ihre zentrale Masturbationsphantasie. Dabei handelte es sich um eine Phantasie, die aus vielerlei Aktivitäten, aus Träumen und aus der Übertragung zusammenzusetzen den Analytiker viel Zeit kostete: »In ihrem Innern steckt ein kleiner Mann, der sie zum Masturbieren zwingt. Danach hat sie die beschämende Phantasie, daß ein Mann sie packt und es erreicht, daß sie seinen Körper massiert und an seinem Penis saugt. Anschließend rollt sie sich zusammen, so daß ihr Mund und ihre Vagina sich berühren.«

Solange sie zurückdenken konnte, hatte Jane immer gedacht, daß sie kein richtiges weibliches Wesen sei. In diesen Überlegungen war ihre Furcht vor lesbischen Beziehungen und zugleich ihr Wunsch nach solchen Beziehungen enthalten, aber noch wichtiger war der Gedanke, daß der Haß, den sie gegen ihre Mutter empfand, es ihr niemals gestatten könne, etwas anderes zu tun als den Penis des Mannes zu zerstören. Der »kleine Mann« in ihrer Phantasie repräsentierte ihren Vater, aber der »kleine Mann« war zugleich auch die Personifikation der eigenen Aggression, mit der sie nichts zu tun haben wollte und der sie mit der Vorstellung von Eiter und Gift in ihrer Vagina Ausdruck verlieh.

Von größter Wichtigkeit für das Verständnis ihrer Krankheit war der Umstand, daß es gerade ihre Vagina und nicht irgendein anderer Teil ihres Körpers war, der ihrer Meinung nach alle Destruktivität und allen Haß in sich vereinigte. Die präödipale Beziehung zur Mutter und die Identifizierung mit der Mutter hatten ihr Abbild in der Vorstellung, daß Mund und Vagina einander berührten – also in der Vorstellung, daß der Mund die Vagina vergiftete und vice versa, und auch in der Phantasie von dem Mann, der sie dazu brachte, an seinem Penis zu saugen. An den entsprechenden Punkten in der Analyse und in der Übertragung wurde das an der Beziehung der Patientin zu ihrem eigenen phantasierten Penis, an der Phantasie von der Brust der Mutter als giftig und zerstörerisch und an der Phantasie von der Mutter verständlich, die Jane dieses Gift ja schließlich gegeben hatte. Wichtig für die Entwicklung dieser Patientin und für *ihre Beziehung zu sich selbst als Frau,* wie sie sich in der Adoleszenz und im frühen Erwachsenenalter darstellte, ist der Umstand, daß ihre ödipalen Beziehungen (und letztlich ihre Art der Auflösung des Ödipuskonflikts) von ihrem symbolischen Gebrauch ihrer Vagina als Reservoir all ihrer Haßgefühle abhängig war.

Der Analytiker sah darin den Grund, weshalb ihre Psychopathologie, die in der akuten Krise in der Adoleszenz und später in ihrem Selbstmordversuch zum Ausdruck kam, sich in eben dieser Weise manifestierte. Unbewußt schien Jane der Überzeugung zu sein, daß sie zerstören konnte, wen immer sie zerstören wollte, und daß ihre Vagina der Peiniger anderer Menschen ebenso war wie ihrer eigenen Person. Ihre Schuldgefühle angesichts dessen, was sie anzurichten vermochte, und ihr Haß gegen denjenigen Teil ihres Körpers, der sie weiblichen Geschlechts sein ließ, führten sie zu ihrem Selbstmordversuch. Als diese Faktoren im Rahmen der Übertragung zusammengeführt wurden, konnte Jane erkennen, unter welchem Zwang sie stand, denjenigen Teil ihres Körpers zu zerstören, der ihre inzestuösen Wünsche barg oder, um es korrekter auszudrücken, der es ihr gestatten würde, diesen Wünschen nachzugeben.

Wenn man diesen Fall im wesentlichen von der präödipalen Situation her verstanden hätte, dann hätte die Behandlung es vermieden, die ödipale Phantasie – Zerstörung durch den Gebrauch der Vagina – durchzuarbeiten; sie hätte Jane statt dessen veranlaßt, ihre sexuelle Störung sozusagen einzukapseln, indem sie ihre Empfindungen im Zusammenhang mit der Vagina von ihrem Bewußtsein ferngehalten hätte. Das hätte ihr unter Umständen einen gewissen Einblick in ihre Motive verschafft und sie in Kontakt mit einem Teil ihrer Vergangenheit gebracht, aber an ihren Beziehungen zu Männern oder an ihrem Verhältnis zu sich selbst als Frau hätte es wenig geändert. Das pathologische Moment hätte wahrscheinlich andere Ausdrucksmöglichkeiten gefunden, aber die Vagina wäre weiterhin giftig und zerstörerisch gewesen, und das Bild der Patientin von sich selbst als giftig-weiblich wäre erhalten geblieben.

3 Körperbild und Masturbation

In unserer Arbeit mit schwer gestörten Jugendlichen ist uns klar geworden, daß sich aus dem Masturbationsverhalten und dem Wandel des Körperbildes wichtige Anhaltspunkte in bezug auf die Bedeutung plötzlicher und schwerer Umbrüche in der Pubertät gewinnen lassen. Solche Umbrüche oder Entwicklungskrisen kollidieren mit der in der Adoleszenz erfolgenden Festlegung des sexuellen Körperbildes und bilden nur zu leicht den Ausgangspunkt einer am Ende der Adoleszenz ausgewachsenen psychischen Krankheit. Wir überlegten uns, daß die Beschäftigung mit den oben genannten Themen – also mit dem Masturbationsverhalten und den Veränderungen des Körperbildes – uns vielleicht auch Einblick verschaffen könnte in die entscheidenden Unterschiede zwischen Jugendlichen, deren Entwicklung normal verläuft, und jenen anderen, deren Entwicklung dies nicht tut.

Viele Autoren, an ihrer Spitze Freud (1923), haben sich mit der entscheidenden Rolle befaßt, die dem Verhältnis zum eigenen Körper in der Entwicklung des psychischen Apparates zukommt. Zugleich haben sie auf den engen Zusammenhang aufmerksam gemacht, der zwischen dem Körperbild und der Ausbildung der Ichfunktionen besteht, insbesondere der Wahrnehmung und der Realitätsprüfung – Funktionen also, die bei Jugendlichen, die eine Entwicklungskrise erlebt haben, beide beeinträchtigt sind (Bak 1939; Blos 1967; Federn 1951; Freud 1923; Greenacre 1953; Hoffer 1950; Jacobson 1964; Mahler 1963; Peto 1959; Schilder 1935; Winnicott 1953).

Die Rolle der Masturbation in der Persönlichkeitsentwicklung und in der psychischen Krankheit ist bisher etwas enggleisig vor allem im Blick auf den zugehörigen Konflikt und auf die Rolle der sie begleitenden Phantasie untersucht worden (Deutsch 1968; Eissler 1958; Francis 1968; A. Freud 1949; Freud 1905; Jacobson 1964; Lampl-de Groot 1950). In einer 1920 zu den »Drei Abhandlungen« (1905) hinzugefügten Fußnote hält Freud dann eine Beobachtung fest, die wir bei unseren jugendlichen Patienten auch immer wieder gemacht haben und die insofern relevant ist, als sie der Vorstellung, daß die Adoleszenz die Vergangenheit in einer vorgeschriebenen Weise rekapituliere, eine weitere Dimension hinzufügt. Es heißt dort: »Der gröbste und wichtigste Faktor dieser Bedingtheit dürfte wohl die Tatsache sein, daß die Onanie ja die Exekutive der ganzen infantilen Sexualität darstellt und daher befähigt ist, das dieser anhaftende Schuldgefühl zu übernehmen« (Ges. Werke, Bd. V, S. 90).

In diesem Kapitel beschäftigen wir uns mit der Rolle der Masturbation und der Masturbationsphantasien im Rahmen der Bemühungen des Jugendlichen, den Primat der Genitalität zu begründen, und mit den inneren Faktoren, die darüber entscheiden, ob es dem Jugendlichen gelingt oder nicht, sein Körperbild so zu verändern, daß es nun auch den voll entwickelten Genitalapparat als funktionierendes Organ umfaßt. Wir haben immer wieder vor der Frage gestanden, ob die Verhaltensweisen und Phantasien, die uns von Jugendlichen geschildert wurden, Teil der normalen Adoleszenz waren oder schon den Kern der Pathologie in sich trugen. Manche jugendlichen Patienten berichteten von Masturbationsphantasien, die ihrem Wesen nach regressiv klangen, die aber anscheinend nicht ernsthaft mit ihrer sozialen und sexuellen Anpassung kollidierten. Andere präsentierten eine erheblich fortgeschrittenere Organisation, hatten dabei aber dennoch das Gefühl, an einen toten Punkt in ihrer Entwicklung gelangt zu sein. Diesen Jugendlichen erschienen das Masturbieren bzw. ihre Masturbationsphantasien als wiederkehrender Beweis dafür, daß irgend etwas mit ihnen ernsthaft in Unordnung war (und diese Einschätzung der Dinge war häufig zutreffend).

Diese Unterschiede in Ausmaß und Qualität der Befürchtungen, welche die Jugendlichen im Zusammenhang mit dem Masturbieren und den Masturbationsphantasien hegten, führten uns zu der Überlegung, daß wir es hier vielleicht mit der pathologischen Seite eines Phänomens zu tun hatten, das in der normal verlaufenden Adoleszenz dem wichtigen Zweck dient, dem Ich bei seiner Reorganisation rund um die Vorherrschaft der Genitalität behiflich zu sein. Bei den in diesem Kapitel vorgestellten Jugendlichen repräsentierte der tote Punkt, an den sie ihrer Meinung nach gelangt waren, die Erkenntnis, daß sie es nicht vermochten, das Masturbieren bzw. die Masturbationsphantasien im Sinne eines »Probehandelns« einzusetzen. Nicht nur erschien ihnen die Genitalität als gefährlich, sondern die präphallischen Phantasien trugen ihnen (auch wenn sie ichfremd waren) eine solche Befriedigung ein, daß sie die Entwicklung ernsthaft behinderten. Gerade der regressive Charakter dieser Phantasien stand ihrem Einsatz im Sinne der »Erprobung« des Sexualverhaltens des Erwachsenen im Wege.

Masturbation als »Probehandeln«

Im Normalfall tragen Masturbation und Masturbationsphantasien zur Zeit der Adoleszenz als autoerotische Aktivitäten im größeren Zusammenhang der Bemühungen um die Vorherrschaft der Genitalität zur Integration regressiver Wunschvorstellungen bei. Das heißt, den ödipalen Phantasien des Jugendlichen kann der Zugang in die Bewußtheit gestattet werden, allerdings in verschleierter Form, und im Normalfall werden sie anschließend von neuem unterdrückt. Manche Jugendlichen können aber die Masturbation und die sie begleitenden Phantasien nicht in dieser Weise einsetzen. Sie sehen darin vielmehr den Verlust der Kontrolle über ihren Körper bzw. die passive Unterordnung unter eine innere Macht, gegen die sie nichts auszurichten vermögen. Masturbation in der Adoleszenz fungiert nicht nur als eine Handlung, die im sicheren Raum der eigenen Gedankenwelt erfahren wird – sie dient zugleich auch der Erkundung, welche sexuellen Gedanken, Gefühle und Befriedigungen für das Überich annehmbar und welche unannehmbar sind und deshalb nicht in das Selbstbild eines Menschen als eines im sexuellen Sinne reifen Mannes bzw. einer reifen Frau eingehen dürfen. Dabei erschöpft sich das Problem für den Jugendlichen nicht in der Frage, welche Elemente der Phantasie oder welche regressiven Wünsche ganz allgemein akzeptabel sind und welche zurückgewiesen werden müssen; vielmehr sieht er sich jetzt zum ersten Mal in seinem Leben mit der Angemessenheit oder Unangemessenheit seines Abwehrsystems konfrontiert, das ihm bei der Bewältigung dieser Fragen helfen soll. Das heißt, er stellt unter Umständen fest, daß es nicht weit her ist mit seiner Fähigkeit, bestimmte regressive Impulse abzuwehren, deren Befriedigung ihm andererseits unannehmbar erscheint und derentwegen er von seinem Überich streng bestraft werden könnte. Die zeitweilige Regression – worunter wir den Umstand zu verstehen haben, daß der Jugendliche solchen Phantasien und Wunschvorstellungen den Zugang in die Bewußtheit gestattet, die Abnormität bedeuten, denen er aber nichtsdestoweniger nachgeben möchte – weckt bei manchen Jugendlichen akute Angstgefühle, weil sie fürchten, das früher bereits Erreichte unter Umständen nicht wieder herstellen zu können.

Das »Eigentum« am eigenen Körper

Bei beiden in diesem Kapitel vorgestellten Jugendlichen hatten bestimmte präödipale Erfahrungen sich so störend auf die Lösung der ödipalen Situation ausgewirkt, daß es unweigerlich zu einem Bruch in der Genitalität kommen mußte, mit dem sie sich dann als Heranwachsende auseinanderzusetzen hatten und bei dem die Frage des »Eigentums am eigenen Körper« eine Rolle spielte. Offensichtlich ist es von großer Bedeutung, ob der Jugendliche seinen zur Reife gelangten Körper als etwas betrachten kann, das ihm selbst gehört, oder ob er so tut, als gehöre dieser Körper noch immer seiner Mutter, die ihn als erste versorgte. Die beiden Jugendlichen hatten das Gefühl, im Masturbieren und den begleitenden Phantasien eine reale Erfahrung – in Form der Befriedigung regressiver Wünsche – von neuem zu erleben. Sie waren nicht imstande, mit diesem Muster zu brechen, und meinten, keine Kontrolle über ihren Körper zu haben, den sie als ihren Feind oder als etwas betrachteten, das von ihrem übrigen Selbst ganz losgelöst war. Da sie dringend das Gefühl haben wollten, daß der Körper entweder nicht existent sei oder aber keine Gefahr darstelle, nahmen sie ihre Zuflucht zu allen möglichen Mitteln – zu Selbstmordversuchen, Drogenkonsum, zwanghaftem Essen. Das Masturbieren (von Freud als die »primäre Sucht« bezeichnet; 1897) bzw. die Masturbationsphantasien waren in ihren Augen gleichbedeutend mit dem Mißlingen der Verdrängung bzw. dienten der Befriedigung eines perversen und schändlichen Anliegens. Beide waren sie nicht in der Lage, das Masturbieren und die zugehörigen Phantasien konstruktiv, nämlich im Sinne der Förderung ihrer Entwicklung zu erwachsenen Menschen – indem sie heterosexuelle Beziehungen oder den Primat der Genitalität begründeten – zu nutzen.

Klinisches Material

Das erste offen zutage liegende und unleugbare Anzeichen dafür, daß etwas ernsthaft in Unordnung ist, taucht häufig kurz nach der Pubertät auf. Wenn wir uns daraufhin näher mit dem bisherigen Leben des Jugendlichen beschäftigen, entdecken wir in der Regel Anzeichen einer schon länger bestehenden Pathologie. Ein Kollege hat festgestellt, daß eine ganze Anzahl von Jugendlichen, die auf die Intensivstation eines psychiatrischen Krankenhauses eingeliefert worden waren, im Anschluß an den ersten Samenerguß bzw. die erste Menstruation »zusammengebrochen« waren. Auf die Frage, was ihnen in erster Linie Furcht oder Panik eingeflößt habe, verwiesen sie auf ihre »Verwirrung« oder darauf, daß gewisse Vorstellungen sie ganz verrückt gemacht hätten. Manche äußerten sich präziser; sie sprachen von ihrem Wunsch nach intimem Verkehr mit dem andersgeschlechtlichen Elternteil oder sagten, sie seien ganz verschreckt von dem Gedanken, sie könnten ihren Vater bzw. ihre Mutter umbringen.

Hier handelt es sich um extreme Beispiele dessen, was in den Köpfen vieler normaler Jugendlicher vorgeht. Bei Jugendlichen, die Anzeichen einer schweren Störung erkennen lassen, können wir ein Versagen der Abwehrorganisation beobachten, die im Normalfall die ödipalen und präödipalen Phantasien und Wünsche verdrängt – ein Versagen, das dazu führt, daß der Jugendliche sich unvermutet überwältigt sieht. Zur Erklärung der pathologischen Manifestationen können wir auf die Unfähigkeit des Ich verweisen, mit den quantitativen und qualitativen Veränderungen der Triebforderungen fertigzuwerden, wie sie in der Pubertät eintreten. Die Folge ist, daß das, was im Normalfall eine unbewußte Phantasie ist, jetzt entweder zum bewußten Gedanken oder – schlimmer – zur Tat wird. Wenn der Bruch nicht ganz und gar psychotischer Natur ist, erlebt der Jugendliche einen großen Schrecken, und sein Verhalten wird die Mischung aus Verwirrung und Furcht spiegeln.

Wir haben mit dem sehr extremen Beispiel einer Krise begonnen, und dies wegen seiner Relevanz für das Verständnis des Wandels, der mit dem Eintritt der Pubertät im Verhältnis des Jugendlichen zu seinem Körper und seinem Körperbild eintreten muß. Unserer Meinung nach sind in diesen Krisenfällen mehrere Faktoren am Werk – die Distanzierung vom eigenen Körper, der zur physischen Reife gelangt ist; der plötzliche Zusammenbruch der ödipalen Identifizierungen; das Versagen der Abwehrorganisation gegenüber der ödipalen Aggression und entsprechend Phantasien von Zerstörung, Inzest und Haß auf den eigenen Körper. Das Schuldgefühl, das diesem ganzen Prozeß inhärent ist, erklärt vielleicht die Fälle von vollendetem und versuchtem Selbstmord Jugendlicher, in denen wir aggressive Attacken gegen den internalisierten Elternteil und zugleich Attacken gegen den eigenen Körper sehen, der in diesem Augenblick als vom übrigen Selbst losgelöst und nicht zu ihm gehörig empfunden wird. Sterben bedeutet für manche Jugendliche, daß sie den Körper töten, aber nicht notwendig auch den Geist.

In den nachstehend geschilderten Fällen zweier jugendlicher Patienten (Alan und Susan), die einen Selbstmordversuch unternahmen, erkennen wir ein zentrales Moment in dem Ausmaß, in dem sie ihr Gefühlsleben von ihrem Körper und den körperlichen Sensationen abspalteten. Beide waren der Meinung, sie dürften keine Gefühle haben, und beide sahen in der internalisierten Mutter diejenige Person, die über ihre Gefühle wachte. Beiden war klar, daß die Mutter ihnen gestattete, Gefühle zu haben, zugleich aber auch, daß sie diese Erlaubnis jederzeit zurückziehen konnte und sie sich dann von ihrem sexuell reifen Körper und seinen Empfindungen lossagen mußten. In diesen Überzeugungen kam zwar ein früher Bruch in der Beziehung zwischen Mutter und Kind zum Ausdruck, es war darin aber auch – nun in der Projektion des Hasses auf den in sexueller Hinsicht reifen Körper auf die Mutter – der gegenwärtige unbewußte Wunsch des Heranwachsenden zu erkennen, den sexuellen Körper zu verleugnen. Der Haß auf die Mutter war dem Bewußtsein eher zugänglich als der zugrundeliegende Wunsch, sich passiv unterzuordnen und ein nichtsexuelles Wesen zu bleiben.

Die Patientin Susan sprach von ihrem Körper oft als von »dieser dreckigen, häßlichen, scheußlichen Masse, die an mir hängt«. In der frühen Adoleszenz, als ihre Menstruation eingesetzt hatte und ihre Brust sich stark entwickelte (ihr Brustumfang spielte eine große Rolle für sie – was immer sie tat und wie immer sie sich kleidete, sie konnte ihn nicht verbergen), hatte sie ihre erste Krise, die so aussah, daß sie drei Monate lang im Bett blieb. Damals war ihr Körper »müde«, aber das Masturbieren war ihrer Meinung nach die Bestätigung, daß sie »furchtbar« war. Solange sie im Bett blieb, kümmerte die Mutter sich um ihren Körper – etwas, das Susan durchaus gefiel und von dem sie sich wünschte, daß es ewig so weitergehen möge. Wenn sie zurückdachte, dann war »das Herrliche« an dieser Zeit, die sie im Bett liegend verbrachte, unter anderem gewesen, daß sie nur eben daliegen und nachdenken konnte – sie fühlte nichts, und ihr Körper wurde von ihrer Mutter versorgt. Später ging sie eine lesbische Beziehung ein, die sie so lange befriedigte, wie sie das Gefühl haben konnte, daß sich hier »zwei Seelen trafen«, während ihr Körper dem anderen Mädchen »zugänglich« war. Sie konnte niemals zugeben, daß ihre Schuldgefühle irgend etwas mit ihrem jüngstvergangenen Verhalten zu tun hatten. Sie mußte den Körper und die körperlichen Sensationen weiterhin von ihren Gefühlen getrennt halten.

Aus der Schilderung dieser Patienten (Susan und Alan) ihrer postpubertären masturbatorischen Aktivitäten wurde deutlich, daß das Masturbieren eine immerwährende Forderung des Körpers darstellte, etwas zu fühlen, das sie zu leugnen versucht hatten. So wie sie es sahen, bestätigten die das Masturbieren begleitenden Phantasien ihre Schlechtigkeit oder Abnormität, und die Lust oder die Befriedigung, die sie daraus gewannen, war falsch und mußte auf irgendeine Weise eliminiert oder zunichtegemacht werden. Wohl schienen beide sich der in ihrem Innern tobenden Schlacht bewußt zu sein, aber sie konnten dennoch keine andere Einstellung gegenüber ihrem Körper bzw. den von ihrem Körper kommenden Empfindungen einnehmen. Das Masturbieren und die zugehörigen Phantasien wurden niemals als Probehandeln angesehen – vielmehr holten sie die verzerrten ödipalen Wunschvorstellungen ins Bewußtsein, und das begünstigte die Regression noch weiter. Aus diesem Grunde mußten die Handlung selbst und die zugehörigen Phantasien als ichfremd erfahren werden.

Im klinischen Material dieser Jugendlichen, die sich weigerten, ihren Körper und die körperlichen Sensationen zu akzeptieren, kehrt ein Thema immer wieder: Das Masturbieren oder eine lustvolle Sensation im Genitalbereich bedeutete für sie entweder die Konfrontation mit ihrer Abnormität oder stand für den Umstand, daß sie von irgendeiner unbekannten und nicht zu kontrollierenden Macht zur Aufgabe ihres früheren Gleichgewichts gezwungen worden waren. Es war, als hätte die Pubertät ihren Körper ganz plötzlich in einen Feind verwandelt. Andererseits stellte sich, wenn sie schwärmerisch oder sehnsüchtig an die Zeit vor der Adoleszenz dachten, noch jedesmal heraus, daß das Kind in der Latenzzeit schwer gelitten hatte. Die Kindheit war allerdings anders erlebt worden als die Adoleszenz, denn damals hatten beide Patienten eine Möglichkeit gefunden, der Belastung aus dem Weg zu gehen, während die Realitäten der Adoleszenz – der Besitz eines zur Reife gelangten Körpers – die Jugendlichen zwangen, gegen diesen Körper und die körperlichen Empfindungen anzukämpfen.

In beiden nachstehend geschilderten Fällen enthüllten die masturbatorischen Aktivitäten und die sie begleitenden Phantasien, daß diese Jugendlichen innerlich an einen toten Punkt geraten waren. Ihre heftigen Bemühungen, die körperlichen Sensationen von ihrem Selbstbild als sexuell reife Wesen fernzuhalten, bewiesen, daß die Integration des zur Reife gelangten Genitalapparats in das postpuberale Körperbild auf schwere Hindernisse gestoßen war.

Alan

Alan, der ein ausgezeichneter Schüler gewesen war, wurde im Alter von 18 Jahren nach einem Selbstmordversuch zur Behandlung überwiesen. Sechs Monate zuvor hatte ein Freund ihn zu einer Party eingeladen. Die Aussicht, dabei mit Mädchen zusammenzutreffen, berunruhigte Alan, aber er nahm die Einladung dennoch an. Auf der Party brachte er es nicht über sich, mit einem Mädchen, das ihm gefiel, zu tanzen. Zu Hause angekommen, fühlte er sich elend und zornig zugleich. Er sagte sich, daß es im Leben doch noch andere Dinge geben müsse als Mädchen, Parties und Sex. Als er am nächsten Morgen erwachte, beschloß er, sich umzubringen, ohne dann noch lange darüber nachzudenken. Er schluckte eine giftige Substanz, die er schon seit Monaten versteckt gehabt hatte, »einfach für den Fall, daß ich das Zeug brauchen würde«.

Ein zentrales Thema in Alans Behandlung bildete die Frage, ob es richtig sei, sich aktiv um eine Ejakulation zu bemühen. Anläßlich eines nächtlichen Samenergusses hatte Alan sich gedacht, daß das nichts mit ihm zu tun habe; zu masturbieren würde dagegen heißen, daß er beschlossen hätte zu ejakulieren. Während der gesamten Latenzzeit und der frühen Adoleszenz hatte er nie zugeben wollen, daß sein Körper überhaupt irgendwelche Bedürfnisse hatte – so als ob Essen, Schlafen und Defäkieren nur eben Gewohnheiten oder Reflexhandlungen seien. Nach dem ersten nächtlichen Samenerguß war er wütend auf seinen Körper, der ihn mit einem Trick dazu gebracht hatte, Samen zu produzieren. In der frühen Adoleszenz versuchte er zu masturbieren, spürte aber keinerlei Empfindungen in seinem Penis. Das beunruhigte ihn, aber zugleich war es ihm auch eine Erleichterung, denn es bewies, daß »der Körper eben der Körper ist und nichts mit mir zu tun hat«.

Alan war das einzige Kind unglücklicher Eltern. Sein Vater war in seiner Erinnerung ein zurückgezogener, niedergeschlagener und ungebildeter Mann. Wenn man Alan glaubte, hatten er und sein Vater einander so gut wie nichts zu sagen, und ähnlich war auch das Verhältnis der Mutter zum Vater. Solange Alan zurückdenken konnte, hatten die Eltern getrennte Schlafzimmer gehabt. Alan und seine Mutter verbrachten ihre gesamte Zeit miteinander, während der Vater offenbar sein eigenes Leben führte.

Unter den vielen Intimitäten und routinemäßigen körperlichen Kontakten zwischen dem kleinen Alan und seiner Mutter spielte eine Gewohnheit eine besondere Rolle: Die Mutter putzte dem Kind nach dem großen Geschäft immer das Hinterteil. Alan verlangte, daß sie dies so lange tat, bis keine Spur von Kot mehr auf dem Papier zu sehen war. Aber als er sieben oder acht Jahre alt war, wollte er diese Aufgabe plötzlich niemandem mehr überlassen, sondern übernahm sie selbst und brauchte manchmal zehn Minuten und eine halbe Rolle Toilettenpapier zu seiner Säuberung. Aus verschiedenen Erinnerungen an die Latenzzeit ging hervor, daß dies das zentrale Thema seiner Vorstellung von der Urszene war – der eine Partner bewirkt etwas am Anus des anderen. Diese Phantasie enthielt zugleich seine Furcht vor und seinen Wunsch nach analer Penetration. In seinen Gedanken herrschte eine große Verwirrung, was die Rolle des Mannes und die Rolle der Frau anging, und unter anderem glaubte er, es könne die Frau (mit dem Phallus) sein, die den Mann penetriert.

Zugleich waren in dieser Phantasie auch sein Haß auf die Mutter und seine Furcht vor ihr enthalten. An diesem bestimmten Punkt in der Adoleszenz fühlte er sich ihr verbunden, auch wenn er manchmal dachte, daß er sie umbringen könnte, wenn er sich gehenließe.

Der Selbstmordversuch läßt sich vor diesem Hintergrund wohl verstehen. Alan erinnerte sich, daß er sich nach seiner Heimkehr von der Party überlegt hatte, wie es wohl wäre, wenn er mit einem der Mädchen, die er soeben kennengelernt hatte, ins Bett ginge. Er war überzeugt, daß er niemals Erfolg haben würde, und fürchtete sich davor, gänzlich die Beherrschung zu verlieren – so als ob dies eine Katastrophe für ihn wäre. Er würde wohl etwas Drastisches unternehmen müssen, um »Erfolg zu haben«, und der Selbstmord erschien ihm als die richtige Lösung. In der Behandlung legte der Analytiker dar, daß der Selbstmord Alan zum einen in die Lage versetzt hätte, die von ihm gehaßte internalisierte Mutter zu vernichten und loszuwerden, und zum anderen seinen schwachen und untauglichen Körper beseitigt hätte. Aber es war ihm nie der Gedanke gekommen, daß es sich um *seinen* Tod handeln könnte – es bedeutete nur den Tod seines Körpers. Vor seinem Selbstmordversuch hatte Alan gelegentlich darüber nachgedacht, ob mit seinem Körper irgend etwas zu machen sei, und sich vorgestellt, daß er, wenn er seinen Körper tötete, vielleicht mit einem neuen und richtig funktionierenden Körper wieder lebendig werden würde.

Susan

Susan kam zur Analyse, nachdem sie als Studentin einen Zusammenbruch erlitten hatte. Ihre Tutoren hatten befürchtet, daß sie sich umbringen würde, und so wurde sie zunächst in ein Krankenhaus eingeliefert. Gleich nachdem sie ihr Examen mit Auszeichnung bestanden hatte, bemühte sie sich um Behandlung. Sie war damals 21 Jahre alt. Fünfzehn Monate später brach sie die Behandlung ab.

Sie hatte schon immer als hochtalentiert gegolten, und die Mutter hatte immer davon gesprochen, daß man ihre Begabung fördern müsse. Susan selbst glaubte sich aufgrund ihrer Intelligenz ihrem jüngeren Bruder weit überlegen. Obwohl sie keinen Vorteil darin sah, ein Mann zu sein, war es ihr fürchterlich, eine Frau zu sein, und diese Tatsache erzeugte ein Gefühl der Wertlosigkeit in ihr. In der frühen Adoleszenz masturbierte sie viel und stellte sich dabei vor, daß ein Mann oder eine andere Frau irgendeine Form des Analverkehrs mit ihr praktiziere. Das Masturbieren verschaffte ihr ein wildes, verrücktes und herrliches Gefühl – alles im gleichen Augenblick. Manchmal masturbierte sie anal, oder sie nahm eine kauernde Stellung ein, so als ob sie defäkierte. Danach war ihr immer entsetzlich zumute, und oft hoffte sie zu sterben.

Wie wir an anderer Stelle schon sagten, legte sie sich in der frühen Adoleszenz drei Monate lang ins Bett, und ihre Mutter kümmerte sich um sie. Mit 17 Jahren ging sie eine lesbische Beziehung ein, und sie und das andere Mädchen hielten, küßten oder masturbierten einander. Damals war Susan der Meinung, daß sie mit diesem Mädchen vielleicht glücklich leben könne. Als die Partnerin sich dann einem Jungen zuwandte, war Susan so deprimiert, daß sie an Selbstmord dachte.

Als Kind und selbst noch als Heranwachsende war Susan überzeugt, ihr Körper sei nicht ganz vollständig. Als Heranwachsende duldete sie es nicht, daß ein Junge ihr nahekam. Sie konnte den Gedanken nicht ertragen, daß sie eine Vagina besaß – er war gleichbedeutend mit dem Verzicht auf die Hoffnung, den Körper in irgendeiner Weise verändern zu können. Sie war sich ganz sicher, daß ihre Mutter irgend etwas mit ihrem Körper angestellt hatte und daß sie einen vollständigen Körper haben könnte, wenn sie auf sexuelle Gefühle verzichtete. Sexuelle Gefühle waren »eine Forderung und ein Fluch, der auf mir liegt«, denn sie gefährdeten die Abwehr gegenüber dem Haß auf die Mutter, die ihr einen so nutzlosen und unvollständigen Körper gegeben hatte.

Wenn man Susan hörte, dann hielt ihre Mutter von ihr sehr viel mehr als von ihrem Bruder – sie zeichnete sich durch ungewöhnliche und schöpferische Intelligenz aus, sie mußte nicht so sein wie andere Kinder. Sie war etwas »Besonderes«, und das hieß für Susan, daß sie sich von sexuellen Gedanken oder Wünschen nicht beirren lassen durfte. Als Heranwachsende empfand sie diese Gespaltenheit zwischen Körper und Geist schärfer, denn nun mußte sie ihre perversen Masturbationsphantasien von ihrem Bewußtsein fernhalten – so als wäre sie für diese Phantasien nicht verantwortlich, obwohl sie ihr schwerste Schuldgefühle eintrugen. Zugleich war ihr diese Gespaltenheit aber eine Zeitlang auch eine Hilfe bei der Abwehr der extremen Aggression, die sich gegen ihre Mutter richtete. Aber dieses labile Gleichgewicht brach zusammen, als sie die Pubertät erreichte und ihre perversen Masturbationsphantasien ihr zum ersten Male bewußt wurden. Das Masturbieren bestätigte ihr nun, daß ihr Körper schmutzig und wertlos war, und zugleich brachte es ihr in der Phantasie die Befriedigung ihrer perversen Wünsche. Mehr noch: Es war gleichbedeutend mit dem Fehlschlag ihrer Bemühungen, den Wunsch nach der Zerstörung ihres Körpers – und damit nach der Vernichtung ihrer Mutter – verdrängt zu halten.

Irgend etwas in der Entwicklung dieser beiden Jugendlichen hatte einen völlig falschen Verlauf genommen. Beide spürten, daß sie »festgefahren« waren, was immer sie taten. Beide beschrieben die Jahre des Heranwachsens als eine durchweg schmerzliche Phase. In beiden Fällen hatte die Pubertät anscheinend einen ständigen Kampf gegen etwas in ihrem Innern in Gang gesetzt, über das sie, wie sie spürten, keine Macht hatten. Diese Jugendlichen sahen in ihrer masturbatorischen Aktivität entweder die Bestätigung ihrer Abnormität oder eine Bedrohung ihrer Persönlichkeit insgesamt und insbesondere ihres Abwehrsystems.

Zwei wiederkehrende Themen erschienen in den Masturbationsphantasien besonders deutlich: Zum einen haßten die Patienten ihren Körper, weil er ihnen diese Aktivität aufzwang; und zum anderen fühlten sie sich hilflos angesichts der abnormen Phantasien, die unweigerlich dazu führten, daß sie sich wertlos und schuldig vorkamen. Der Haß auf den Körper war für sie gleichbedeutend mit dem Haß auf den internalisierten Elternteil.

Man könnte die Phantasie und die Einstellung dieser Jugendlichen zu ihrem Körper als schlichte Abwehrbemühungen gegen die positiven ödipalen Wünsche ansehen, wenn nicht noch etwas anderes dazugekommen wäre, das diesen »toten Punkt« bewirkt und es ihnen noch dringlicher hatte erscheinen lassen, sich vom Körper und den körperlichen

Sensationen sozusagen zu distanzieren: Der Eintritt der Pubertät bedeutete offensichtlich eine Gefahr für die bisherige Abwehr gegen die Aggression, die sich gegen die Mutter richtete. Diese in der Adoleszenz wiederbelebte Aggression wurde als etwas erfahren, das jederzeit in Handlungen umgesetzt werden konnte. Die Masturbation und die sie begleitenden Phantasien waren eine weitere Bedrohung für diese Jugendlichen, weil die damit verbundene Regression als ständige Bestätigung ihres Hasses und ihrer Abnormität wirkte. Die Mutter, die ursprünglich den kindlichen Körper stimulierte und beschützte, wurde jetzt als Verfolgerin betrachtet (A. Freud 1965; Hoffer 1950; Winnicott 1953). Susan glaubte, ihre Mutter würde »vor Scham sterben«, wenn sie wüßte, was ihr »Superkind« tat und dachte. Alan war überzeugt, daß seine Mutter ihn beobachtete, wenn er einen nächtlichen Samenerguß hatte, und daß er niemals von ihr loskommen würde, egal wie fürchterlich er zu ihr war.

Jugendliche, deren Entwicklung in normaleren Bahnen verlaufen ist, können ihre präödipalen, von Regression gekennzeichneten Phantasien in der Regel verdrängt halten und gestatten, wenn sie masturbieren, nur den annehmbaren heterosexuellen Phantasien, in denen gewöhnlich ein »angemessenes« Liebesobjekt vorkommt, den Zugang in die Bewußtheit. In der Behandlung ist es oft möglich, die Verdrängung zum Teil aufzuheben und die möglicherweise vorhandenen regressiven oder perversen Phantasien zu lokalisieren. Aber das bloße Vorhandensein solcher Phantasien ist kein Zeichen der Abnormität. Sie können als eine Bedrohung empfunden werden, aber gewöhnlich werden sie mit Erfolg abgewehrt und bleiben unbewußt. Die hier beschriebenen Jugendlichen aber reagierten auf ihre masturbatorische Betätigung und die zugehörigen Phantasien anders. Für sie waren die regressiven Phantasien pervers und hatten sich in ihr Bewußtsein hineingedrängt. In dem Augenblick, in dem sie »im Beisein« eines physisch reifen Körpers auftraten, waren diese Phantasien nahezu gleichbedeutend mit einer Handlung. Sie wurden als real und gefährlich empfunden.

Diese Beobachtung – daß der Eintritt der Pubertät eine

Gefahr für die bisherige Abwehr gegen die auf die Mutter zielende Aggression darstellt – scheint für männliche wie für weibliche Jugendliche zuzutreffen. Allerdings hat die gegen die Mutter gerichtete präödipale und ödipale Aggression für den Jungen eine andere Bedeutung als für das Mädchen. Daraus folgt, daß auch die daraus resultierende Pathologie des Heranwachsenden verschieden sein wird. Aus dem Inhalt der Masturbationsphantasien können wir die Vorstellung des Kindes von der Urszene rekonstruieren und zugleich ableiten, mit welchem Elternteil es sich identifiziert hat.

In Alans Fall dienten die Hilflosigkeit angesichts der sexuellen Sensationen und sein Gefühl des vollständigen Überwältigtseins im Anschluß an die Ejakulation dazu, seine extreme Kastrationsfurcht zu leugnen – sie machten es ihm nämlich möglich, sich mit seiner Mutter zu identifizieren. Er lebte die Phantasie aus, »wie die Mutter mit dem Phallus« zu sein, eine Phantasie, in der auch die Vorstellung enthalten war, daß der Besitz eines Phallus die Mutter für den Vater eher akzeptabel mache. Auf einer präödipalen Ebene bestand der Wunsch, umsorgt zu werden, und das hielt die Beziehung zur Mutter immer weiter am Leben. Um aber die Störung in der Adoleszenz zu verstehen, müssen wir Alans Konflikt vornehmlich vor dem Hintergrund der ödipalen Situation sehen – das heißt, das Masturbieren und die Phantasie enthalten die Identifizierung mit seiner Mutter, die, wie er glaubte, einen Phallus besaß. Die Beibehaltung dieser Phantasie auch in der Adoleszenz gestattete es ihm zu glauben, sein Körper sei dem Körper der Mutter ähnlicher als dem des Vaters. In diesem Zusammenhang sind Greenacres Ausführungen über die Entwicklung des Körperbildes (1953, 1958, 1960) und zumal über die Fehlentwicklung im Falle des Fetischismus interessant.

Für Susan dagegen war die Mutter sowohl kastrierende als auch beschützende Figur. Der Beginn der Menstruation bestätigte ihr, daß ihr Körper nichts taugt, und die sexuellen Gefühle in der Adoleszenz erinnerten sie nur daran, wie schrecklich ihr Körper war. Zugleich war sie der Meinung, ihre Mutter wisse alles über sie, so als ob die Mutter ständig neben ihr gestanden hätte. Wenn sie ihre Genitalien berührte, mußte sie feststellen, daß die Mutter ihr einen nutzlosen und abnormen Körper gegeben hatte. Das Eintreten der Menstruation zerstörte die Identifizierung mit der »Mutter mit dem Phallus«, denn es zwang Susan mit einem Schlag, sich von der Vorstellung zu trennen, daß ihr Körper sich noch verändern würde. Das Masturbieren bedeutete eine zusätzliche Gefahr, denn es bestätigte, daß ihr Körper beschädigt war, und weckte damit die Aggression gegen die Mutter. Und eben diese Aggression war es, die Susan wiederum so vollständig an ihre Mutter band.

4 Das heranwachsende Mädchen. Sein Verhältnis zum eigenen Körper. Die Masturbation

Im vorangegangenen Kapitel haben wir uns mit der Rolle der Masturbation im Rahmen der Begründung des sexuellen Körperbildes in der Adoleszenz beschäftigt. Dabei haben wir uns, wie dies bei der Erörterung des Themas Masturbation die Regel ist, auf die Rolle der Masturbation in der Persönlichkeitsentwicklung des Jungen konzentriert. In der Arbeit mit weiblichen Jugendlichen ist uns aber klar geworden, daß die Masturbation hier einen ganz anderen Konflikt heraufbeschwört als bei männlichen Jugendlichen, und daß sie sich nach der Pubertät bei den Mädchen auch in anderer Weise auf das Verhältnis zum eigenen Körper auswirkt als bei den Jungen.

Wir haben der Masturbation eine wesentliche und positive Funktion innerhalb der Entwicklung des männlichen Jugendlichen zum normalen Erwachsenen zugesprochen. Offensichtlich kommt ihr in der sexuellen Entwicklung des heranwachsenden Mädchens aber nicht die gleiche Funktion zu. Das impliziert, daß es in der Entfaltung des Verhältnisses zum eigenen, sexuell reifen Körper zwischen männlichen und weiblichen Jugendlichen gewichtige Unterschiede geben könnte – Unterschiede, die ihrerseits wieder von Einfluß auf die normale oder aber pathologische Entwicklung sein können. Freud erklärt den Umstand, daß Masturbation bei kleinen Mädchen relativ selten ist, mit der Enttäuschung, die diese empfinden, wenn sie nach einem ersten Vergleich ihrer Genitalien mit denjenigen der Jungen feststellen müssen, daß sie keinen Penis besitzen. Diese Erklärung ist unter den Analytikern bis heute umstritten.

Bevor wir uns einer anderen Erklärung für das vergleichsweise häufige Fehlen masturbatorischer Aktivitäten bei Mädchen zuwenden, die sich nichtsdestoweniger normal entwickeln, möchten wir die Frage anders formulieren: Ist es normal, daß das Mädchen in der ödipalen oder in der Latenzperiode oder auch während der Adoleszenz auf Masturbation verzichtet, oder weist ihr Fehlen bei einem heranwachsenden Mädchen oder einer Frau – wie manche Autoren andeuten möchten – auf die zu einem früheren Zeitpunkt erfolgte Verdrängung, die aufzudecken einer Analyse gelingen sollte? In klinischen Berichten heißt es oft, daß eine weibliche Patientin »inzwischen in der Lage« sei zu masturbieren. Aber kaum jemals ist die Frage gestellt worden, ob das ein normaler, ein weiterer Schritt in die richtige Richtung ist, und wenn nicht, was es sonst bedeuten könnte.

Die erste Phase der Masturbation

In seinen »Drei Abhandlungen« (1905) gibt Freud keine präzise Datierung der ersten Phase der Masturbation, aber er beschreibt die zweite Phase als »ödipal«. Daraus können wir schließen, daß die erste Phase sich auf die präödipale Periode bezieht. Die erste Phase der Masturbation deckt sich demnach mit jener Periode, in der sich ein Verhältnis zum eigenen Körper herausbildet, und dieses Verhältnis findet zunächst seinen Ausdruck und später sein Symbol in der Beziehung zwischen Hand und Körper. Die symbolische Bedeutung der Hand gewinnt dann für das heranwachsende Mädchen ein konfliktäres Moment, und eben dieser Konflikt ist unserer Ansicht nach schuld daran, daß das Mädchen die Masturbation nicht in der gleichen Weise zu seiner Entwicklung einsetzen kann wie der heranwachsende Junge.

Lindners (1879) Beobachtung, daß das Daumenlutschen des kleinen Kindes eine erotische Komponente enthalte, lieferte Freud die Basis für seine theoretischen Ausführungen über die Bedeutung des Masturbierens – innerhalb des gesamten Spektrums der sexuellen Aktivität – für die Persönlichkeitsentwicklung und ermöglichte ihm, das Konzept der Sexualität über die genitale Sexualität hinaus auszudehnen. Freud zeigte auf, daß die erotische Befriedigung, die der Säugling aus dem Daumenlutschen gewinnt (1905), das Vorhandensein eines oralen Geschlechtstriebes impliziere, dessen Objekt die Brust sei, und daß die Mutter (in ihrer Rolle als jemand, der den Körper des kleinen Kindes versorgt) sowohl als Verführerin wie als Versagerin auftrete, was die übrigen libidinös bestimmten Wünsche des Kindes (Getragenwerden, Warmgehaltenwerden, Gestreicheltwerden) angeht. Die Brust wird als versagendes Objekt zum ersten Mal durch ihre Abwesenheit erfahren. Das kleine Kind vermag nun diesen Aspekt der Brust zu leugnen, indem es entdeckt, daß eine Stelle seines eigenen Körpers sich dazu benützen läßt, das abwesende Objekt in der Phantasie zu erschaffen und damit die enttäuschende Erfahrung ungeschehen zu machen.*

Hier geht es uns in erster Linie um die Entdeckung des kleinen Kindes, daß sein Körper Möglichkeiten der Befriedigung bereithält. Die Tätigkeit des Daumens im Zusammenhang mit dem Mund des Kindes erfolgt wieder und wieder und wird schließlich mit der aktiven, Befriedigung gewährenden Beziehung der Mutter zum Kind gleichgesetzt. Später stellt die Aktivität der ganzen Hand im Zusammenhang mit dem Körper des Kindes eine Wiederholung der Erfahrung der aktiven mütterlichen Hand im Zusammenhang mit dem Kind dar (Kris 1951). Alle masturbatorische Tätigkeit enthält den dualen Charakter einer aktiven und einer passiven Erfahrung. In dieser ersten Phase der Masturbation, in der das kleine Kind seinen Körper zunehmend als losgelöst von dem der Mutter erfährt, bildet die Aktivität des Daumens zusammen mit dem Mund und später der Hand zusammen mit dem Körper und den Genitalien die Basis dafür, daß das Kind auch die Vorstellung von seinem eigenen Körper immer weiter von der Vorstellung des mütterlichen Körpers löst und auf dem Weg über die Aktivität der Mutter im Zusammenhang mit seinem, dem kindlichen Körper, allmählich eine Beziehung zu diesem seinem Körper entwickelt. Diese Identi-

---

* Zur Signifikanz der gleichzeitigen Entdeckung zweier getrennter Körperteile – Hand und Mund – für die Ausbildung eines zweigeteilten Körperbildes siehe Hoffer (1949).

fizierung setzt das Kind in den Stand, die Trennungserfahrung ungeschehen zu machen, denn jetzt, da es den eigenen Körper gebrauchen kann, hat es die Befriedigung seiner präödipalen Wünsche zunehmend »selbst in der Hand«. Für das kleine Mädchen wird allerdings die unbewußte Identifizierung der eigenen Hand mit derjenigen der Mutter später zu einer Quelle des Konflikts – dann nämlich, wenn die Hand beim Masturbieren in Aktion tritt.

Durch die Beschränkung unserer Beobachtungen auf die weibliche Masturbation können wir uns auf einen bedeutsamen Unterschied zwischen Mädchen im Kindesalter, heranwachsenden Mädchen und erwachsenen Frauen konzentrieren. Die klinische Erfahrung hat uns gelehrt, daß nur einige Mädchen und Frauen masturbieren. Der Unterschied zwischen denjenigen, die es tun, und denjenigen, die es nicht tun, läßt sich jetzt präziser fassen: Die erstere Gruppe bilden diejenigen, die ihre Hand benutzen, um die Genitalien zu berühren, die letztere bilden diejenigen, die das nicht tun. Autoren, die anhand von klinischem Material darlegen, daß weibliche Kinder andere Mittel einsetzen, um zur sexuellen Erregung zu gelangen (etwa Schenkelpressen oder das Zurückhalten der Fäces), und dann schließen, daß es in bezug auf die Signifikanz des Masturbierens für die Persönlichkeitsentwicklung keinen grundlegenden Unterschied zwischen »weiblich« und »männlich« gebe, vernachlässigen die Bedeutung, die in den Augen des Kindes dem jeweiligen Mittel zukommt, das es zum Masturbieren heranzieht (siehe Sherfey 1966). Unserer Meinung nach liegt der Unterschied zwischen dem männlichen und dem weiblichen Verhalten darin, daß manche Frauen nicht ihre Hand zum Masturbieren benutzen. Es gibt zwar Jungen, die ihren Penis nicht mit der Hand berühren, wenn sie masturbieren; aber anders als bei Mädchen ist diese Vermeidungshaltung bei Jungen immer ein Zeichen einer Entwicklungsstörung.

In seiner Veröffentlichung »Über die weibliche Sexualität« (1931) wies Freud darauf hin, daß man den Verzicht des Mädchens auf die Masturbation – der seiner Ansicht nach am Ende der langen Periode der Bindung an die Mutter erfolgt –

nicht einfach als Resultat von Verboten aus der Außenwelt auffassen könne. Verbote, so betonte er, können ebenso leicht zu der trotzigen Entschlossenheit führen, an der betreffenden Aktivität festzuhalten. Seiner Meinung nach mußte dieser Verzicht also eine »innere« Begründung haben – die enttäuschende Erfahrung nämlich, die das Mädchen mittlerweile mit seinem eigenen Körper gemacht hat. Diese Beobachtung ist von anderen Analytikern aufgrund ihrer klinischen Arbeit mit Kindern und Erwachsenen – unabhängig vom unbewußten Inhalt dieser Enttäuschung – bestätigt worden. Über die Frage, warum diese Enttäuschung sich darin äußert, eine Berührung der Genitalien zu vermeiden, herrscht allerdings noch kaum Klarheit.

Viele Analytiker (Horney 1933; Jones 1927; Klein 1928) wollen sich nicht mit der Erklärung zufriedengeben, daß dem Mädchen die bisherige Befriedigung angesichts der Vorstellung, was es erleben könnte, wenn es einen Penis besäße, nicht mehr genüge. Eher wird der Verzicht verständlich, wenn man ihn als den Verzicht des Mädchens auf eine aktive Beziehung zum eigenen Körper betrachtet, nachdem nun einmal kein Weg an der Erkenntnis vorbeiführt, daß die Versagung, auf die seine Wünsche getroffen sind, durch die Aktivität der eigenen Hand nicht ungeschehen gemacht werden kann. Bisher diente die Hand dazu, die eigene Aktivität mit derjenigen der Mutter zu identifizieren. Wenn die Tochter nun erkennen muß, daß sie sich den Wunsch nach Identifizierung ihres Körpers mit demjenigen der Mutter – zum Beispiel dadurch, daß sie selbst ein Baby zu produzieren vermag – nicht erfüllen kann, dann wird die Aktivität der Hand zu einer Quelle der Beunruhigung. Statt mit dem Befriedigung gewährenden Objekt wird die Hand jetzt unter Umständen mit einem entziehenden und versagenden Objekt identifiziert, denn dem Kind ist klargeworden, daß es sich seine Wünsche nicht länger durch den Gebrauch der Hand erfüllen kann.

Diese Sicht der Dinge impliziert, daß das Mädchen sich durch die fortgesetzte Masturbation über die ödipale Phase hinaus gegen die zugrundeliegende Angst verteidigt, die durch den Impuls hervorgerufen worden ist, den eigenen Körper als Quelle der Enttäuschung und der Versagung abzulehnen oder zu hassen. Das fortgesetzte Bemühen, ihn durch Masturbieren als Quelle der Befriedigung zu erfahren, mag es dem Mädchen ermöglichen, an einer Art defensiver Idealisierung des Körpers festzuhalten, aber um den Preis der andauernden Verdrängung seiner feindseligen Gefühle gegenüber der Mutter und der Verleugnung der enttäuschenden Realität des eigenen Körpers im Vergleich zu dem der Mutter.

In bezug auf die Persönlichkeitsentwicklung scheint alles, was wir über die Grundlagen des Verhältnisses des Mädchens zu seinem Körper gesagt haben, für den Jungen ganz genauso zuzutreffen. Daß Mädchen und Jungen unterschiedlich lange brauchen, bis sie aus der ausschließlichen Hinwendung zur Mutter heraustreten, erklärt sich wohl dadurch, daß das Mädchen sich – durch die Beobachtung, daß es einen Körper hat, der demjenigen der Mutter ähnlich ist – aufgefordert fühlt, sich sehr viel länger als der Junge mit den Aktivitäten der Mutter zu identifizieren.

Wir haben zwar angedeutet, daß der eigentliche – auf Versagung treffende – Wunsch des Mädchens lautet, einen Körper zu haben, der ein Kind produzieren kann, und nicht notwendig einen Körper, zu dem ein Penis gehört, aber wir halten das nicht für das zentrale Problem. Der zentrale Sachverhalt der präödipalen Periode ist der Konflikt zwischen Aktivität und Passivität und der Umstand, daß das Kind eine Mutter, die es als aktiv um seinen Körper besorgt erlebt, internalisieren muß, um sich von ihr lösen zu können (Brunswick 1940). Mit der Frage nach der Signifikanz der Masturbation für das Verhältnis des Kindes zu seinem eigenen Körper wollen wir vor allem zeigen, daß die Aktivität der Hand im Zusammenhang mit dem Körper dem Kind die Feststellung ermöglicht, daß dieser Körper eine Quelle der Befriedigung sein kann, und zwar unabhängig von der Mutter. Der eigentliche Inhalt der Phantasie oder der Wunschvorstellung erscheint uns dabei nicht einmal so wichtig. Die Übertragung weiblicher Patienten, die wir analysieren, hat uns in dieser Sicht der Dinge immer wieder bestätigt: Die Patientin erlebt in der Übertragung eine feindliche, entziehende Mutter, die das zurückhält, was die Patientin in den Stand setzen würde, wie der Analytiker zu werden. Ihr Verdacht lautet, daß der Analytiker sich so verhält, um sie, die Patientin, weiterhin hilflos zu halten und zu zwingen, in ihrer passiven Abhängigkeit vom Analytiker zu verharren.

Der Masturbationskonflikt des heranwachsenden Mädchens

Der Eintritt der Pubertät wirkt sich nach Freud (1905, 1913) auf das Mädchen in Form der neuerlichen Verdrängung der Masturbation aus. Dahinter steht der Gedanke, daß das Mädchen auf die Pubertät als auf eine Bestätigung dafür reagiert, daß es keinen Penis besitzt. Wenn im Verhältnis des Mädchens zu seinem Körper allerdings Raum für den – aus der Auflösung des ödipalen Konflikts erwachsenen – Gedanken ist, daß der eigene Körper denjenigen der Mutter nicht vollständig ersetzen kann, dann ist Freuds Erklärung, warum es mit dem Eintritt der Pubertät zur Verdrängung der Masturbation kommt, nicht haltbar. Die Pubertät erfüllt ja nun den alten Wunsch nach einem Körper, der ein Kind hervorzubringen vermag. Unserer Meinung nach geht die mit der Pubertät aufkommende Angst auf andere Faktoren zurück, die ein weiteres Mal dazu führen, daß das Mädchen den Gebrauch der Hand im Zusammenhang mit den eigenen Genitalien meidet.

Insoweit als die Hand unbewußt mit der mütterlichen Fürsorge und der von der Mutter ausgehenden Befriedigung identifiziert ist, wird das Mädchen die Empfindung sexueller Lust als Folge des Gebrauchs der Hand unbewußt als die Erfüllung des Wunsches erfahren, sich passiv der Befriedigung durch die Mutter zu überlassen. Aber das Emportauchen dieses Wunsches in die Bewußtheit ebnet den Weg in die aktive homosexuelle Objektsuche – als Mittel der Abwehr gegen passive Wünsche – und kann folglich der Wahl eines männlichen Wesens zum Sexualobjekt im Wege stehen. Phantasien des Inhalts, daß die Mutter (und in der Übertragung der Analytiker) umsorgt oder errettet wird, deuten auf den

Wunsch nach aktiver Identifizierung als Mittel der Abwehr gegen derartige passive Wünsche. Aber die Pubertät bringt eine neue Bedrohung für das Mädchen, das in der Latenzperiode weiterhin masturbierte, um auf diese Weise sowohl die aktive Identifizierung mit der Mutter aufrechtzuerhalten als auch die Realität – die Unangemessenheit des eigenen Körpers – leugnen zu können. Der Preis für die Fortführung dieses defensiven Kampfes in Gestalt der masturbatorischen Betätigung besteht darin, daß das Mädchen sich jetzt zu einer homosexuellen Objektwahl gezwungen sehen mag. Dazu kommt, daß die Identifizierung des eigenen puberalen Körpers mit demjenigen der Mutter die Notwendigkeit der Wahrung der idealisierten Beziehung zum eigenen Körper noch vergrößert, damit der Haß auf den mütterlichen wie auf den eigenen sexuellen Körper weiterhin verdrängt bleiben kann.

Dieser besondere Aspekt der Pubertät – der Besitz eines mit dem mütterlichen Körper identifizierten Körpers – ist von entscheidender Bedeutung für die weitere Entwicklung des Verhältnisses des Mädchens zu eben diesem Körper (Ritvo 1976). Es ist ein Umstand, der häufig nicht genügend beachtet wird, wenn es um Probleme der sexuellen Entwicklung der Frau geht. Wenn man die »Entscheidung« zugunsten der neuerlichen Verdrängung der Masturbation nach dem Eintritt der Pubertät so versteht, daß damit der Gebrauch der Hand zu masturbatorischen Zwecken vermieden, nicht aber die Masturbation als solche unterdrückt werden soll, dann kann man daraus folgendes schließen: Was hier vermieden wird, ist das entziehende und versagende Potential, von dem das Mädchen unbewußt spürt, daß es in der Aktivität der Hand in bezug auf die Genitalien – die jetzt mit dem sexuellen Körper der Mutter gleichbedeutend sind – enthalten ist.

Manche Analytiker haben auf ihre klinischen Beobachtungen verwiesen, um darzulegen, daß heranwachsende Mädchen sehr wohl masturbieren, und in diesem Zusammenhang festgestellt, daß diejenigen, die es bewußt nicht tun, nicht wahrhaben wollen, daß sie andere Aktivitäten zu masturbatorischen Zwecken einsetzen. Dahinter steht also die Überlegung, daß es in bezug auf die Signifikanz der masturbatorischen Betätigung zwischen männlichen und weiblichen Jugendlichen keinen grundlegenden Unterschied gibt (siehe Clower 1975). Für den Jungen ist das Masturbieren Teil der fortschreitenden Bemühung um Loslösung und Differenzierung seines Körpers von dem der Mutter; in den Augen des Mädchens kann die gleiche Aktivität dagegen den Zwang bedeuten, der Identifizierung des eigenen Körpers mit dem sexuellen Körper der Mutter zuzustimmen.

Das Wesen der Ängste, wie sie durch die Pubertät ausgelöst werden, läßt sich nur dann wirklich verstehen, wenn man berücksichtigt, welche Bedeutungen das Masturbieren für das heranwachsende Mädchen haben kann. Angesichts dieser Ängste wird verständlich, daß und warum manche heranwachsenden Mädchen sich so heftig gegen die Masturbation zur Wehr setzen und in manchen Fällen das zwanghafte Bedürfnis verspüren, den Körper aktiv mit der Hand zu attakkieren. Daß gerade Handgelenk oder Arm zum Austragungsort der Selbstverletzung gewählt werden, erklärt sich dann als Teil des Bemühens, die Hand unter Kontrolle zu halten, indem man sie symbolisch vom Körper abtrennt. Unsere eigenen klinischen Beobachtungen legen den Gedanken nahe, daß der Impuls zu einem solchen Schritt immer dann eintrat, wenn die Patientin befürchten mußte, dem regressiven Wunsch nach passivem Umsorgtwerden nachzugeben; der Selbstbeschädigung ging ein Ausbruch unbeherrschter Feindseligkeit gegen die Mutter, den Partner oder den Analytiker voraus.

Klinisches Material

Gloria

Gloria, eine junge verheiratete Frau, sagte zu Beginn ihrer Analyse ängstlich, sie hoffe doch, daß die Analytikerin nicht versuchen werde, ihr Schuldgefühle wegen ihres Masturbierens einzuflößen. Ihr Mann wußte davon, und sie konnten beide nichts Schlimmes daran finden. Sie sagte, sie würde es sehr übelnehmen, wenn die Analytikerin daraus ein Problem machen wollte. Trotz dieser Bemühungen, es zum Ärger gar nicht erst kommen zu lassen, erschien ihr die Analyse zunächst als eine riesige Enttäuschung und die Analytikerin als die Verkörperung der Deprivation. Nachdem ihre Ehe auseinandergegangen war, ging sie eine neue Beziehung zu einem Mann ein und berichtete, daß sie nach dem für sie enttäuschenden geschlechtlichen Verkehr masturbierte, und dies in der ärgerlichen Überlegung »Es geht schließlich auch ohne dich!« Auf der bewußten Ebene empfand sie Ärger auf ihren Partner, aber die Person, die sie in ihrer Phantasie attackierte, hatte, wie sich in der Übertragung deutlich zeigte, mit ihrer Analytikerin zu tun, die sowohl ihre Mutter als auch »die Frau als sexuelles Wesen« und damit ihre Konkurrentin repräsentierte.

Vor dieser neuen Partnerschaft war die Patientin in große Unruhe geraten, nachdem die enge Beziehung zu einer Freundin zu körperlichen Kontakten geführt hatte. Das Erlebnis erregte und erschreckte sie zugleich, weil es ihr ihre Furcht bewußt machte, sie könne sexuell abnorm sein. Diese Furcht ließ sich in einen Zusammenhang mit Dingen bringen, die sie früher empfunden hatte – mit ihrem Haß auf ihren Körper und der Furcht, er sei beschädigt und sie werde kein Kind haben können. In der Analyse gelang die Verknüpfung mit noch viel älteren Empfindungen und Phantasien – etwa daß ihre Mutter sie als Kind nicht hatte haben wollen und daß sie deshalb gedacht hatte, die Mutter wünsche, sie sei beschädigt und könne keine Kinder haben. Der regressive Wunsch, die Mutter als Befriedigung gewährend zu erleben – ein Wunsch, der in der Analyse von neuem auftauchte –, erklärte sich durch die Intensität der damals empfundenen Enttäuschung und Verärgerung und die Furcht, sich der phantasierten, strafenden präödipalen Mutter fügen zu müssen.

Gloria hatte während ihrer ganzen Kindheit masturbiert und manchmal auch dann, wenn sie wußte, daß sie möglicherweise von ihrer Mutter überrascht werden würde. Als sie heranwuchs, kam ihr feindselig-forderndes Wesen in delinquenten Handlungen außerhalb des Hauses zum Vorschein, während der regressive Wunsch nach Befriedigung durch die Mutter sich in einer Phantasie äußerte, in der die Mutter sie zwang, sich einem Mann gegen Geld anzubieten, das sie dann an die Mutter abzuliefern hatte. Diese Phantasie offenbarte, daß sie die Verantwortung für ihre sexuelle Aktivität am liebsten bei ihrer Mutter gesehen hätte und daß sie die Mutter nicht etwa vernichten, sondern ihr vielmehr helfen wollte zu leben. Die gleiche Phantasie tauchte zur Zeit der Analyse eines Nachts in einem Traum auf, den Gloria hatte, nachdem sie zuvor masturbiert hatte: In diesem Traum schlug die Analytikerin vor, sie solle doch arbeiten gehen. Wenn der Impuls zum Masturbieren auch mit der Enttäuschung über die bestehende heterosexuelle Beziehung zu tun hatte, so war die Phantasie, die geleugnet werden mußte, doch die homosexuelle Phantasie von der Befriedigung durch die Mutter oder die Analytikerin, die die Patientin brauchte, um sich gegen den beängstigenden Wunsch zu verteidigen, den eigenen Körper als Quelle der Frustration anzugreifen.

Selma

Von einer ähnlichen Phantasie berichtete auch Selma, eine ältere verheiratete Patientin. Sie hatte schon immer befürchtet, sexuell abnorm zu sein, denn sie konnte sich von ihrem Mann einzig dadurch erregen lassen, daß sie sich während des intimen Verkehrs eine Phantasie zurechtlegte: Eine widerwärtige Alte sah zu, wie sie von einem Mann brutal vergewaltigt wurde, und beschimpfte Selma, weil sie Widerstand leistete, während sie den Mann anfeuerte, sein Opfer noch weiter zu demütigen. Nur so konnte Selma sich gestatten, Vergnügen am Sex zu empfinden – durch die Vorstellung, daß sie dem Wunsch nachgab, sich von ihrer Mutter umsorgen zu lassen. Zugleich aber dachte sie, daß es doch wohl ein Beweis ihrer Abnormität sei, daß sie auf diese Phantasie angewiesen war.

Diese Patientin lieferte keine Erinnerungen daran, daß sie als Kind masturbiert hätte. Aber sie erinnerte sich unter großen Schuldgefühlen, daß sie derart gewalttätig auf ihren jüngeren Bruder losgegangen war, daß ihre Mutter Angst gehabt hatte, sie mit dem Bruder alleinzulassen. Auch fiel ihr ein, daß sie als Kind häufig von der Mutter geschlagen worden war.

Ihre Phantasie ließ sich als der Wunsch verstehen, ihre Mutter – repräsentiert durch die widerwärtige Frau in der Phantasie – möge noch immer über ihren Körper bestimmen dürfen, denn die sexuelle Erregung war für die Patientin identifiziert mit dem unbeherrscht-heftigen Umgang mit den Babies ihrer Mutter. Ihr Haß auf den eigenen Körper als das Behältnis dieser Gewalttätigkeit kam in der Übertragung in dem Gefühl zum Ausdruck, die Analytikerin müsse von ihren sexuellen Gefühlen angewidert sein, sie hassen und folglich auch ihren Körper hassen. Die Frau in ihrer Phantasie war alt und widerwärtig, um sie gegen die Erkenntnis abzuschirmen, daß sie sich für Zärtlichkeiten eine junge und attraktive Frau wünschte, die ihren Körper begehren würde. Auf diese Weise konnte Selma sich von ihrem Haß auf ihren Körper und von dem Zwang befreit fühlen, sich selbst zu verletzen und zu attackieren, wie sie dies ihrer Meinung nach mit einer solchen Phantasie während des Geschlechtsverkehrs ja tat. Als Heranwachsende war sie auch sehr erschrocken gewesen, als eine enge Freundschaft mit einem Mädchen sich zu einer homosexuellen Beziehung zu entwickeln drohte. In der Übertragung wurde die Wiederkehr dieses Wunsches in der Forderung deutlich, die Analytikerin solle ihren Körper lieben und zärtlich mit ihr sein, weil dies ihrer Meinung nach die einzige Möglichkeit war, ihren Haß auf den eigenen Körper ungeschehen zu machen. Wenn die Analytikerin das nicht täte, so meinte sie, dann wäre das der Beweis, daß sie sich von Selma abgestoßen fühlte.

Dieser Fall zeigt, daß die handfeste Erfahrung der mütterlichen Prügel in das masochistische Verhältnis der Patientin zu ihrem eigenen Körper eingegangen und in ihrer Phantasie dadurch repräsentiert war, daß sie gezwungen wurde, ihren Körper in eine Stellung zu bringen, in der sie von einem Mann gedemütigt und verletzt werden konnte. Als Kind hatte sie es vermieden, sich selbst zu berühren, und ihre Furcht vor dem, was ihre Hand ihrem Körper antun würde, wenn sie es doch täte, nämlich masturbierte, kam in den heftigen Ausbrüchen gegen den Bruder zum Ausdruck. Nach der Pubertät konnte Selma, wie sie meinte, einzig durch den Wunsch nach der liebevollen und zärtlichen Hand einer anderen Frau, die sie berühren und damit ihren Körper liebenswert machen würde, jene Heftigkeit unter Kontrolle halten, von der sie fürchtete, sie könne sich gegen sie selbst richten.

Harriet

Nach dem Erstinterview berichtete Harriet, eine verheiratete Frau, von einem Traum, in dem die Analytikerin mit einer Frau identifiziert war, in deren Gesellschaft Harriet sich in Wirklichkeit unbehaglich gefühlt hatte. Sie hatte diese Frau homosexueller Tendenzen verdächtigt, weil sie die Gewohnheit hatte, Harriet in einer bestimmten Weise anzufassen, wenn sie sich trafen. In der Analyse berichtete sie, daß sie nachts erwache, die Hand an den Genitalien. Das erschreckte und beschämte sie entsetzlich, denn es ließ sie befürchten, daß sie im Schlaf möglicherweise masturbiert hatte. Sie konnte nur dadurch wieder Ruhe finden, daß sie zu urinieren versuchte. Wenn das gelang, dann war es ein Zeichen dafür, daß sie nur von dem Drang zu urinieren erwacht war und nicht deshalb, weil sie insgeheim masturbiert hatte.

Als Kind war Harriet einsam und isoliert gewesen, und in ihrer Erinnerung gab es keine erfreulichen Erlebnisse, die sie mit ihrer Mutter geteilt hätte. Zu einem ersten Angstanfall war es in der frühen Adoleszenz gekommen, als sie zum ersten Mal längere Zeit von zu Hause weg war. Damals war ihr das Urinieren außerordentlich schwer gefallen, und sie war überzeugt gewesen, sie müsse nach Hause zurückkehren, weil sie zum Urinieren wohl auf die Gegenwart der Mutter angewiesen sei.

Ihre Besorgnisse im Zusammenhang mit dem Urinieren hingen mit der Phantasie zusammen, daß die Mutter ihr, als sie noch ein Kind war, einen starken Körper weggenommen hatte, mit dem sie sich tapfer vorgekommen wäre wie ein Mann und nicht ängstlich wie ihre Mutter, eine Frau. Die Identifizierung ihrer Hand mit der Deprivation, die sie ihrer Meinung nach von ihrer Mutter erlitten hatte, bewirkte, daß es sie auf der bewußten Ebene in großen Schrecken versetzte, die Genitalzone ihres Mannes oder ihrer Kinder zu berühren.

Daß sie als Heranwachsende zum Urinieren auf die Anwesenheit ihrer Mutter angewiesen war, zeigte, daß ihr die masturbatorische Bedeutung, die das Urinieren für sie besaß, bewußt geworden war. Ihr Wunsch war, in ihrem Drang zu urinieren weiterhin etwas zu erkennen, das in der Verantwortung ihrer Mutter lag und das sie gemeinsam hatten. Nur dann hatte sie das Gefühl, daß ihr Wunsch, den Körper der Mutter zu attackieren, unter Kontrolle bleiben würde. Zu einem späteren Zeitpunkt stellte sich heraus, daß sie, wenn sie in einer ihr unbekannten Toilette urinierte, dies im Stehen tat, weil sie sich vor Ansteckung fürchtete. In ihrer Furcht, nach Hause und zu ihrer Mutter zurückkehren zu müssen, kam also auch der Drang zum Ausdruck, sich der Mutter zu fügen, um so die Phantasie aufrechtzuerhalten, sie könne wie ein Junge sein.

An diesen klinischen Beispielen wird deutlich, daß das Bestreben, die masturbatorische Aktivität der Hand in der Adoleszenz zu unterdrücken, eng zusammenhängt sowohl mit der Furcht, die um die Mutter kreisenden passiven homosexuellen Wünsche in die Bewußtheit zu bringen, als auch mit der Angst, die durch die Feststellung ausgelöst wird, daß der Körper nun das Potential besitzt, die destruktiven Rachegelüste auszuleben, die sich gegen den mütterlichen Körper richten.

Das wird am weiteren klinischen Material noch deutlicher: Alle diese Patientinnen waren in der mittleren Phase der Adoleszenz eine enge Beziehung entweder zu einem anderen Mädchen oder zu einer erwachsenen Frau eingegangen. Nach dem, was sich aus den Berichten der Patientinnen und aus der in der Analyse vorgenommenen Rekonstruktion der Bedeutung dieser Beziehungen ergab, hatten diese das Ausleben wechselseitig befriedigender und erregender masturbatorischer Aktivitäten symbolisiert – etwas, das zur normalen Entwicklung des Menschen in der frühen Adoleszenz gehört. Signifikant war, daß alle diese Patientinnen die Beziehung überstürzt abgebrochen hatten, nachdem ein äußeres Geschehen ihnen das Gefühl vermittelt hatte, daß die Partnerin durch die gemeinsame Aktivität geschädigt worden war oder darunter gelitten hatte. Darin kann man wohl ein Zeichen dafür sehen, daß der Konflikt, der dazu führt, den Gebrauch der Hand zum Masturbieren zu vermeiden, in einem Zusammenhang mit der Angst steht, die das Mädchen angesichts der Feststellung empfindet, daß sein Körper zur Zerstörung fähig ist. Folgt man dieser Erklärung, dann wird auch verständlich, daß manche schwer gestörten heranwachsenden Mädchen dazu neigen, ihren Körper durch eine selbstbeigebrachte physische Schädigung »unter Kontrolle zu halten«.

Der Ödipuskomplex beim Mädchen; Schwangerschaft und Mutterschaft in der Adoleszenz

Mit dem Verzicht auf die Masturbation – als Teil der Festlegung des Verhältnisses zum eigenen Körper in der phallischen Phase – »akzeptiert« das Mädchen die Tatsache, daß sein Körper nicht imstande ist, ihm den Wunsch, ein Baby hervorzubringen, zu erfüllen. Diese Tatsache anerkennen bedeutet, daß das Mädchen sich und seinen Körper nicht mit dem der aktiven und mächtigen Mutter identifizieren darf, die Befriedigung sowohl gewähren als auch versagen kann. Die fortgesetzte Abhängigkeit von der Mutter, was die Befriedigung seiner Bedürfnisse angeht, zwingt das Mädchen, sich einer Mutter zu fügen, die es jetzt als neidisch und als versagend erlebt. Je nachdem, wie weit das Mädchen darin eine Bedrohung und Leugnung seines Rechtes erkennt, eine aktive Rolle zu übernehmen, wird es mehr oder weniger intensiv um Bestätigung bemüht sein – durch die Identifizierung mit der aktiven Rolle des Vaters in dessen Beziehung zur Mutter. Der Wunsch, wie er in der Identifizierung mit dem Vater zum Ausdruck kommt, bezieht sich auf einen Körper, der sich wie der des Vaters dazu benutzen läßt, der Mutter ein Baby zu geben (Brunswick 1940), und zielt somit darauf, sich vom Haß auf die Mutter zu befreien, die dem Mädchen nicht gestattet, einen Körper zu haben, der ein Baby machen kann. Zugleich kann das Mädchen sich durch diese Identifizierung mit dem Vater gegen die Angst verteidigen, sich etwa zur passiven Unterordnung unter die aktive, phallische Mutter gezwungen zu sehen – etwas, das der Junge in ganz ähnlicher Weise tut.

»Aktivität« wird in dieser Lebensperiode zu einer männlichen Eigenschaft, die das Mädchen dringend besitzen möchte. Das Mädchen neidet dem Jungen den Besitz dieser Eigenschaft und muß zugleich – zur eigenen Verteidigung – die aktive Rolle der Mutter abwerten. Der Besitz eines Penis und die eigenen lustvollen Empfindungen im Bereich der Klitoris gehen in ihrer Phantasie eine unlösbare Verbindung mit »Aktivität« und der aktiven Rolle des Vaters gegenüber der Mutter ein.

An anderer Stelle in diesem Kapitel haben wir ausgeführt, daß die fortgesetzte masturbatorische Betätigung des Mädchens über die phallisch-ödipale Periode hinaus von Angst und dem dringenden Bedürfnis bestimmt ist, den Körper weiterhin als Befriedigung gewährend zu erleben, um den Haß auf die Mutter und die Furcht vor ihr verdrängt zu halten. Die die Masturbation begleitende Phantasie kann jetzt allmählich eine Identifizierung ihres Körpers mit dem des Vaters enthalten – als weitere Form der Abwehr gegen den Haß auf die Mutter. Diese Identifizierung bildet nach dem Eintritt der Pubertät die Basis für die Furcht des heranwachsenden Mädchens, ihr Körper sei beschädigt und unfähig, ein Kind zu produzieren. Die Beschädigung wird unbewußt als das Resultat der eigenen Aktivität und der daraus gewonnenen Lustempfindung angesehen. Diese Befürchtung des noch sehr jungen Mädchens kann so extrem sein, daß sie zu dem zwanghaften Wunsch führt, schwanger zu werden, bevor das Mädchen noch eine stabile heterosexuelle Objektbeziehung aufbauen konnte. Ein Baby, so spürt das Mädchen, ist das einzige Mittel, durch das sie ihre Leere und die Furcht beseitigen kann, jetzt mit dem beschädigten Körper alleingelassen zu sein. Aber indem das Mädchen selbst Mutter wird, gibt sie unbewußt ihr Verhältnis zum eigenen Körper als der Quelle aktiver Lustempfindungen auf; statt dessen ordnet sie sich passiv der Mutter unter.

Der Gegensatz, der für alle heranwachsenden Mädchen weiterhin zwischen dem Bedürfnis nach lustvollen körperlichen Erfahrungen und der Furcht besteht, sich der internalisierten Mutter unterordnen zu müssen, die als neidisch und versagend gesehen wird, läßt auch die ältere Heranwachsende und die junge Frau befürchten, daß sie, wenn sie sich ihren normalen Wunsch nach einem Baby erfüllt, jetzt auf Lust und Aktivität verzichten muß. Die alte Angst, in die passive Abhängigkeit von der Mutter gezwungen zu werden, verkehrt sich in die Phantasie, daß sie jetzt, da sie fähig ist, sich ihren Wunsch nach einem Baby zu erfüllen,»kastriert« werden und in ihrer aktiven Suche nach Lust auf Versagung stoßen wird. Die unbewußte Furcht, zwischen Lust und Mutterschaft wählen zu müssen, kann auch in einem Konflikt zum Ausdruck kommen – dann muß das Mädchen sich entscheiden, ob sie zugunsten einer sexuellen Beziehung zu einem Mann auf die Masturbation verzichten will. Das Mädchen, das während der Adoleszenz masturbiert hat, empfindet die sexuelle Beziehung unter Umständen als enttäuschend und spürt, daß nur sie selbst sich Lust verschaffen kann. Die unbewußte Konstellation sieht dann so aus, daß das Mädchen sich nicht dafür entscheiden kann, ihren Körper einem Mann unterzuordnen, denn dem steht die Phantasie entgegen, daß sie sich nun, wenn sie die Penetration zuläßt, endgültig der versagenden und beschädigenden Mutter unterordnet.

Bei einigen Frauen bleibt die lustvolle Erfahrung aus der sexuellen Beziehung ausschließlich auf die Identifizierung der Vagina mit der mütterlich-aktiven Rolle beschränkt, die sie gegenüber dem männlichen Penis innehaben (Deutsch 1932, 1945). Es ist, als könne die Vagina nur unter der Bedingung gefahrlos in den neuen, sexuellen Körper integriert werden, daß auf die aktive Bemühung um Lustempfindung im Orgasmus verzichtet wird.

Heranwachsende Mädchen, die schwanger sind und sich

zur Abtreibung entschließen, bemühen sich häufig aktiv um die Bestätigung, daß ihr Körper nicht beschädigt ist. Die Zurückweisung des Kindes erscheint ihnen als Zurückweisung ihrer Weiblichkeit; die unbewußte Furcht, ihr Körper könne beschädigt sein, wird sich infolge der Abtreibung noch verstärken. Das kann durchaus wiederum zu dem »Bedürfnis« führen, schwanger zu werden. Für diejenigen, die das Kind behalten, besteht die Gefahr darin, daß nun das Kind die Rolle desjenigen übernimmt, der ihnen das Recht auf Aktivität und Befriedigung der eigenen Bedürfnisse streitig macht. Die junge Mutter fühlt sich dann unter Umständen gezwungen, das Baby zu bestrafen oder zu attackieren und nicht den eigenen Körper.

Die endgültige Integration des zur Reife gelangten Genitalapparates hängt davon ab, ob das heranwachsende Mädchen zur Unterscheidung zwischen dem Uterus – der gefahrlos ein Kind austragen kann – und der Vagina fähig ist, die in der Beziehung zu einem männlichen Partner »gebraucht« wird. Beim ernsthaft gestörten heranwachsenden Mädchen kann es nicht zur endgültigen Differenzierung zwischen Uterus und Vagina kommen. Die Vagina wird weiterhin als der Ort des Hasses erfahren, während die Fähigkeit, ein Kind auszutragen, nicht in das Verhältnis zum eigenen Körper integriert wird.

5 Überich, idealisiertes Körperbild, Pubertät

Das Überich hat entscheidenden Anteil daran, ob es dem Jugendlichen gelingt, den Schritt hin zur endgültigen sexuellen Organisation zu vollziehen. Viele Probleme, die während der Adoleszenz auftauchen können, rühren daher, daß das Überich nicht fähig ist, eine Veränderung in den alten Identifizierungen und in der Qualität seiner Forderungen an das Ich zuzulassen, obwohl solche Veränderungen im Gefolge der sexuellen Reife dringend notwendig sind.

Anna Freud (1936) sagt im Kapitel »Triebangst in der Pubertät«: »Soweit das Über-Ich zu dieser Zeit noch mit Libido besetzt ist, die aus der Elternbeziehung stammt, wird es selber behandelt wie ein verdächtiges inzestuöses Objekt... Das Ich *entfremdet* sich auch von ihm. Das jugendliche Individuum empfindet diese *partielle Verdrängung* des Über-Ichs, die teilweise Entfremdung von seinen Inhalten als eine seiner schwersten Störungen. Die Erschütterung... wirkt vor allem wieder steigernd auf die Triebgefahr« (S. 130, Kursivsatz von uns). Diese Ansicht wird in aller Regel so verstanden, daß die Tendenz des Jugendlichen zu bestimmten zwanghaften Aktivitäten – Delinquenz, aggressives oder sexuelles Verhalten – aus diesem zeitweiligen Nichtvorhandensein eines sein Verhalten kontrollierenden Überich herrührt (das eben deshalb »nicht vorhanden« ist, weil er sich von den ödipalen Objekten und ihren internalisierten Vertretern distanzieren muß). Auch Jacobson (1964) beschreibt »den Bruch«, der während der Adoleszenz in der Beziehung des Ich zum Überich eintritt. Sie führt aus, daß es zu einer allmählichen Re-Strukturierung des Ich kommen und daß eine neue Struktur des Ichideals entstehen muß, damit wieder eine »wirksame Verbindung« zwischen Ich und Überich geschaffen wird.

In diesem Kapitel wollen wir untersuchen, wie die partielle Verdrängung des Überich sich auf den gefährdeten Jugendlichen auswirkt. Die Unfähigkeit, die von Jacobson verlangte »wirksame Verbindung« herzustellen, kann dazu führen, daß die betroffenen Jugendlichen für spätere pathologische Entwicklungen anfällig sind. Wir werden zeigen, daß diese Jugendlichen sich nicht zeitweise oder partiell von den Forderungen des Überich distanzieren können, sondern während der gesamten Entwicklungsperiode von ihm abhängig bleiben. Die Forderungen des Überich gestatten ihnen keinen Aufschub von dem Druck, den es ausübt. Die zur Zeit der Pubertät einsetzenden körperlichen Veränderungen wirken sich vorübergehend destabilisierend auf das narzißtische Gleichgewicht aus, wie es während des Latenzalters bestand. Für den verletzlichen Jugendlichen ist die Pubertät ein potentiell traumatisches Geschehen. Seine Ängste im Zusammenhang mit den körperlichen Veränderungen machen ständige Abwehranstrengungen nötig, um die narzißtische Besetzung des Körpers zu wahren. Es besteht jetzt die Gefahr, daß er auf seinen sexuellen Körper Haß empfindet, wenn diesem im Gefolge der Pubertät die libidinöse Besetzung zeitweilig entzogen ist.

Um zu verstehen, wie es möglich ist, daß diese Abhängigkeit vom Überich während der Adoleszenz fortbesteht, wollen wir die Rolle des Überich bei der Wahrung des narzißtischen Gleichgewichts (der libidinösen Besetzung des Körpers und der Person selbst) vor dem Hintergrund dreier Themenkreise untersuchen:
1. Masturbation und idealisiertes Körperbild
2. Ichideal und der Schritt hin zu neuen Objektbeziehungen
3. Die Nutzung der Übertragungsbeziehung durch den kranken Jugendlichen

Masturbation und idealisiertes Körperbild
Der Masturbationskonflikt in der Adoleszenz gewinnt seine Intensität im Normalfall aus dem Widerstand des Überich, das nicht zulassen will, daß die wiederbelebten ödipalen Wünsche auf dem Weg über die die Masturbation begleitenden Phantasien ins Bewußtsein gelangen. Dies steht den Bemühungen des Jugendlichen im Wege, die Masturbation als

Mittel der Inbesitznahme seines zur sexuellen Reife gelangten Körpers einzusetzen. Einen sexuell reifen Körper zu besitzen, bedeutet, daß der Jugendliche die Verantwortung für seine sexuellen Wünsche und das neue aggressive Potential übernimmt; es bedeutet ferner den Verzicht auf die Beziehung zu den ödipalen Objekten, wie sie in der Latenzzeit bestand und auf dem präpuberalen Körper basierte. Dieser Verlust der alten Beziehung begründet den Wandel in der narzißtischen Besetzung des Körpers, wie er in der Folge der puberalen Veränderungen eintritt; der Verlust läßt sich durch die Beziehung zur Mutter nicht ungeschehen machen. Vielmehr fühlt der Jugendliche sich vorübergehend allein und verletzlich und haßt seinen sexuellen Körper, den er für die »narzißtische Verwundung« verantwortlich macht.

Die Entwicklung des Kindes vom Zeitpunkt seiner Geburt bis zum Ende der ödipalen Periode stellt die fortlaufende Loslösung seines Körpers von dem der Mutter dar (Dibble und Cohen 1981; Mahler, Pine und Bergman 1975; Winnicott 1953). Das beginnt mit der Internalisierung der voneinander differenzierten Selbst- und Objektrepräsentationen, auf die dann die Loslösung von den Bemühungen der Mutter um die Versorgung des kindlichen Körpers folgt. Jede Phase dieser Loslösung geht mit einem Verlust an direkter libidinöser Befriedigung von seiten der Mutter einher, und parallel zu dieser Loslösung wird ein Körperbild zusammengefügt und internalisiert, das am Ende den Genitalapparat des Kindes einschließt. Erst später, im Gefolge der Pubertät, d. h. der nochmaligen Veränderung des Körperbildes, erfolgt dann die Identifizierung des Körpers mit dem des ödipalen Elternteils und mit dessen Fähigkeit zur Fortpflanzung. Wenn Entwicklung und Loslösung weiter voranschreiten sollen, muß das Kind Wege finden, um mit der Angst fertigzuwerden, die angesichts der Tatsache auftaucht, daß die Befriedigung seiner libidinösen Bedürfnisse durch die Mutter nun ausbleibt. Man kann sich das so vorstellen, daß es sich in der Phantasie ein idealisiertes Körperbild zurechtlegt, das dann auf jeder Stufe der Entwicklung zugleich mit dem tatsächlichen Körperbild internalisiert wird. Ein solches phantasiertes Körperbild ermöglicht dem Kind das Gefühl, daß sein Körper noch immer das Potential zur Wiederherstellung jenes glückseligen, von Allmacht gekennzeichneten Einsseins mit der Mutter (Lewin 1950) birgt, trotz der Loslösung, die doch in vollem Gang ist. Die puberalen Veränderungen des Körpers sind der Beginn einer neuen und entscheidenden Phase der Loslösung vom mütterlichen Körper und von der körperlichen Versorgung durch die Mutter. Der Besitz des – im Vergleich mit den ödipalen Identifizierungen – neuen, nämlich sexuell reifen Körpers bringt es mit sich, daß die narzißtische Besetzung dieses Bildes nicht mehr von der körperlichen Versorgung durch die Mutter abhängen kann. Vielmehr muß der Jugendliche sich jetzt auf seine eigene Aktivität verlassen können – die autoerotischer Natur sein oder aber die Form der Suche nach einem nicht-inzestuösen Objekt annehmen kann –, wenn in die erneute narzißtische Besetzung seines Körpers nun auch die reife Genitalität eingehen soll.

Bei Jugendlichen, die ihr narzißtisches Gleichgewicht in der Latenzphase nur dadurch wahren konnten, daß sie Zuflucht und Beruhigung in extremem Maß bei ihrem idealisierten Körperbild suchten, weckt die Pubertät von neuem intensive Angstgefühle und den Wunsch, die einsetzenden körperlichen Veränderungen zu leugnen. Das Masturbieren mag dem Kind im Latenzalter dazu gedient haben, sich in seiner Phantasie als das mit seiner Mutter vereinte idealisierte Kind zu sehen – jetzt aber kommt dem Masturbieren eine neue Bedeutung zu. Es dient jetzt nicht mehr der Beruhigung, sondern erhöht noch die Angst. Der Jugendliche kann es in seiner Phantasie nicht als ein Probehandeln im Blick auf die zukünftige genitale Betätigung ansehen, sondern muß es, von dieser Angst getrieben, zum Ausleben passiver präödipaler Phantasien einsetzen. Dies erhält das in der Phantasie bestehende präödipale, idealisierte Körperbild am Leben und schützt den neuen, zur sexuellen Reife gelangten Körper vor dem Haß, der sich andernfalls gegen ihn richten könnte. Diese neuerliche Abhängigkeit vom präödipalen, idealisierten Körperbild bedeutet, daß das Masturbieren nicht dazu eingesetzt werden kann, sich mit dem neuen Körper als

Quelle neuer Befriedigungen zu arrangieren. Vielmehr wird es passiv erfahren als etwas, das zu tun der Jugendliche sich gezwungen fühlt. Der sexuelle Körper ist ein Verfolger, und der präödipale Körper ist der einzige, der dem Jugendlichen ein Gefühl von Sicherheit zu vermitteln vermag.

Diese Jugendlichen sind gefährdet. Ihre Unfähigkeit, einen Wandel im Körperbild zuzulassen, bedeutet, daß es anstelle der Weiterentwicklung zu einer Entwicklungskrise kommt. Klinisch läßt sich das an solchen Jugendlichen beobachten, die sich gezwungen fühlen, fetischistische Objekte oder Rituale in ihre masturbatorische Betätigung einzubeziehen, oder deren Hauptinteressen sich auf andere erogene Zonen als die Genitalien richten, etwa auf den Mund, den Anus oder die Haut. Das anhaltende dringende Angewiesensein auf die Phantasie des Einsseins mit der allmächtigen Mutter – die ihr Vehikel wiederum im idealisierten Körperbild hat – wirkt sich so aus, daß dieses idealisierte präpuberale Körperbild am Ende der Adoleszenz dann Eingang in die endgültige sexuelle Organisation findet. Dieser Umstand prägt das »erwachsene« Sexualleben solcher Menschen, wobei sich an der Qualität der Forderungen des Überich nichts ändert.

Auch wenn das Angewiesensein darauf, das präödipale Körperbild zu wahren, nicht so extrem ist, kann die Angst im Zusammenhang mit der masturbatorischen Betätigung dennoch intensiv sein, weil der Jugendliche sich mit seinem neuen sexuellen Körper in der Tat alleinfühlt. Das daraus resultierende Sexualverhalten ist dann möglicherweise eher durch das Verlangen bestimmt, ein nicht-inzestuöses Objekt zu finden, mit dem die Erfahrung des neuen sexuellen Körpers geteilt werden kann, als durch das Bedürfnis, die körperlichen Veränderungen zu leugnen. Der sexuellen Aktivität mit einem Partner kommt dann die Funktion zu, die normalerweise durch die Masturbation erfüllt wird: Sie soll in erster Linie als Mittel der narzißtischen Besetzung des sexuellen Körpers des Jugendlichen dienen. Der Konflikt, der dann empfunden wird, kreist um die Verleugnung der Existenz oder des Wertes von Genitalien, die von den eigenen verschieden sind.

Wir haben mehrere Patientinnen in der späteren Adoleszenz behandelt, die sich große Sorgen machten, weil es ihnen nicht gelang, eine stabile heterosexuelle Beziehung einzugehen. In vielen dieser Fälle erfuhren wir, daß die heterosexuelle Aktivität bald nach der Pubertät eingesetzt und dann einen zwanghaften Charakter angenommen hatte. Oft wurden solche sexuellen Beziehungen rasch wieder beendet und durch die nächste Beziehung mit dem nächsten Partner ersetzt. In der Behandlung stellte sich dann heraus, daß diese Mädchen sich vor dem Geschlechtsverkehr fürchteten und ihn unbewußt als einen Angriff auf ihren Körper empfanden, dem sie sich jedoch zu fügen hatten. Mit anderen Worten, der Geschlechtsverkehr ist eine Gefahr, denn im Besitz eines Penis ist die Macht enthalten, die Phantasie des Mädchens, eher ein undefiniertes und undifferenziertes Sexualorgan zu besitzen als eine Vagina, zerstören zu können. Unbewußt hegt das Mädchen die Vorstellung, sein Körper sei noch immer in der Lage, beide Rollen, die phallische wie die kastrierte, zu erfüllen – das heißt, er sei nicht weiblich differenziert. Ein solches idealisiertes Körperbild (die Vorstellung, einen sowohl phallischen als auch kastrierten Körper zu besitzen) mag der Wunsch des sich normal entwickelnden Mädchens sein, um die Angst, sie könnte die narzißtische Besetzung des Körperbildes verlieren, abzuwehren.

Was dem Kliniker dagegen als Entwicklungsstörung erscheinen muß, das ist das Bedürfnis, an diesem neuen, phantasierten Körperbild festzuhalten, anstatt es nur zeitweilig zur Verfügung zu haben, um eine wirksame Verbindung (Jacobson 1964) zur endgültigen geschlechtlichen Differenzierung am Ende der Adoleszenz herzustellen. Das Festhalten an dieser Phantasie wirkt sich auf das Sexualverhalten der Erwachsenen störend aus, und in den besonders schweren Fällen, in denen diese Abhängigkeit vom idealisierten präödipalen Körperbild uneingeschränkt erhalten bleibt, rückt die Gefahr eines Bruches mit der äußeren Realität in greifbare Nähe. Diese Abhängigkeit und die Unfähigkeit, irgendeine Kompromißlösung zuzulassen, können dazu führen, daß die tatsächlichen körperlichen Veränderungen als Täuschungen wahrgenommen oder projiziert und damit als von außen kommende Verfolgungen erfahren werden und nicht als innere Abläufe. Der Rückzug von den Objekten in der Außenwelt, zu dem die Jugendlichen sich dann folgerichtig gezwungen sehen, kann zur totalen Abhängigkeit von der physischen Betreuung durch die echten ödipalen Objekte führen – die einzige Möglichkeit für die Jugendlichen, überhaupt weiterzuexistieren.

Im idealisierten Körperbild muß nicht die Phantasie einer Wiedervereinigung mit dem mütterlichen Körper enthalten sein, das heißt, die Phantasie einer Rückkehr in den undifferenzierten Zustand der Fusion mit der idealisierten omnipotenten Mutter. Das Erlebnis der Befriedigung birgt in sich die Phantasie des Einsseins mit der Mutter, und zwar auf dem Weg über das idealisierte Körperbild, wie es sich während der präödipalen Periode entwickelt hat.

Ichideal und der Schritt hin zu neuen Objektbeziehungen
Wir können vom Ichideal erst dann sprechen, wenn es zu einer Funktion des Überich geworden ist – das heißt nach der Auflösung des Ödipuskomplexes und der Ausbildung des Überich zu einer zusammenhängenden Struktur. Der Inhalt des Ichideals wird mithin zu einem Zeitpunkt festgelegt, zu dem das Kind noch von den Eltern abhängig ist und zu dem eine seiner Komponenten mit der Akzeptanz dieser Realität zu tun hat. Wenn der Jugendliche allzusehr darum bemüht ist, den Erwartungen des Ichideals zu entsprechen, damit er sich sicher und geliebt fühlen kann, dann kann das seiner weiteren Entwicklung hinderlich sein. Je umfassender er den Erwartungen des Ichideals entspricht, desto mehr hat er auf die aktive Bemühung um Befriedigungen verzichten müssen, um sich angesichts seiner Angst sicher zu fühlen. Was internalisiert worden ist, das ist das Beharren auf der *passiven Rolle* angesichts der Dominanz des Überich. Damit der Jugendliche sein Verhältnis zum Überich zwanglos verändern und eine *aktive* Rolle im Verhältnis zu seinem neuen sexuellen Körper einnehmen kann, muß er sich von den Restriktionen befreien, die das Überich seiner sexuellen Aktivität in Gestalt der Erwartungen des Ichideals auferlegt.

Vor dem Hintergrund dieser Aufgabe nehmen die Objektbeziehungen außerhalb der Familie, insbesondere zu den Altersgenossen, nach der Pubertät eine neue Bedeutung an. Durch Identifizierung mit den Erwartungen, die ihm von seinesgleichen entgegengebracht werden, glaubt er sich jetzt im Besitz eines »neuen« Ichideals, auf das er sich, was die Befriedigung seiner narzißtischen Bedürfnisse angeht, verlassen kann. Über die helfende Rolle dieser neuen Identifizierung im Rahmen der normalen Weiterentwicklung herrscht in der Literatur volle Einigkeit. Aber der gefährdete Jugendliche, den wir oben beschrieben haben, ist so sehr auf die Zustimmung des Überich angewiesen, daß er es nicht wagen kann, dessen Forderungen auch nur vorübergehend oder partiell zugunsten der neuen Forderungen zu verdrängen, wie sie durch die Identifizierung mit seinesgleichen zustandekommen. Damit verpaßt er die Gelegenheit, sich mit deren »Forderung« nach Übernahme einer aktiven sexuellen Rolle zu identifizieren, und bleibt weiterhin vom Überich abhängig und auf die Identifizierung mit Idealen angewiesen, die ihm wiederum eine passive sexuelle Rolle abverlangen, damit er sich geliebt fühlen kann.

In solchen Fällen stoßen wir unter Umständen auf ein »Pseudo-Ichideal« (M. Laufer 1964), ein Ideal, das für den Versuch des Jugendlichen steht zu leugnen, daß er sich noch immer sehr weitgehend den Forderungen des ödipalen Ichideals verpflichtet fühlt, eben weil er sich das Gefühl, geliebt zu werden, sichern will. Ein solches Pseudo-Ichideal kann so aussehen, daß er den »peinlichen« Ruf, ein gutes, gehorsames, sauberes Kind sein zu wollen, von sich fernzuhalten sucht, indem er sich nämlich mit Altersgenossen identifiziert, die das genaue Gegenteil darstellen. Der gefährdete Jugendliche mag versuchen, sich eine Beziehung zu einem Phantasie-Objekt zu suchen, was ihm die Beherrschung seines sexuellen Körpers abverlangt. Wir denken in diesem Zusammenhang an das Ideal der asketischen Lebensweise, an alle möglichen Formen der Beherrschung des Körpers wie Fasten oder Selbstbestrafung als Mittel, sich eine innere Quelle der Zustimmung zu bewahren; zugleich bedeuten solche Verhaltensweisen aber auch einen Verrat an dem verletzlichen Jugendlichen, denn sie sind eine Attacke auf seinen sexuellen Körper und besitzen eine defensive Funktion.

Unabhängig davon, wie weit die Integration des neuen sexuellen Körperbildes fortschreiten konnte, sind diese Jugendlichen weiterhin unfähig, ihr Selbstbild des abhängigen Kindes umzuändern in das eines aktiven und potenten Erwachsenen (Blos 1972). In den Augen des Jungen kann der unvermeidliche aggressive Aspekt des Sexualverhaltens des Erwachsenen eine nicht zu übersteigende Barriere gegenüber der Begründung sexueller Beziehungen darstellen. Beim Mädchen kann die normale Passivität hinsichtlich ihres Sexualverhaltens so zunehmen, daß die Heranwachsende zu der Meinung gelangt, über die Objektwahl keine Kontrolle zu haben oder für sie nicht verantwortlich zu sein – so als ob sie alles ohne Ausnahme dem Objekt überlassen müßte, um sich keinem Vorwurf auszusetzen (Ritvo 1976). Auch wenn es so aussieht, als seien sie imstande, nicht-inzestuöse heterosexuelle Beziehungen einzugehen, so bleiben sie unbewußt doch – durch ihr Verhältnis zum Überich, dessen Erwartungen sie unbedingt entsprechen müssen – an den ödipalen Elternteil gebunden.

Die Nutzung der Übertragungsbeziehung durch den kranken Jugendlichen
Was wir in den vergangenen Abschnitten über die Rolle des Überich, das die Weiterentwicklung hindert, ausgeführt haben, stammt aus unseren Beobachtungen der Art und Weise, wie gefährdete Jugendliche sich die Übertragung zunutzemachen. Diese Beobachtungen ließen an der herkömmlichen Erklärung zweifeln, warum es Schwierigkeiten geben muß, wenn die klassische analytische Technik im Falle des kranken Jugendlichen angewandt wird. Die Erklärung lautet von jeher folgendermaßen: Wenn die Entwicklung normal voranschreiten soll, *muß* es zu einer teilweisen Verdrängung des Überich kommen. Die Übertragungsbeziehung während der Adoleszenz stellt gerade ein Hindernis für die normale Entwicklung dar, weil sie die Entstehung einer regressiven libi-

dinösen Bindung an den Analytiker begünstigt. Unserer Erfahrung nach ist der kranke Jugendliche unfähig, sich von den im Überich repräsentierten ödipalen Objekten zu lösen. Und es ist ebendiese anhaltende Bindung, die mit seinem Fortschreiten in Richtung normales Erwachsenenleben interferiert. Die Abhängigkeit vom Analytiker, weit entfernt davon, ein Hindernis für die Entwicklung des kranken Jugendlichen zu sein, enthält und wiederholt die Konflikte, die sich aus dieser Bindung ergeben, und stellt das einzige Mittel für ihn dar, sich allmählich aus seiner Bindung an das präödipale idealisierte Körperbild und die passiven Aspekte des ödipalen Ichideals zu lösen. In unseren Augen macht also der Analytiker die Herstellung der »wirksamen Verbindung« möglich.

Nach Jacobson (1964) rühren die Schwierigkeiten des schwer gestörten Jugendlichen aus den Abwehrmaßnahmen her, die »durch den vorübergehenden Zusammenbruch des Überich und der *Verdrängungsschranken*« notwendig werden (Kursivsatz von uns). Wohl stimmen wir der Behauptung eines vorübergehenden Zusammenbruchs des Überich zu; wir glauben aber nicht, daß die Überich-Funktion, die dem kranken Jugendlichen durch diesen Zusammenbruch abhanden kommt, diejenige der »Verdrängungsschranken« ist. Diese Zusammenhänge gelten, wie schon gesagt, eher für den normalen und den leicht gestörten Jugendlichen, der zwar einen Konflikt empfindet, aber doch in der Lage ist, sich von den ödipalen Objekten zu distanzieren und in Richtung Erwachsensein fortzuschreiten. Unsere klinischen Beobachtungen lassen uns annehmen, daß der zeitweilige Zusammenbruch eines kranken Jugendlichen eher den Bereich der Fähigkeit betrifft, sich dem eigenen Körper zuzuwenden. Die Abwehranstrengungen im Gefolge dieses Zusammenbruchs haben mit dem regressiven Sog hin zum prägenitalen Verhalten zu tun, dem der Jugendliche sich folgerichtig ausgesetzt sieht.

Nach unseren Feststellungen sind die regressiven Züge, die für den schwer gestörten Jugendlichen charakteristisch sind und deren pathologische Natur sich im Rekurs auf primitive Abwehrmechanismen wie das Splitting und die Projektion verrät, in erster Linie ein Ausdruck des Hasses, den der Jugendliche seinem eigenen sexuellen Körper entgegenbringt. Im Zusammenhang mit einigen unserer klinischen Beispiele haben wir gezeigt, daß der Analytiker dem gefährdeten Jugendlichen gegenüber so etwas wie eine Fürsorgefunktion übernehmen muß. Wenn wir von »Gefährdung« sprechen, meinen wir zum Beispiel den Selbstmordversuch, den Drogenkonsum, die Magersucht, aber wir denken in diesem Zusammenhang auch an Attacken, die sich ganz gezielt gegen den sexuellen Körper richten und die Vereitelung normalen heterosexuellen Verhaltens des Jugendlichen zum Ziel haben. Nach unseren Erkenntnissen macht die klassische Übertragungssituation es dem kranken Jugendlichen möglich, den Analytiker als eine Person zu erfahren, die vorübergehend die Fürsorge für seinen Körper übernimmt, so daß er, der Jugendliche, nun beginnen kann, sich aus seiner Gebundenheit an regressive Formen der Befriedigung allmählich zu lösen. Angesichts dieser Wirkung der Übertragung beziehen wir den »vorübergehenden Zusammenbruch«, wie er im Pubertätsalter eintritt, auf die narzißtische Besetzung des Körpers und bringen die selbstzerstörerischen Aspekte im Verhalten des kranken Jugendlichen mit dem Zusammenbruch seiner Fähigkeit in Verbindung, für seinen Körper zu sorgen, nachdem dieser eine neue sexuelle Signifikanz bekommen hat.

Die Fürsorgefunktion des Überich war ursprünglich unter Freuds Konzept des »Selbsterhaltungstriebes« (1920) subsumiert, von dem wir immer wieder feststellten, daß er dem kranken Jugendlichen abgeht. Entsprechend kamen wir zu dem Schluß, daß wir der Gleichgültigkeit des Jugendlichen gegenüber den realen Gefahren, denen sich auszusetzen er gezwungen war, entgegentreten mußten. Der Fürsorgeaspekt des Überich entwickelt sich aus der Identifizierung mit den schützenden Aspekten der elterlichen Fürsorge sowie deren Internalisierung (Ritvo und Solnit 1958) und befähigt das Kind – soweit es sich für wert hält, Fürsorge zu empfangen – zum fürsorglichen und protektiven Umgang mit sich selbst (Beres und Obers 1950; Loewald 1979; Sandler 1960; Schafer 1960).

Die destabilisierende Wirkung der Pubertät auf die narzißtische Besetzung des neuen sexuellen Körpers macht den Jugendlichen für den Gedanken anfällig, sein Körper verdiene die Fürsorge nicht. Es ist, als könne er ihn nicht vor der Aggression bzw. vor dem Haß schützen, die sich – im Zuge der Verdammung seiner Sexualität durch das Überich – weiterhin gegen diesen Körper richten. Weit entfernt, die Forderungen des Überich etwa verdrängen zu können, gerät der Jugendliche vielmehr in noch größere Abhängigkeit vom Überich – denn nur so läßt sich die narzißtische Besetzung, die er verloren hat, wiedergewinnen. Der Zwangscharakter, der allem selbstzerstörerischen Verhalten anhaftet, ist mithin nicht Resultat des Zusammenbruchs der Verdrängungsschranken, sondern bestimmt durch die Angst des Jugendlichen angesichts der Feststellung, daß er sich, was die Fürsorge für seinen Körper angeht, nicht länger auf sich selbst verlassen kann.

Diese Sicht des Gebrauchs, den der kranke Jugendliche von der Übertragung macht, ermöglicht es uns auch, eine spezifische Gegenübertragungsreaktion zu verstehen. Wir hatten oft den Eindruck, daß der Jugendliche den Analytiker eher zum Ausleben denn zur Analyse seiner regressiven Phantasien benutzte und daß der Analytiker in Gefahr war, sich auf eine Beziehung einzulassen, innerhalb deren die regressiven Bedürfnisse des Jugendlichen befriedigt werden würden. Allmählich wird uns aber nun klar, daß dieses unbewußte »heimliche Einverständnis« des Analytikers dem Jugendlichen das Gefühl vermittelt, daß »für ihn gesorgt wird«. Dadurch, daß er in der Analyse ein Vehikel zum Ausleben seiner regressiven sexuellen Phantasien findet, kann der kranke Jugendliche sich mit der fürsorglichen Haltung des Analytikers identifizieren und zu dem Schluß kommen, daß er seinen Körper nicht ablehnen oder attackieren muß. Für den Analytiker wird es damit keineswegs leichter, weiterhin eine fürsorgliche Haltung zu zeigen, die der Jugendliche als auf seinen Körper und seine weitere Entwicklung bezogen einordnen kann. Er muß es nämlich verstehen, die sexuellen Wünsche des Jugendlichen, wie sie in dessen Übertragungsverhalten zum Ausdruck kommen, bewußt zu machen, so daß der Jugendliche erkennt, daß der Analytiker ihm bei der Wahrung seiner Selbstkontrolle behilflich sein kann. Und er muß ferner in der Lage sein, mit dem Haß des Jugendlichen fertigzuwerden, der das Ergebnis der ständigen Versagung ist, auf die diese sexuellen Wünsche treffen, weil der Analytiker ihn auffordert, Verständnis an die Stelle der Befriedigung zu setzen. Jedenfalls kann der Jugendliche aus der Tatsache, daß der Analytiker sein zwanghaftes selbstzerstörerisches Verhalten außerhalb der analytischen Situation unterbindet, den Schluß ziehen, daß sein sexueller Körper die Fürsorge des Analytikers genießt (wobei diese »vereitelnde« Rolle des Analytikers auch ein gewisses Maß an Befriedigung in bezug auf seine regressiven Wünsche enthält). Man muß sich die Dinge so vorstellen, daß der Analytiker temporär die Fürsorgefunktion des Überich ersetzt und es dem Jugendlichen ermöglicht, seinen zerstörerischen Haß auf die internalisierten, strengen ödipalen Eltern in der Übertragung auszuleben und ihn nicht gegen den eigenen Körper richten zu müssen. Wenn er seinen Selbsthaß innerhalb der Übertragung erlebt und versteht, gelingt es dem kranken Jugendlichen besser, sich aus der Unterordnung unter das Überich zu lösen, die ihren Grund darin hatte, daß er auf narzißtische Befriedigung durch das Ichideal – eine Funktion des Überich – angewiesen war, nachdem ihm die ursprüngliche narzißtische Besetzung seines Körpers verlorengegangen war.

Der defensive Gebrauch, den der Jugendliche von der Übertragung macht, um unbewußt Befriedigung zu erfahren, kann nur so lange einen Schutz für ihn darstellen, wie der Analytiker die Situation offensichtlich in der Hand hat. Wenn sein Verhalten sich durch Einsicht nicht ändert und trotz der Verbalisierung nichts von seiner zwanghaften Qualität verliert, dann kommt der Jugendliche möglicherweise zu dem Schluß, daß der Analytiker über dieses sein Verhalten doch keine Kontrolle hat. Daraus kann sich eine paranoide Übertragung entwickeln – der Analytiker erscheint dann als die Quelle der passiven sexuellen Wünsche des Jugendlichen und wird zur Zielscheibe von dessen Haßgefühlen. Das Verlangen des Jugendlichen, nicht sich selbst, sondern den Analytiker zu bestrafen und zu attackieren, kann zur Folge haben, daß seine Angst überwältigende Ausmaße annimmt. Wenn es zu dieser Art der paranoiden Übertragung gekommen ist, bricht der Jugendliche die analytische Beziehung möglicherweise ab. Er will sich auf diese Weise vom Analytiker befreien, der inzwischen mit seinen eigenen verbotenen aktiven sexuellen Wünschen identifiziert und vor seiner Angriffslust auch nicht mehr sicher ist.

Freud (1924) betont die Rolle des Überich im Zusammenhang mit der Frage, ob »das Ich seiner Abhängigkeit von der Außenwelt treu bleibt und das Es zu knebeln versucht« (Neurose) oder »ob es sich vom Es überwältigen und damit von der Realität losreißen läßt« (Psychose). Die Alternative dazu sieht er in der Situation, in der das Ich »sich selbst deformiert, sich Einbußen an seiner Einheitlichkeit gefallen läßt, eventuell sogar sich zerklüftet oder zerteilt« (Fetischismus). Indem er die bestimmende Rolle des Überich im Zusammenhang damit hervorhebt, in welche Richtung die psychischen Störungen des Erwachsenenlebens gehen, bietet Freud auch ein Erklärungsmodell dafür an, warum es in der Adoleszenz zum ersten Mal möglich ist, die zukünftige psychische Entwicklung eines Menschen zu erkennen: In der Pubertät kommt es zu einem Bruch in der Beziehung des Überich zum Ich, und dann müssen Wege der Wiederherstellung dieser Beziehung gefunden werden, in die auch eine für das Überich akzeptable sexuelle Identität Eingang finden muß. Daß der kranke Jugendliche nicht imstande ist, eine solche Veränderung herbeizuführen, liegt daran, daß er es versäumt hat, eine positive Beziehung zu seinem sexuellen Körper zu begründen, ohne daß, wie Freud sagt, das Ich »sich selbst deformiert« und vielleicht »zerklüftet oder zerteilt«. Zur »Selbstdeformation« kann das Ich sich in dem Fall gezwungen sehen, in dem ein verzerrtes Körperbild internalisiert wurde – das heißt ein Körperbild, das einen Kompromiß zwischen dem präödipalen, idealisierten Körperbild und der Realität des sexuellen Körpers darstellt.

II Krise und Behandlungsprozeß

6 Krise, Übertragung, Rekonstruktion

Wir können annehmen, daß der Jugendliche, dem so weit an seiner eigenen Person gelegen ist, daß er die Notwendigkeit therapeutischer Hilfe erkennt, sich unbewußt darüber im klaren ist, daß er den Kontakt zu seinem Innenleben teilweise verloren hat. Er spürt, daß es ihm nicht freisteht, sein Leben nach seinen Wünschen zu gestalten. Die Realität seines zur Reife gelangten Körpers konfrontiert ihn mit der Tatsache – und sei dies wiederum unbewußt –, daß seine Phantasien jetzt eine neue Dimension enthalten: daß er nämlich ein sexuelles Wesen ist und daß seine bisherige Art der Konfliktlösung seiner weiteren Entwicklung im Wege steht. Bisher ist es ihm vielleicht gelungen, sein Verhalten, seine Gefühle und Phantasien wegzuerklären, aber nach der Pubertät steht er zum ersten Mal in seinem Leben vor der Erkenntnis, daß die alten Lösungen, auf die aktuellen Konflikte angewandt, eine abnorme Entwicklung bedeuten könnten, insbesondere soweit es sein Sexualleben und seine Objektbeziehungen angeht. Wenn er von seinem Innenleben spricht, berichtet er etwa, daß es ihm jetzt so vorkomme, als habe er ein passives Verhältnis zu seinem Körper und zu einem Teil seiner Phantasien, die sich ihm aufdrängen und die ihn – was vielleicht noch bedeutsamer ist – zwingen, in einer Weise zu fühlen und zu handeln, über die er keine Kontrolle hat. Eine jugendliche Patientin, die beispielsweise sagt, daß sie sich selbst haßt, weil sie zwanghaft ißt, oder daß sie sich am liebsten ihr Inneres herausreißen würde, weil sie dann nicht mehr masturbieren müßte, beschreibt damit vielleicht den Inhalt ihrer zentralen Masturbationsphantasie, aber auf der emotionalen Ebene ist ihr klar, daß nichts in ihrem Innern ihr gegen den wiederholten heftigen Angriff von seiten ihres Körpers zu Hilfe kommt. Ihr sexueller Körper ist für sie nicht nur ein Feind; er ist der Repräsentant ihrer Abnormität.

Wir haben das Wort »unbewußt« verwendet, als wir davon sprachen, was der Jugendliche in bezug auf seine eigene Person fühlt oder erkennt, denn es dauert eine ganze Weile, bis der Kontakt zwischen dem Jugendlichen und dem, was er fühlt oder vielleicht auch weiß, in der Behandlung hergestellt ist. Sobald dies aber geschehen ist, läßt er – oft mit Erleichterung – erkennen, daß ihm die Hoffnungslosigkeit seiner Lage, das Gefühl, die Dinge nicht in der Hand zu haben, oder der Gedanke, daß schon seit einiger Zeit irgend etwas ganz falsch gelaufen ist, durchaus vertraut sind.

In dem Augenblick, in dem der Jugendliche zur Behandlung kommt, ist das verzerrte Bild seines sexuellen Körpers schon in gewissem Umfang in sein Ich integriert, und das äußert sich in seinen gegenwärtigen Objektbeziehungen: Von der totalen Abwesenheit sexueller Beziehungen bis hin zu solchen, die eindeutig Elemente einer perversen Entwicklung enthalten, ist alles möglich. Das Ausmaß dieser Integration schwankt sehr stark je nach der Qualität der Befriedigung, die der Patient aus seiner zentralen Masturbationsphantasie zieht, der Schwere der Regression, die stattgefunden hat, und dem Grad der Intaktheit seiner Realitätsprüfung. Krankhafte Störungen in der Adoleszenz sind immer ein Zeichen dafür, daß mit dem Sexualleben eines Menschen etwas nicht stimmt, und die Erkenntnis, was es mit dieser Unstimmigkeit auf sich hat, spielt innerhalb der therapeutischen Aufgabe eine fundamentale Rolle.

Der Jugendliche wird nicht etwa sagen: »Mit meinem sexuellen Körper stimmt etwas nicht.« Statt dessen wird er vielleicht über Einsamkeit, Isolation oder darüber klagen, daß er in seinen Beziehungen niemals das findet, was er sucht. Aber die Beunruhigung über sein verzerrtes Körperbild und darüber, daß er dieses Bild nicht ändern kann, kommen in seinen Gefühlen bezüglich dieser Beziehungen zum Ausdruck. Was immer ihm sonst noch als »nicht in Ordnung« erscheinen mag – unbewußt ist dem Jugendlichen klar, daß er als sexuelles Wesen »nicht funktioniert«. Sein Überich läßt ihn das niemals vergessen, auch wenn ihm vielleicht viele Möglichkeiten zu Gebote stehen, dieses Manko zu leugnen.

In den Jahren 1904/05 trug Freud die Ansicht vor, daß Phantasien (oder »Erinnerungsdichtungen«), wie sie zumeist »in den Pubertätsjahren« produziert werden, zwischen die Symptome und die kindlichen Eindrücke eingeschoben seien und sich unmittelbar in Symptome umsetzten. Damit wollte Freud unter anderem seine früheren Ansichten über Kindheitserlebnisse in Frage stellen und eine revidierte Sicht der Natur hysterischer Phantasien vortragen. Nichtsdestoweniger ist seine Aussage über Phantasien im Pubertätsalter von direktem Belang für das, was wir über den Behandlungsprozeß und über den Zusammenhang zwischen der therapeutischen Intervention in der Adoleszenz und der Verhütung einer ausgebildeten Pathologie nach der Adoleszenz ausführen möchten. Wir halten Freuds Aussage für wichtig, weil sie impliziert, daß bestimmte Phantasien in der Adoleszenz in eine pathologische sexuelle Organisation integriert werden können und diese Integration nach der Adoleszenz sehr viel weniger reversibel ist. Sie impliziert weiter, daß der Behandlung eine präventive Funktion zukommen kann, insofern als sie dem Jugendlichen das Gefühl zu vermitteln vermag, daß es ihm freisteht, diese Phantasien in seine sexuelle Organisation hineinzunehmen oder aber sie zurückzuweisen – daß er also nicht gezwungen ist, sich ihrer Gewalt und ihrem möglicherweise krankhaften Ausgang passiv zu fügen.

In diesem Kapitel konzentrieren wir uns auf diejenigen Aspekte der Therapie, die unserer Meinung nach wesentlich sind, um die Wirkung der Adoleszenzkrise aufzuheben und die pathologischen Momente zu beseitigen, die sich andernfalls am Ende der Adoleszenz zur Krankheit verdichten und als solche auch das Leben des Erwachsenen kennzeichnen würden. Diese Aspekte sind insofern speziell auf den jugendlichen Patienten zugeschnitten, als sie in einem Zusammenhang mit der Natur der Pathologie der Adoleszenz und mit ihren Auswirkungen auf das zukünftige Sexual- und Arbeitsleben des betreffenden Menschen stehen. Wir können diese Aspekte wie folgt zusammenfassen:
1. *Der therapeutische Prozeß* muß letzten Endes das Vorhandensein eines verzerrten Körperbildes und den Wunsch des

Jugendlichen bewußt machen, der Therapeut möge sich an dieser Verzerrung beteiligen oder sie akzeptieren – einschließlich der verzerrten Sicht der äußeren Realität, die damit impliziert ist;

2. *Die Krise* zum Zeitpunkt der Pubertät muß innerhalb der Übertragungsbeziehung von neuem durchlebt werden. Es muß eine »Übertragungskrise« herbeigeführt und durchgearbeitet werden.*

Der therapeutische Prozeß

Allein in der Sicherheit der Übertragungsbeziehung kann die Krankheit des Jugendlichen allmählich emotionale Signifikanz annehmen, was einschließt, daß er den Prozeß begreift, der zu seinen gegenwärtigen Verhaltensweisen geführt hat. Und was vielleicht noch wichtiger ist: Durch die Übertragung kann der Umstand »emotionale Realität« gewinnen, daß der Patient am Ende seinen geschlechtsreifen Körper und seine frühen inzestuösen Wünsche in eine sexuelle Identität einbringen kann, in welcher der regressive Impuls zum Nachgeben nicht enthalten sein muß. Wenn er die strengen Forderungen des Überich und die infantilen Ideale verstanden und sie in einen Zusammenhang mit seinen gegenwärtigen sexuellen Wünschen und Befürchtungen gebracht hat, vermag der jugendliche Patient die Herrschaft über seinen sexuellen Körper anzutreten und ist nicht länger darauf angewiesen und darauf erpicht, seinen Körper der Mutter zu geben, die als erste für ihn sorgte. Solange dieser Wunsch besteht, manifestiert er sich in der Übertragung in den Bemühungen des Jugendlichen, den Analytiker dazu zu bringen, daß er das verzerrte Körperbild und das schiefe Verhältnis des Patienten zur Außenwelt akzeptiert.

---

* Die Pathologie der Adoleszenz ist von uns als Krise im Entwicklungsprozeß, nicht als Neurose oder Psychose beschrieben worden. Insofern können wir auch den Terminus *Übertragungsneurose* nicht anwenden; wir sprechen statt dessen von der *Übertragungskrise*. In unserem Verständnis dieses Begriffs bleibt die Pathologie ungeteilt auf den Binnenraum der Analyse und auf die Beziehung zum Analytiker konzentriert (Freud 1914; Loewald 1971).

Durch die Behandlung erkennt der Jugendliche allmählich, daß seine Forderungen und seine Emotionen auch seine Ängste bezüglich seines sexuellen Körpers einschließen. Vor der Behandlung hegte er keinen Zweifel an seiner verzerrten Sicht der Realität und am Zusammenhang dieser Sicht mit seinem Selbstbild als sexuelles Wesen. Seine in defensiver Absicht eingesetzten Projektionen bestärkten ihn in der Überzeugung, daß er nicht Herr seiner Handlungen, Gefühle oder Gedanken war.

Der therapeutische Prozeß und das Erlebnis der Übertragung lassen den Jugendlichen nicht nur allmählich an seinen früheren Lösungen zweifeln; sie geben ihm auch neue Hoffnung und vermitteln ihm das Gefühl, daß er mit seiner Krankheit und seiner Schmach nicht länger allein ist. Vielleicht zum ersten Mal in seinem Leben kann er sich jetzt über seinen zerstörerischen Haß auf den eigenen Körper und die ödipalen Eltern klarwerden, denen er bis jetzt die Schuld an seiner Krankheit zugeschoben hat. Das Erlebnis der Übertragung ist ein wesentlicher Teil der Behandlung und von grundsätzlicher Wichtigkeit insofern, als es dem Jugendlichen hilft, sich ganz intensiv mit der Krise zu beschäftigen, die im Pubertätsalter eintrat. Die Übertragung räumt dem Jugendlichen und dem Therapeuten die Freiheit ein, das Vorhandensein und den Einfluß der erschreckenden Verzerrungen, den Selbsthaß, die regressiven oder perversen Phantasien und das ursprüngliche Gefühl der Hoffnungslosigkeit bzw. das passive Hinnehmen der krankhaften Störungen zuzugeben.

Wiedererleben der Krise in der Übertragung

Die Entwicklungskrise, die im Pubertätsalter eintrat, muß der jugendliche Patient in der Behandlung zusammen mit dem Analytiker von neuem durchleben. Das bedeutet, daß sowohl ihr Inhalt als auch die Abwehrmanöver, die damals im Umgang mit dem sexuell reifen Körper und den sexuellen Wünschen eingesetzt wurden, jetzt uneingeschränkt, wenn auch nur für begrenzte Zeit, auf die Beziehung zum Analytiker ausgerichtet werden. Wenn das nicht im Rahmen einer Behandlung geschieht, wird sich der zerstörerische Einfluß der Entwicklungskrise im gesamten Verlauf der Adoleszenz nicht verringern (Dewald 1978; M. Laufer 1978; Ritvo 1978).

Die Übertragung und das erneute Durchleben der Krise innerhalb der Übertragung (die Übertragungskrise) müssen im Blick auf die historisch-dynamischen Zusammenhänge – wie sie im Inhalt der zentralen Masturbationsphantasie zum Ausdruck kommen – und im Blick auf die Persönlichkeitsentwicklung des Jugendlichen – wie sie in seinem Verhältnis zu seinem geschlechtsreifen Körper, also im genital wie ödipal orientierten Gebrauch oder Erlebnis des sexuellen Körpers sichtbar wird – betrachtet werden. Aus unserer analytischen Arbeit mit jugendlichen Patienten wissen wir, daß die Übertragungskrise sich in dem unbewußten Bestreben des Jugendlichen äußert, den Analytiker zur Teilhabe an seiner sexuellen Pathologie zu bewegen. Er tut dies, indem er versucht, den Analytiker so weit zu bringen, daß dieser die Verantwortung für die Handlungen und Phantasien des Jugendlichen übernimmt; indem er verlangt, der Analytiker möge ihn, den Jugendlichen, sexuell verführen, oder indem er sich im sexuellen wie im sozialen Sinne untauglich präsentiert. Wenn man die Dinge dynamisch betrachtet, so scheint dieses Verhalten durch das Bestreben des jugendlichen Patienten motiviert, seinen sexuellen Körper zu zerstören und den nicht-inzestuösen Körper der Mutter darzubieten, das heißt derjenigen Person, die er bisher für seine Krankheit verantwortlich gemacht hat. Wenn der Jugendliche mit diesen Versuchen Erfolg hätte, dann würde eine Beziehung zur präödipalen Mutter perpetuiert und zugleich die Identifizierung mit dem gleichgeschlechtlichen ödipalen Elternteil zerstört – mit dem Ergebnis einer noch stärkeren Verzerrung seiner Realität und seines Sexuallebens.

Die anscheinend unüberwindlichen klinischen Probleme, wie sie bei der Behandlung kranker Jugendlicher häufig auftauchen, gehen möglicherweise darauf zurück, daß der Patient oder der Analytiker es in gewissem Umfang vermeiden, sich Klarheit über die Art der im Pubertätsalter eingetretenen Entwicklungskrise und ihre Auswirkungen auf das gegenwärtige Leben des Jugendlichen zu verschaffen. Die Bedeutung dieser Entwicklungskrise für den Jugendlichen kann uns entgehen, wenn wir das klinische Material ausschließlich historisch betrachten. Das Gleiche kann der Fall sein, wenn wir es in erster Linie im Gedanken an den Narzißmus oder an die präpuberalen Erlebnisse des Patienten studieren. Nach unserer Erfahrung ist es sinnvoller, krankhafte Störungen in der Adoleszenz immer als ein Zeichen für eine gewisse Abnormität der sexuellen Entwicklung und des Sexualverhaltens anzusehen. Das Verständnis dieser Abweichung ist unerläßlich für die Arbeit des Analytikers.

Wenn wir vom Wiedererleben der Entwicklungskrise in der Übertragung sprechen, meinen wir das Erleben der Projektionen, Verzerrungen und Emotionen, die mit dem sexuellen Körper und den ödipalen Eltern zusammenhängen und im Pubertätsalter zu einem zeitweiligen Ausbruch aus der Realität geführt haben. Wenn der Jugendliche sein zwanghaftes Bedürfnis nach dem Ausleben bestimmter Phantasien (der zentralen Masturbationsphantasie) erkennt, dann wird ihm auch der Zusammenhang zwischen seiner gegenwärtigen Störung und seinen alten Mechanismen der Konfliktlösung verständlich; und wenn ihm die Entwicklungskrise als emotionale Realität und weniger traumatisch erscheint, dann versteht er, warum es im Pubertätsalter dazu kommen mußte und warum die Krise diese ganz bestimmte Form annahm. Und damit kann er allmählich auch die Signifikanz des pathologischen Verhältnisses zu seinem sexuellen Körper erkennen und verstehen, warum er bestrebt sein mußte, die vergangene wie die gegenwärtige Realität in dieser bestimmten Weise zu verzerren.

Rekonstruktion

Es ist hier nicht unsere Absicht, näher auf die praktische Seite der Behandlung solcher Jugendlicher einzugehen, die eine Entwicklungskrise durchgemacht haben. Aber zur Rekonstruktion wollen wir doch einige Bemerkungen anschließen, weil dieses Thema eng mit gewissen weiter oben besprochenen Sachverhalten verknüpft ist, insbesondere mit dem Zusammenhang zwischen dem gegenwärtigen Leben und Leiden des Jugendlichen und den weiter zurückliegenden Phasen seiner Entwicklung.

Es ist klar, daß Rekonstruktion primär dem Zweck dient, den Jugendlichen in Kontakt mit dem Erlebnis der Krise und den sie begleitenden Emotionen zu bringen (Freud 1937; Greenacre 1975). Wenn das nicht gelingt, kann das Trauma der Krise weiterhin seine Wirkung tun, und was immer die Behandlung sonst bewirken mag, sie hilft dem Jugendlichen jedenfalls nicht, die unmittelbare Vergangenheit ungeschehen zu machen oder das Erlebnis der Krise zu verarbeiten. Es kann unter Umständen lange dauern, bis es zur Übertragungskrise kommt, aber die rundum sichere und berechenbare Beziehung zum Analytiker ist eine wesentliche Komponente dieses Prozesses. Für den Jugendlichen bedeutet die Übertragungskrise, daß er Emotionen und Phantasien durchlebt, welche die Behandlung für ihn wie für den Analytiker außerordentlich erschweren. Aber es ist sehr wichtig, diese Emotionen und Phantasien solange innerhalb der Behandlung und auf die Person des Analytikers gerichtet zu halten, bis die Bedeutung, die ihnen in der Gegenwart zukommt, erkannt worden ist. Für die Behandlung ist es unerläßlich, den Zusammenhang zwischen der Krise und der Entwicklung bis zur Gegenwart zu verstehen, aber es kann vorkommen, daß der Analytiker die Rekonstruktion unwillentlich dazu benutzt, die Intensität der Übertragung zu reduzieren – mit dem Ergebnis, daß ein wichtiger Teil des Behandlungserlebnisses verloren geht.

Es hat keinen Zweck, in der Behandlung Phantasien und Erlebnisse aus der ödipalen oder präödipalen Vergangenheit zusammenzusetzen, solange der Jugendliche sexuelle Phantasien hat, die ihm unverständlich sind, und die Krise im Pubertätsalter ihm noch immer als traumatisches Geschehen erscheint. Es besteht die Gefahr, daß wir in der Behandlung das falsche Geschehen im falschen Augenblick rekonstruieren und dabei unter Umständen nicht auf das achten, was der Jugendliche uns soeben erzählt oder uns vielleicht nicht erzählen kann, von dem er aber möchte, daß wir es wissen und ihm verständlich machen. Wir können der irrigen Annahme aufsitzen, daß »früher« oder »tiefer« notwendig auch besser und therapeutisch wichtiger sei. Unsere Konzentration auf die falschen Dinge und unsere Rekonstruktion der falschen »Vergangenheit« können ein weiterer Grund dafür sein, daß so viele Jugendliche, die dringend auf Hilfe angewiesen sind, aus der Behandlung weglaufen.

Wenn wir jugendliche Patienten behandeln, dann hilft uns die Vorstellung, daß sie »zwei Vergangenheiten« haben – die unmittelbare Vergangenheit, zu der die traumatische Erfahrung im Pubertätsalter gehört, und die präadoleszente Vergangenheit, also die präödipale Geschichte, die Auflösung der ödipalen Situation und das Erlebnis der Latenzzeit. Beide Vergangenheiten müssen verstanden und rekonstruiert werden, aber solange die unmittelbare Vergangenheit dem jugendlichen Patienten nicht plausibel erscheint, ist die Rekonstruktion der weiter zurückliegenden Vergangenheit ein rein intellektuelles und in bezug auf den emotionalen Gewinn totgeborenes Unternehmen.

Damit soll nicht der Eindruck erweckt werden, daß wir es geradezu vermeiden müßten, die präadoleszente Vergangenheit zu verstehen, solange wir die Krise im Pubertätsalter nicht rekonstruiert und dem Jugendlichen nicht geholfen haben, sie zu verarbeiten. Wir wollen vielmehr sagen, daß wir uns in erster Linie mit der Frage beschäftigen müssen, was den Jugendlichen in die Analyse geführt hat. Das muß auch dem Jugendlichen – auch in seiner Eigenschaft als Patient – klar sein. Es kommt oft vor, daß der Jugendliche und seine Umgebung (die Eltern, die Lehrer, alle möglichen Fachleute, die mit ihm zu tun haben) versuchen, den Analytiker vergessen zu machen, warum der Patient eigentlich zur Behandlung gekommen ist. Besonders häufig haben wir diese Erfahrung mit jugendlichen Patienten gemacht, die einen Selbstmordversuch hinter sich hatten; jeder (der Patient eingeschlossen) möchte am liebsten glauben, daß es sich bei dieser Episode um etwas handelt, das jetzt der Vergangenheit angehört und das man am besten vergißt. Wir stehen auf dem Standpunkt, daß wir es nicht vergessen können und auch nicht so tun sollten, als hätten wir es vergessen, und wir lassen dies den Jugendlichen auch wissen. Indem er vergessen will, was vor kurzem hätte geschehen können, gibt der Jugendliche zu verstehen, daß er unbewußt weiß, daß diese Dinge schmerzlicher und erschreckender sind als die lange zurückliegenden. Aber wenn wir ihm gestatten, sich seiner unmittelbaren Vergangenheit und dem, was sie für sein gesamtes Leben bedeutet, zu verschließen, dann ermuntern wir ihn zur Passivität gegenüber seiner Vergangenheit und gegenüber seiner Zukunft und verbauen ihm die Möglichkeit, das Trauma der Pubertätskrise zu verarbeiten und zu erkennen, daß er ja aktiv daran arbeiten kann, Kontinuität in sein Leben zu bringen.

Das heißt also, der Jugendliche kann mit der analytischen Rekonstruktion seiner präödipalen oder ödipalen Vergangenheit wenig anfangen, solange er mit seinem augenblicklichen Leben nicht zurechtkommt und seine Ängste an die Erlebnisse der Pubertät und der Adoleszenz gebunden sind. Er muß in der Übertragung begreifen, wie es zu seinen Gefühlen der Wertlosigkeit und der Ohnmacht in bezug auf sein gegenwärtiges und zukünftiges Sexualleben gekommen ist, bevor die Rekonstruktion der präadoleszenten Vergangenheit ihm sinnvoll erscheinen kann. Die Abhängigkeit vom Analytiker, der Wunsch, bemuttert zu werden, der Wunsch, den gleichgeschlechtlichen oder andersgeschlechtlichen ödipalen Elternteil zu ersetzen, frühe Phantasien von der Vernichtung eines Elternteils oder Geschwisters – das alles mag, historisch betrachtet, durchaus zutreffen, aber die Interpretationen, die zu diesen Rekonstruktionen führen, rufen bei dem Jugendlichen zunächst das Gefühl hervor, daß die Behandlung gar keinen Sinn habe. Wenn wir solche Interpretationen und Rekonstruktionen nicht zuerst in den Kontext des gegenwärtigen Sexuallebens des Jugendlichen plazieren, verfehlen wir einen zentralen Zweck der Behandlung, nämlich die Auflösung jenes Pubertätserlebnisses, das in der Gegenwart die altersspezifischen Erfahrungen des jungen Menschen und letzten Endes sein sexuelles Körperbild verzerrt.

Klinisches Material

John

Dieses klinische Material soll die Krise und die allmähliche Auflösung der Pathologie illustrieren, nicht aber die praktische Seite der Arbeit erörtern. Es mag so aussehen, als wären die Phantasien des Patienten, vor allem seine Masturbationsphantasien, mühelos ergründet und rasch verstanden worden. Natürlich war das nicht der Fall. Man kann gar nicht eindringlich genug zur Vorsicht beim Zusammentragen dieses Materials raten; immerhin aber wissen wir, daß es möglich ist, den Inhalt dieser Phantasien aus den Assoziationen und dem Verhalten des Patienten wie auch aus dem ganzen Fächer der Derivate seines Unbewußten zusammenzusetzen.

John kam mit sechzehn Jahren zum ersten Mal zur Behandlung. Er und seine Eltern waren überzeugt, daß er verrückt sei oder mit zunehmendem Alter verrückt werden würde. Psychiater hatten ihn zuvor als grenzpsychotischen Fall betrachtet, aber er hatte niemals eine andere Behandlung erhalten als das, was er als »Gespräche« bezeichnete. Seine Eltern waren ganz verzweifelt, riefen ständig an und baten den Analytiker flehentlich, John in Behandlung zu nehmen.

Die Angehörigen machten sich nicht nur große Sorgen um John; sie fühlten sich auch schon seit Jahren von seinem Verhalten terrorisiert – von der Tatsache, daß er keine Freunde besaß und diesen Umstand seinen Eltern und insbesondere seiner Mutter zum Vorwurf machte; von seinen plötzlichen verbalen und tätlichen Angriffen auf die Mutter und die jüngere Schwester; von seinen depressiven Episoden und Weinanfällen; von seiner Weigerung, aus dem Haus zu gehen. Als er nun zur Behandlung kam, hatte die Familie das Gefühl, dies sei ihre letzte Chance.

John erinnerte sich zwar, schon im Latenzalter einsam und traurig gewesen zu sein, aber der Gedanke, daß er verrückt oder auf dem Weg sei, verrückt zu werden, kam ihm nach seinen Worten, als er dreizehn Jahre alt war und zwei für ihn katastrophale Ereignisse zusammentrafen – der Beginn der

Pubertät und der Beschluß seiner Lehrer, ihn in eine niedrigere Klasse zu stecken. Damals hinterließ er eine Nachricht des Inhalts, daß er sich umbringen wolle. Er hat jedoch niemals einen Selbstmordversuch unternommen, obwohl er sich während der frühen Adoleszenz häufig von seiner Depression und seinem Gefühl der Wertlosigkeit überwältigt fühlte. Damals pflegte er ganze Tage lang nicht in die Schule zu gehen, wollte das Haus nicht verlassen, schlief, masturbierte, drohte seiner Mutter, er werde sie umbringen, oder saß nur herum und ließ sich von ihr umsorgen. Das sah dann so aus, daß sie ihm das Essen brachte, ihn badete und ihn anflehte, ihr doch zu sagen, was ihn störte. Auch wenn das sadistische Element in seinem Verhalten nicht zu übersehen ist – wichtiger für das Verständnis seiner Schwierigkeiten war der Umstand, daß diese Ereignisse und Gefühle bereits zu einem festen Bestandteil dessen geworden waren, was er und der Analytiker später als seine zentrale Masturbationsphantasie identifizieren konnten.

In vielen Sitzungen während der ersten paar Monate der Behandlung ging es um Einzelheiten aus Johns täglichem Leben. Daß er litt, war ein Thema fast aller seiner Schilderungen. Seine Mutter erschien darin als hinterhältige Manipulatorin; sein Vater, ein Mann, der es in seinem Beruf zu hohem Ansehen gebracht hatte, wurde idealisiert und als nahezu perfekt abgetan; die jüngere Schwester war in Johns Augen harmlos und ein bißchen dumm.

Über den Analytiker wußte John vor allem zu sagen, daß es sein Glück sei, gerade von ihm behandelt zu werden. Daneben äußerte er vorsichtige Klagen, weil der Analytiker auf fünf Sitzungen pro Woche bestand, obwohl John für die Hin- und Rückfahrt jeweils weit mehr als eine Stunde brauchte. John glaubte von Anfang an, daß der Analytiker ihn für verrückt halte und und nur aus diesem Grunde auf sein tägliches Erscheinen gedrängt habe. Er machte den Analytiker regelmäßig darauf aufmerksam, daß dieser sein Leiden noch verschlimmere, versicherte ihm aber anschließend, daß er gar nichts dagegen habe, weil das ja sicherlich gut für ihn sei – eine Überzeugung, die in mehr als einer Hinsicht richtig war, denn die leidende Person spielte in seiner Kernphantasie eine wichtige Rolle. Der Analytiker verbarg nicht sein besorgtes Interesse an John und seine Überzeugung, daß John ein sehr gestörter junger Mann sei, aber er sagte ihm auch gleich zu Anfang, daß er ihn nicht für verrückt halte. Zu diesem Vorgehen hatte er sich angesichts der Qualität von Johns Ängsten entschlossen, die um das Masturbieren und um die Depression kreisten, mit der er lebte. Darüber hinaus veranlaßten Johns nächtliche Angstvorstellungen und seine Isolation während der ersten Phase der Behandlung den Analytiker, etwas zu tun, was nach Freud bei bestimmten Patienten notwendig ist – sie nämlich mit der einen Hand zu halten, während die andere mit einem medizinischen Eingriff beschäftigt ist. Dem Analytiker war klar, daß dieses Vorgehen sich vorübergehend hinderlich auf die Entwicklung der Übertragung auswirken und nur zu leicht Johns unbewußtem Wunsch entgegenkommen konnte, ihm, dem Analytiker, seinen sexuellen Körper anzubieten. Aber er hielt es für notwendig, John zu der allmählichen Erkenntnis zu befähigen, daß er sein verrücktes Verhalten als Abwehrmechanismus einsetzte. Erst wenn ihm das klar war, würde John sich dem Inhalt dessen nähern können, was nach seiner Meinung seine Verrücktheit ausmachte.

Die ersten Hinweise darauf, daß und wie bestimmte Phantasien sich auf seine Realitätsprüfung auswirkten, lieferte John mit seiner Beschreibung der freudigen Erleichterung, die er verspürte, wenn die Leute ihn erkannten und grüßten. Erst sehr viel später konnten er und der Analytiker beobachten, daß diese Erleichterung angesichts der Tatsache, daß man ihn erkannte und grüßte, sehr viel stärker war, wenn er zuvor masturbiert hatte: Es stellte sich nämlich heraus, daß bestimmte Masturbationsphantasien sich nicht sofort wieder verdrängen ließen und daß er sich, nachdem er masturbiert hatte, eine Zeitlang nicht sicher war, ob er noch die gleiche Person war wie vorher. Der Gedanke, darüber zu sprechen, erschreckte ihn zutiefst, weil er fürchtete, dann den Kontakt mit der Außenwelt vollständig zu verlieren. Beim Masturbieren identifizierte er sich so intensiv mit einer beschädigten, gedemütigten Frau, daß er später auf die Versicherung anderer Leute und des Analytikers angewiesen war, daß er sich nicht verändert hatte. Daß er in den Sitzungen weinte und den Weg von der U-Bahn-Station bis ins Sprechzimmer im Laufschritt zurücklegen mußte und daher ganz erschöpft ankam, war ebenfalls ein Hinweis auf einen bestimmten Inhalt seiner Kernphantasie, aber erst die nähere Beschäftigung mit seinem heftigen Wunsch, sich während der Sitzungen aufzurichten und den Analytiker zu sehen, brachte es an den Tag, daß es für sein Phantasieleben von zentraler Bedeutung war zu sehen, was sein Gegenüber für ein Gesicht machte. Die paranoide Furcht war ebenfalls vorhanden, aber sie war nicht primär. Bis zu dem Augenblick, in dem geklärt war, daß er Gesichter sehen mußte, fühlte er sich getrieben, dies oder jenes zu tun, ohne sich dabei überhaupt irgendwelcher Phantasien bewußt zu sein; und mit Sicherheit war ihm die zwanghafte Natur eines Teils seiner Handlungen gar nicht klar.

Dieser Zwangs- und Wiederholungscharakter überzeugte den Analytiker davon, daß man an den Inhalt der Kernphantasie wohl herankommen würde, wenn man der Frage nachginge, warum John unbedingt Gesichter sehen mußte. Solange kein Sinn im Inhalt seines gegenwärtigen Verhaltens und in der Tatsache auszumachen war, daß er es zu Abwehrzwekken einsetzte, würde er sich hilflos fühlen und sich erschreckt fragen, was er dem Analytiker wohl antun werde. Seine augenblicklichen Phantasien und die Befriedigungen, die er jetzt daraus zog, daß er sich als den isolierten und leidenden Jungen sah, beeinträchtigten weiterhin ernsthaft seine Fähigkeit, die täglichen Erfahrungen als eine Art Probehandeln zu nutzen. Seine Beziehungen zu den Altersgenossen waren stark eingeschränkt: Er konnte Freundschaften nicht länger als ein paar Wochen unterhalten; er verbrachte viele Stunden allein in seinem Zimmer in dem Wohnheim, wo er wohnte; er besuchte Sportplätze und sah stundenlang zu, wenn Mädchen hart trainierten. Als John so weit war, daß er über das Masturbieren sprechen konnte, kam ihm die Erkenntnis, daß er schon als Siebenjähriger den *bewußten* Wunsch gehabt hatte, Frauen oder Mädchen ins Gesicht zu sehen, und daß das Gesicht in seiner Phantasie einen gequälten Ausdruck haben mußte. Diese Phantasie blieb ein Geheimnis, und der zwanghafte Charakter trat erst in der Pubertät hinzu. Die Pubertätskrise hatte sich in Form plötzlicher brutaler Attacken gegen seine Mutter (die in manchen Fällen ernsthafte Verletzungen zur Folge hatten) und zugleich darin geäußert, daß er Mädchen aus dem Weg gehen mußte, weil er fürchtete, er könne den Wunsch haben, sie anzugreifen oder umzubringen. Dieser im Pubertätsalter durchbrechende ödipale Wunsch, sich gegen seine Mutter zu wenden und sie sexuell zu attakkieren, erschwerte dem Analytiker die Diagnosestellung erheblich, da er ernsthaft an eine akute psychotische Episode denken ließ. Andererseits sagte sich der Analytiker, daß der Angriff ja auch das Moment der Abwehr gegen den unmittelbaren sexuellen Wunsch enthalte und aus diesem Grunde vielleicht nicht ganz so bedenklich sei.

John erinnerte sich auch, daß er damals, kurz nach dem Eintritt der Pubertät, manchmal geglaubt hatte, seine Mutter tatsächlich umgebracht zu haben – er mußte dann wie rasend das ganze Haus durchsuchen, um sie am Leben und wohlauf zu finden. Das wurde in der Übertragung nach einer Krankheit des Analytikers von neuem durchlebt – John konnte gar nicht aufhören, davon zu sprechen, was er dem Analytiker angetan habe, und sagte, während der Krankheit des Analytikers habe es Augenblicke gegeben, in denen er tatsächlich geglaubt hatte, ihn angegriffen und verletzt zu haben; dabei hatte der Analytiker auch während seiner Krankheit den telefonischen Kontakt mit John aufrechterhalten, so daß dieser beruhigt sein konnte, daß dem Analytiker nichts geschehen war und er, John, ihm nichts angetan hatte.

Das Eingeständnis der Phantasie und die Meinung des Therapeuten – die dieser dem Patienten mitteilte –, daß diese Phantasie wie auch das zwanghafte Verhalten eine Bedeutung hatten, die sie mit der Zeit schon noch ergründen würden, veränderten Johns tägliches Leben ganz entscheidend und ließen ihn zudem hoffen, daß man etwas gegen seine Krankheit unternehmen könne. Noch bevor klar war, welche

Bedeutung hinter seiner Phantasie und seinen Aktionen steckte, ließen seine paranoiden Beschuldigungen an die Adresse seiner Umgebung nach, und er konnte sich allmählich stärker auf seine Studien konzentrieren. Auch die tätlichen Angriffe auf seine Mutter hörten auf. Das ließ ihn wieder hoffen, daß er vielleicht doch nicht verrückt sei. Zwar war es noch immer nicht möglich, die Phantasie auf den Bereich der Übertragung zu beschränken, aber der Analytiker konnte sie immerhin so interpretieren, daß John erkannte, daß sie beide sich hier gemeinsam um das Verständnis eines Faktums bemühten, das ihm jahrelang das Leben vergällt und bis zur Behandlung das Gefühl vermittelt hatte, daß es am besten wäre, wenn er tot wäre oder umgebracht würde. Daß er als Dreizehnjähriger einmal einen Zettel mit der Mitteilung hinterlassen hatte, er werde sich das Leben nehmen, wurde nun, vor dem Hintergrund seiner Identifizierung mit dem Opfer, dessen Gesicht von Schmerz verzerrt ist, verständlich. Für ihn hatte die Pubertät bedeutet, daß sich seine sexuellen Wünsche auch auf den Vater richteten, der für John diejenige Person war, die ihn im gleichen Augenblick attackieren und belohnen konnte.

An diesem Punkt hatte John nicht nur die Bedeutung der Phantasie für sein zwanghaftes Verhalten erkannt, sondern auch das Ausmaß seiner Niedergeschlagenheit und inneren Isolation. Die Konzentration auf die Deutung seines Verlangens, sich dem Analytiker zu unterwerfen, seinen Körper hinzugeben, so daß der Analytiker damit nach Belieben verfahren konnte (wie dies nach Johns Meinung seine Mutter getan hatte), seiner Wunschvorstellung, der Analytiker werde ihn attackieren, seines Wunsches, das Mädchen zu sein, dessen Gesicht verzerrt ist – all das führte schließlich dazu, daß sein verrücktes Verhalten sich mehr und mehr auf die Sitzungen beschränkte. Zwar schlug er nie auf den Analytiker ein, aber er fing an, ihn anzuschreien und ihn zu beschuldigen, seine, Johns, Gedanken zu beeinflussen. Das war Johns Art, dem Analytiker mitzuteilen, daß dieser jetzt Teil seiner Masturbationsphantasie geworden war. Indem er ihn anschrie, glaubte er den Analytiker daran hindern zu können, ihm nahe zu kommen. Sein sexuelles Interesse an dem Analytiker mußte er nicht verleugnen – was notwendig dazu geführt hätte, daß seine Angst größer geworden wäre –, sondern es gewann in seinen Augen allmählich Sinn. Was die Prognose anging, so fühlte der Analytiker sich angesichts der Tatsache, daß John sein verrücktes Verhalten auf die Sitzungen beschränkte, anstatt sein ganzes Leben davon prägen zu lassen, in der Ansicht bestärkt, daß Johns psychotisch anmutende Art kein Zeichen einer irreversibel geschädigten Realitätsprüfung war. Aus dem gleichen Grunde konnte der Analytiker nun auch stärker darauf bauen, daß die Schädigung, die John in seiner psychischen Struktur erlitten hatte, vermutlich in der ödipalen Phase erfolgt und deshalb eher reversibel war, als wenn sie schon im Kleinstkindalter oder in der frühen Kindheit bestanden hätte. In diesem letzteren Fall wäre es zu einer Verzerrung in der Entwicklung und Strukturierung der Persönlichkeit gekommen, und die Chancen, durch Behandlung eine Änderung zu erreichen, wären geringer gewesen.

John berichtete, daß er vor den Sitzungen unbedingt masturbieren müsse. Aus der Tatsache, daß er sich schämte, ging deutlich hervor, daß er sich den Analytiker als denjenigen vorstellte, der ihn masturbierte, aber es dauerte noch immer eine ganze Weile, bis John und der Analytiker sich darüber klar waren, daß hier auch sein Wunsch beteiligt war, dem Analytiker seine sexuellen Empfindungen und seine Erregung zu geben oder, besser gesagt, den Analytiker dafür verantwortlich zu machen. Daß John seine Gestörtheit weitgehend in die Übertragung hineinnehmen oder in den Grenzen der Übertragung halten konnte, hatte auch zur Folge, daß es ihm nun leichter fiel, enge Freundschaften im College einzugehen. Vom Analytiker verlangte er jetzt, er solle ihm seine verrückten Gedanken wegnehmen, damit er so sein könne wie die anderen auch – was bei ihm so viel hieß wie, daß er sich ganz entspannt fühlen konnte, wenn er mit einem Mädchen zusammen war.

Man kann dieses Material auf verschiedene Weise erklären, und das spezifische Modell der psychischen Funktionsweise, an das sich der Analytiker hält, läßt noch die eine oder andere Bedeutung zum klinischen Material und zu den Deutungen hinzukommen. Wenn der Analytiker dieses aus der Übertragung gewonnene Material zunächst als Repräsentation von Johns Wunsch erklärte, eine homosexuelle Beziehung zu ihm, dem Analytiker, einzugehen, sich ihm zu unterwerfen und sich mit Frauen oder Mädchen mit gequältem Gesichtsausdruck zu identifizieren, so sollten diese Deutungen doch nur auf das vorbereiten, was für das Verständnis und die Beseitigung der krankhaften Störungen des jugendlichen Patienten sehr viel wichtiger war. Hätte der Analytiker es bei der Interpretation und der Rekonstruktion der Furcht vor bzw. des Wunsches nach einer homosexuellen Beziehung bewenden lassen, dann wäre der eigentliche Kern der Psychopathologie der Adoleszenz – für die Johns Fall fraglos repräsentativ war – der Beachtung entgangen. Aber der Analytiker ging einen Schritt weiter und verlagerte damit den Fokus der Behandlung: Er rückte nämlich an diesem Punkt die durch eine Interpretation erarbeitete Bedeutung von Johns Wunsch in den Mittelpunkt – des Wunsches also, dem Analytiker seinen sexuellen Körper darzubieten, ihn für den Teil seines Körpers und seines Geistes verantwortlich zu machen, der nach seiner, Johns, Meinung zugleich Produzent und Träger seiner verrückten sexuellen Gedanken und Gefühle war, und ihm damit auch die Verantwortung für seinen Selbsthaß und seinen Haß auf diesen Körper aufzubürden. Diese Verlagerung des Schwerpunktes ermöglichte es John und dem Analytiker, sich nun auf den Haß und die Verantwortung dafür zu konzentrieren, die John dem Analytiker anzulasten versuchte. Jetzt fiel ihm ein, daß seine Mutter sich in seine Gedanken hineingedrängt und er es nicht vermocht hatte, sich dagegen zur Wehr zu setzen – auch weil gewisse Befriedigungen damit verbunden waren. Er dachte daran, daß er selbst verlangt hatte, von ihr gewaschen und gebadet zu werden, bis er vierzehn Jahre alt war, und daß er nach dem Bad masturbiert und sich dabei vorgestellt hatte, vom Penis seiner Mutter – in der Regel durch den Anus – penetriert zu werden.

Zum Zeitpunkt dieser Deutungen war John bereits seit drei Jahren in Analyse. Er hatte jetzt eine Freundin und konnte es riskieren, mit ihr zu schlafen. Nach seinen Worten mußte er allerdings zunächst in ihre Vagina sehen, bevor er in sie eindringen konnte, weil er befürchtete, möglicherweise in Kontakt mit einem anderen Penis zu kommen oder angesichts ihres schmerzlichen Gesichtsausdrucks die Beherrschung zu verlieren und sie dann möglicherweise zu schlagen oder umzubringen. Dieser Gedanke erschreckte ihn wiederum so, daß er sich fast einen ganzen Monat lang nicht mit dem Mädchen treffen konnte, bis er sich dank der Behandlung sicher war, daß er nicht verrückt werden würde. Er schlug dem Analytiker vor, sich mit seiner Freundin zu treffen – auf diese Weise bot er sie dem Analytiker an und gab seinen eigenen sexuellen Körper auf. Das rief weitere Erinnerungen in ihm wach: Als Dreijähriger hatte er beobachtet, wie seine Mutter einige Stufen hinunterfiel. Er sah ihr schmerzverzerrtes Gesicht und war noch einige Jahre lang überzeugt, daß dies ihr Aussehen auch in den Augenblicken sei, in denen sein Vater sie »attackierte«. In dieser Phase der Analyse träumte er vor allem von Monstern, die aus Höhlen kamen, von Menschen, die aus einem Flugzeug herausfielen und dabei ums Leben kamen, oder von Sterbenden. Einmal hatte der Analytiker ihn im Traum geschlagen, und er hatte den Analytiker angefleht, damit aufzuhören. Diesen Traum erzählte er im Anschluß an die Mitteilung, daß seine Freundin ihm gesagt hatte, daß sie ihn allmählich satt habe. Der Traum enthielt auch das Gefühl, daß seine Sexualität jetzt die Sexualität des Analytikers sei und er nur deshalb mit seiner Freundin schlafe, weil der Analytiker das verlangte und von ihm erwartete. Das blieb eine Gefahr, denn der Geschlechtsverkehr wurde auch als Unterordnung unter den Analytiker empfunden.

Allmählich wurde aber verständlich, daß Johns Verhalten innerhalb wie außerhalb der Behandlung auch den Wunsch einschloß, den Analytiker zu attackieren und dessen Potenz zu vernichten. Daß John den Analytiker beneidete und idealisierte, war seine Form der Abwehr gegen den Wunsch, ihn als

Mann und als diejenige Person zu vernichten, die ihm, John, jene Potenz geben konnte, die er bisher meist nicht besessen und zum Teil auch nicht gewollt hatte. Vom Standpunkt der Persönlichkeitsentwicklung aus betrachtet war die Idealisierung des Analytikers ein gefährliches Zeichen: Hier äußerte sich das Bestreben nach passiver Unterordnung, untermischt mit einem nur sehr schwachen Hinweis auf einen aktiven Prozeß, nämlich die Einbeziehung des Analytikers.

7 Objektbeziehungen, der Einsatz des Körpers, die Übertragung

Es gibt Jugendliche, die unbedingt spüren wollen, daß der Analytiker ihren Körper liebt und »will« – Verständnis allein genügt ihnen nicht. Der weniger stark gestörte Jugendliche kann, wenn ihm klargeworden ist, was er eigentlich mit solchen Forderungen an den Analytiker erreichen möchte, die Intensität seiner Wünsche und die sie begleitende Aggression steuern. Der stark gestörte Jugendliche ist dagegen oft nicht imstande, sich die Interpretation oder die Klärung der Zusammenhänge so weit zunutzezumachen, daß er sich als Herr seiner Wünsche fühlen kann. Es ist ihm im Gegenteil ganz dringend daran gelegen, daß sein Körper tatsächlich geliebt wird, und so setzt er in der Übertragung alle möglichen Verhaltensweisen ein, um den Analytiker zu zwingen, dieses Bedürfnis zu befriedigen. Allerdings handelt es sich hier nicht ausschließlich um ein Übertragungsphänomen, sondern um etwas, das das Leben des Jugendlichen insgesamt kennzeichnet und das längst vorhanden war, als die Behandlung begann: Seine Ängste treiben ihn dazu, im Rahmen einer Objektbeziehung auch seinen Körper einzusetzen.

Die beiden Patientinnen, die wir in diesem Kapitel vorstellen, zeigten der Analytikerin ununterbrochen, daß es ihnen dringend darum zu tun war, ihren Körper in die analytische Beziehung einzubringen; allerdings taten sie dies auf sehr verschiedene Weise. Doris brachte ihre Umgebung mit ihrer Impulsivität dazu, sich um sie zu kümmern, und machte sie mit Hilfe ihres Körpers darauf aufmerksam, wenn ihr elend zumute war. Mary fertigte alle Versuche, sich ihr körperlich oder emotional zu nähern, als aufdringliche Attacken ab und benahm sich, als ob sie sich am liebsten ganz von jedem physischen Kontakt und von der Person der Analytikerin isolieren wollte.

Die erste Patientin, Doris, entsprach in vielem dem typischen Bild jener erwachsenen Patienten, die man auch als »Borderline-Fälle« bezeichnet, während die zweite, Mary, eher in die Gruppe der Personen gehörte, die an einer »narzißtischen Persönlichkeitsstörung« leiden. Allerdings verwenden wir diese Klassifikationen hier nicht in einem dynamischen oder diagnostischen Sinn, weil sie die entwicklungsspezifischen Implikationen der in der Adoleszenz auftretenden psychischen Störungen nicht berücksichtigen.

Klinisches Material

Doris

Doris, achtzehn Jahre alt, die »Borderline«-Patientin, war eine im Grunde attraktive junge Frau, intelligent und künstlerisch begabt. Als die Analytikerin sie zum ersten Mal empfing, war sie geschmackvoll, aber nicht auffallend gekleidet und gab nach außen durch kein bestimmtes Verhalten zu erkennen, daß sie emotional gestört war. Was sie der Analytikerin berichtete, klang plausibel, wenn sie auch offensichtlich nicht imstande war zu sagen, weshalb sie ihrer Meinung nach eine Behandlung nötig hatte. Doris hatte ein Zimmer in London und lebte allein. Ihre Eltern hatten sich zwei Jahre zuvor getrennt, und die Mutter lebte seit kurzem mit einem anderen Mann zusammen. Doris war von einem Gynäkologen zur psychologischen Behandlung überwiesen worden, den sie wegen menstrueller Unregelmäßigkeiten aufgesucht hatte. Später erfuhr die Analytikerin, daß auch Doris' Mutter sich Sorgen machte, denn wenn Doris zu Besuch kam, wollte sie niemals mitessen, stopfte aber anschließend heimlich alles Eßbare in sich hinein, was sich im Haushalt der Mutter nur finden ließ.

Kopfzerbrechen bereitete der Analytikerin im Erstinterview auch die vage Art, in der Doris sich über ihre unmittelbare Zukunft äußerte. Obwohl sie keine klare Vorstellung davon hatte, was denn nun eigentlich nicht in Ordnung sei, ging sie sogleich auf den Vorschlag ein, eine Teilzeitarbeit anzunehmen, um die Analytikerin dann aufsuchen zu können, wenn diese sie empfangen konnte. Das zeigt, wie beflissen und begierig sie auf das Angebot der Behandlung einging, so als ob sie darin das Angebot der Analytikerin erblickte, ihr leeres Leben zu füllen. In den ersten Monaten der Behandlung stellte sich heraus, daß ihr Gefühl der Unausgefülltheit eng mit dem Verlust der langjährigen Beziehung zu ihrer Mutter zusammenhing – da die Mutter sie nicht mehr brauchte, kam sie sich ganz verloren vor.

Doris war das jüngste von vielen Geschwistern und hatte, wie sie sagte, immer ein ganz besonderes und vertrautes Verhältnis zu ihrer Mutter gehabt, das anders war als die Beziehung, die ihre Geschwister mit der Mutter verband. Ihrer Meinung nach war ihre Mutter auf dieses besondere Verhältnis dringend angewiesen, denn das Zusammenleben ihrer Eltern war nicht besonders glücklich, und Doris erkannte auch, daß dieser Umstand mit dem Sexualleben der Eltern zu tun hatte. Wenn Doris es auf der bewußten Ebene auch begrüßte, daß ihre Mutter jetzt glücklich war, so war sie zugleich doch auch schrecklich eifersüchtig auf den neuen Mann im Leben der Mutter, die sie, die Tochter, nun nicht mehr brauchte. Nachdem sie sich über diese Gefühle klargeworden war, erzählte sie, was ihre schlimmste Befürchtung gewesen war, als sie mit sechzehn Jahren von zu Hause fortging: daß sie allein in ihrem Zimmer sitzen und vollkommen außerstande sein würde, sich zu bewegen oder irgend etwas zu unternehmen. Sie hatte der Analytikerin auch erzählt, daß sie jetzt masturbierte, wenn sie allein war, was für sie die Versicherung darstellte, daß sie ihren Körper zur Befriedigung ihrer eigenen Bedürfnisse brauchte und nicht nur als etwas, womit sie ihre Mutter zufriedenstellen konnte. Sie setzte das Masturbieren dazu ein, sich die Phantasie zu erschaffen, daß sie nicht allein und hilflos sei.

Mit dem Fortschreiten der Analyse begann Doris, ihre Sympathie für die Analytikerin deutlicher zu zeigen, allerdings nicht mit Worten, sondern nur durch ihr Verhalten. Es fiel ihr zunehmend schwer, nach der Sitzung wegzugehen. Sie ließ dann erkennen, daß sie sich hilflos fühle, sich nicht in der

Hand habe und nicht nach Hause finden könne, und einige Male mußte die Analytikerin ein Taxi für sie rufen. Damals erschien dieses Verhalten noch als zu dem gerade aktuellen analytischen Material gehörig, wie es in der Übertragung ausgelebt wurde. Im Rückblick kann man es allerdings auch als Teil eines anderen Prozesses ansehen, der gleichzeitig und unabhängig von der analytischen Arbeit ablief. Manchmal reagierte die Analytikerin besorgt darauf, manchmal fühlte sie sich auch unbehaglich, wenn sie sich in ihren Bemühungen, eine »analytische« Distanz zur Patientin zu wahren, immer wieder zurückgeworfen sah: Doris kam beispielsweise herein, trat wie zufällig vor das Bücherregal, zog ein Buch heraus und machte irgendeine Bemerkung dazu, um der Analytikerin eine Antwort zu entlocken. Ein andermal bat sie, sich ein Buch ausleihen zu dürfen, oder ging einfach im Zimmer herum und besah andere Dinge bzw. nahm sie in die Hand. Es kam vor, daß sie sich plötzlich aufsetzte und der Analytikerin ins Gesicht sah, oder daß sie nach einem langen Schweigen aufstand und den Raum verließ. Das alles tat sie wie beiläufig, mit einer Unbefangenheit, die von irgendwelchen Implikationen dieses Verhaltens nichts zu wissen schien, und gleichgültig gegenüber allen Versuchen, seine Bedeutung zu ergründen. Damals kam es der Analytikerin so vor, als sei Doris' ganze Aggression gegen sie in diesem Verhalten beschlossen. Inzwischen läßt es sich mit der eindeutigen Unfähigkeit der Patientin erklären, in Zeiten, in denen sie ihre Angst nicht in Schach halten zu können glaubte, auch noch die Modalitäten der analytischen Behandlung zu beachten.

Immerhin aber lieferte sie während dieser ganzen Zeit Material in Form von Träumen und Assoziationen, und die analytische Arbeit ging allem Anschein nach voran. Hinter ihrem Verhalten stand offenbar das Bestreben, die Analytikerin intensiver mit ihrer Person und mit ihrem Körper zu beschäftigen. Später, als ihre Störung deutlicher zu erkennen war, wurde ihr Verhalten immer unberechenbarer. Einmal verließ sie nach der Behandlung die Wohnung der Analytikerin nicht (wo die Sitzung stattgefunden hatte), sondern ging darin herum, entdeckte in einem der Räume ein Klavier und fing an, darauf zu spielen. Ein anderes Mal kam die Analytikerin spät abends nach Hause und sah Doris auf der Straße liegen, offensichtlich in einem leichten Drogenrausch, so daß sie sie ins Krankenhaus bringen mußte. Wiederum im Rückblick lassen sich diese Dinge als das allmähliche Eindringen von Doris' Körper in die analytische Beziehung erklären, als die ständige Aufforderung an die Analytikerin, sie möge das Verlangen der Patientin nach liebevoller Stimulation ihres Körpers akzeptieren, und als die gedankliche Gleichsetzung der Bemühungen der Analytikerin, mittels Interpretation die analytische Distanz zu wahren, mit der Zurückweisung ihres Körpers und der impliziten Mißbilligung ihrer Wünsche.

Ihre alltäglichen Beziehungen zeichneten sich durch die gleiche Vagheit, die gleiche Abwesenheit irgendeiner bewußten Motivation aus. Sie sprach von der idealen Beziehung, die sie im Jahr vor Beginn der Behandlung zu einem Mann unterhalten hatte. Es war vermutlich ihre erste wichtige Beziehung dieser Art gewesen. Sie erwähnte, daß der Mann inzwischen nicht mehr in London lebe und die Freundschaft nicht mehr bestehe, aber es war klar, daß sie nicht sagen wollte, wie unglücklich sie darüber war. Das konnte sie der Analytikerin nur auf eine einzige Art zu verstehen geben, nämlich dadurch, daß sie sich das Haar abschneiden ließ, das in dieser Freundschaft eine wichtige Rolle gespielt hatte als etwas, das der Mann an ihr bewunderte. Ideal war diese Beziehung nach ihren Worten deshalb gewesen, weil sie niemals eine feste Verabredung getroffen hatten; wann immer sie sich gewünscht hatte, mit dem Mann zusammenzusein, waren sie einander irgendwo in der Stadt zufällig über den Weg gelaufen.

Zur Zeit ihrer Analyse lebte Doris allein in einem Stadtteil von London, in dem viele einsame junge Leute herumstrichen. Sie sagte, sie habe viele Freunde, aber sie beschrieb ihre Beziehungen in so vager und idealisierter Weise, daß die Analytikerin sich kein rechtes Bild von diesen immer neuen Gestalten machen konnte. Doris schien auf alles einzugehen, was sich ihr in Form des sexuellen Erlebnisses oder des Drogenkonsums gerade bot; zur kritischen Prüfung oder Betrachtung einer Sache oder einer Person war sie nicht imstande. Der Wunsch, ihren Körper akzeptiert zu wissen und nicht mit ihm allein zu sein, schien stärker als alle anderen Gefühle, die sie möglicherweise hatte.

Als die Analyse sich ihren Empfindungen und Ängsten im Zusammenhang mit sexuellen Beziehungen näherte, geriet Doris in ein dramatisches Agieren. Sie sagte, sie habe es sich nicht gestatten können, sich von dem Mann, den sie mochte, penetrieren zu lassen, immerhin aber sei es zur Fellatio gekommen. Einen Tag, nachdem sie über diese Dinge hatte sprechen können, erhielt die Analytikerin einen Anruf von einer psychiatrischen Einrichtung, in die man Doris eingeliefert hatte, weil ihr Arbeitgeber durch ihr seltsames Benehmen erschreckt worden war. Alles, was Doris den Mitarbeitern dieser Einrichtung sagen konnte, war die Telefonnummer der Analytikerin. Sie blieb eine Weile in dieser Klinik und hielt währenddessen den telefonischen Kontakt mit der Analytikerin aufrecht. Die Diagnose, die zu diesem Zeitpunkt gestellt wurde, lautete auf Schizophrenie. Als die Analytikerin sie das nächste Mal sah, erzählte Doris, sie habe an jenem Tag eine ganze Menge Hasch geschluckt und sei zu keiner Mitteilung und zu rein gar nichts imstande gewesen, habe dabei aber genau gewußt, was mit ihr los war. Am Telefon konnte sie nur immer wieder Ja sagen. Dieser beunruhigende Zwischenfall warf die Frage auf, wieweit Doris sich bereits psychotisch verhielt; andererseits konnte man die Episode auch so erklären, daß sie damit ihre sexuellen Erfahrungen und das Gefühl auslebte, über diese Dinge keine Kontrolle zu haben.

Allmählich schlossen ihre sexuellen Beziehungen auch Geschlechtsverkehr mit Penetration ein, aber das hielt sie nicht davon ab, sich weiter auf perverse Aktivitäten einzulassen. Im Grunde wiederholte sie damit wie unter einem Zwang gewisse Kindheitserlebnisse. Als Kind hatte sie ihrem nur wenig älteren Bruder sehr nahegestanden, mit dem sie immer auch gemeinsame masturbatorische Spiele und Praktiken verbanden. Ihrer Mutter warf sie vor, niemals auch nur den Versuch gemacht zu haben, diesen Dingen ein Ende zu bereiten, obwohl sie in aller Öffentlichkeit vor sich gingen. Das einzige, was ihre Mutter nicht ertragen konnte, war nach ihren Worten, daß irgend jemand ärgerlich oder zornig auf sie war. Auch Doris' Vater war anscheinend sehr verführerisch aufgetreten. Er lief nackt vor den Kindern herum, und wenn Doris zeitig am Morgen aufwachte, redete er ihr zu, in sein Bett zu kommen, drückte sie an sich und sagte, sie dürfe ihre Mutter nicht aufwecken.

Nun wiederholte Doris diese Erlebnisse zusammen mit einem Mädchen und dessen Freund, die sie beide im Krankenhaus kennengelernt hatte. Sie masturbierte das Mädchen vor den Augen des Freundes und sah den beiden beim Geschlechtsverkehr zu. Sie identifizierte sich mit den sexuellen Forderungen, die das Mädchen an sie stellte, und zog Befriedigung aus dem gleichen passiv-unkritischen Gefühl des Gewollt- und Gebrauchtwerdens, das sie auch schon bei ihren männlichen Bekanntschaften empfunden hatte. Die Analytikerin war unentwegt mit dem Versuch beschäftigt, Doris für ihre eigenen Gefühle und damit für ihren eigenen Körper hellhörig zu machen und sie so weit zu bringen, daß sie nicht so tat, als wäre sie vollkommen hilflos und ganz ohne eigene Wünsche oder Bedürfnisse. Jetzt lebte Doris ihren Wunsch aus, sich der Analytikerin in jeder Weise darzubieten, die diese vielleicht wünschen könnte.

Es läßt sich nicht mit Sicherheit sagen, ob es Doris durch eine bruchlos weitergeführte Analyse möglich geworden wäre, in engeren Kontakt zu ihrem Körper und ihren Gefühlen zu gelangen. Aber zwei Jahre nach Beginn der Analyse starb unerwartet Doris' Mutter. Zu diesem Zeitpunkt war es Doris und der Analytikerin gerade gelungen, Doris' intensives Verlangen nach der physischen Nähe der Mutter zu rekonstruieren und ihren gegenwärtigen Haß auf die Mutter und auf sich selbst in einen Zusammenhang damit zu bringen, daß sie sich wegen eines Mannes ausgeschlossen fühlte – was bedeutete, daß ihr Körper nicht die gleiche Befriedigung gewähren konnte. Nach dem Tod der Mutter mußte die Analytikerin

Doris vor allem bei der Trauerarbeit beistehen. Zu dieser Zeit schien die Analyse ihr tatsächlich zu helfen, bis zu einem gewissen Grad mit ihrer Depression und ihrem Zorn auf die Mutter fertigzuwerden, die sie für immer verlassen hatte; ja, sie fühlte sich sogar ein wenig erleichtert und in gewissem Umfang von der Bindung an die Mutter befreit.

Wiederum lief parallel zu diesen Ereignissen ein anderer Prozeß ab. Das erste Anzeichen dafür war Doris' Wunsch, während der Sitzung die Hand der Analytikerin zu halten. Ihre unbewußte Wunschvorstellung dabei war, daß die Analytikerin danach verlangen möge, ihre Hand zu halten. Sie erzählte der Analytikerin, daß sie als kleines Kind oft unter dem Tisch gesessen und heimlich die Hand ihrer Mutter gestreichelt hatte, die sich währenddessen mit anderen Erwachsenen unterhielt. Dabei hatte sie sich vorgestellt, daß ihrer Mutter in Wahrheit viel mehr an ihr, Doris, gelegen war als an diesen Leuten, mit denen sie gerade sprach. Jetzt verfolgte sie der Gedanke, daß der Körper ihrer Mutter verbrannt und die Hand nicht mehr da war und daß die Mutter sie nicht brauchte. In allen ihren Träumen fand sie sich jetzt – mit ihrer Mutter oder ohne sie – im Meer, treibend und versinkend; die Träume enthielten die ganze Sehnsucht nach der Mutter und den Wunsch, ihr nahe und physisch mit ihr vereint zu sein. In der Übertragung forderte sie, daß die Analytikerin den Verlust der Mutter in der Wirklichkeit wettmachen solle. Sie wurde immer unbeherrschter und ausgesprochen aggressiv, wenn sie sich nach der Sitzung von der Analytikerin »weggeschickt« fühlte. Einmal kam es während der Sitzung zu einer Krise, als Doris sich aufsetzte und Bewegungen vollführte, die an masturbatorische Praktiken erinnerten, und schließlich so heftig mit dem Kopf gegen die Wand schlug, daß die Analytikerin eingreifen mußte, weil sie befürchtete, Doris würde sich verletzen. (Die Mutter war an einer Gehirnblutung gestorben.) Doris sprach davon, daß sie masturbieren wolle, und als die Analytikerin sagte, sie solle versuchen, das nicht zu tun, und statt dessen lieber sagen, was ihr zu diesem Thema in den Sinn komme, wurde sie gewalttätig und geriet so außer sich, daß die Analytikerin sie festhalten und ihre Einlieferung in ein Krankenhaus veranlassen mußte.

Diese Krise, die der Analyse vorübergehend ein Ende setzte, erklärte sich wohl daraus, daß Doris es nicht vermochte, mit Hilfe des Masturbierens in ihrer Phantasie die Vereinigung mit dem Körper der Mutter zu erleben, folglich die Beherrschung verlor und sich mit Heftigkeit gegen die Analytikerin wandte, die für sie die entziehende Mutter repräsentierte, die Doris nicht länger brauchte. Die eigentliche Gefahr bestand darin, daß ihre Wut sich gegen den eigenen Körper richten würde, den sie als nutzlos empfand. Sie hatte ihre Mutter nicht daran hindern können zu sterben, und jetzt konnte nur der Tod sie wieder mit dem Körper der Mutter vereinigen.

Während ihres Krankenhausaufenthaltes stand Doris wiederum in täglichem telefonischen Kontakt mit der Analytikerin. Zudem besuchte die Analytikerin sie jede Woche, um ihr zu helfen, sich das Gefühl für die Realität ihrer augenblicklichen Erfahrungen zu bewahren. Der Analytikerin war klar, daß Doris sich dadurch, daß sie sich die Stimme der Analytikerin durch das Anwählen der entsprechenden Telefonnummer »erschuf«, auch die Vorstellung bewahren konnte, die Analytikerin zu ihrer wirklichen Mutter gemacht zu haben, und daß sie auf diese Weise nicht das Gefühl eines Verlustes als Folge ihrer Handlungen haben mußte. Die Analytikerin war daher in Sorge, wie Doris auf ihre Abwesenheit während der bevorstehenden Ferien reagieren würde. Obwohl sie entsprechend vorsorgte und das Krankenhauspersonal sich kooperativ zeigte, reichten Deutungen allein nicht aus, um mit dem Verzweiflungsausbruch fertigzuwerden, der durch die Ankündigung des bevorstehenden Urlaubs bei Doris ausgelöst wurde. Die Patientin unternahm einen ernsthaften Selbstmordversuch. Er wurde aber so rechtzeitig entdeckt, daß man ihr Leben retten konnte.

Mary

Mary* hatte eine Eßstörung und unternahm ebenso wie Doris einen Selbstmordversuch. Als stationäre Patientin einer psychiatrischen Einrichtung, in die sie im Anschluß daran eingeliefert worden war, wurde sie zur Analyse überwiesen. Sie war damals achtzehn Jahre alt. In der Klinik hielt sie sich von jedem Kontakt mit den übrigen Patienten und dem Personal fern. Mary war ein schmächtiges, schüchternes Mädchen; sie sah sehr viel jünger aus als sie war und sprach so leise, daß man sie kaum verstehen konnte. Als die Analytikerin zum ersten Mal mit ihr sprach, blieb sie die ganze Zeit über in ihrem Mantel versteckt, den sie auch sonst selten ablegte. Als sie darüber sprach, weshalb sie hatte sterben wollen, kam unter anderem heraus, daß sie ihren Körper für abscheuerregend hielt und sich seiner entsetzlich schämte. Vor ihrem Selbstmordversuch hatte sie sich nachts heimlich mit Essen vollstopfen müssen und war sich fett und abstoßend vorgekommen. Später erfuhr die Analytikerin, daß Mary, nachdem sie wegen des Selbstmordversuchs ins Krankenhaus gekommen war, zunächst das Essen verweigert und so stark abgenommen hatte, daß der Verdacht auf Magersucht aufkam. Sie selbst sagte der Analytikerin, sie müsse unbedingt dünn werden, damit sie weiterleben könne. Unbewußt hatte sie sich mit der Nahrungsverweigerung also bestätigt, daß sie sehr wohl imstande war, ihren Körper und seine Forderungen in Schach zu halten, um ihn lieben zu können. Jeder von außen kommende Hinweis, daß sie ihren Körper nicht mehr unter Kontrolle habe, weckte das Gefühl in ihr, sie sei unannehmbar und abstoßend, und damit bestand die Gefahr, daß sie entweder sich selbst oder aber dasjenige Objekt attackieren würde, das sie für den Verlust ihrer Selbstbeherrschung verantwortlich machte. In der Übertragung erschien die Analytikerin als zudringliches Objekt, das imstande war zu erreichen, daß sie die Kontrolle verlor, während sie selbst sich

---

* Zur Behandlung dieser Patientin siehe Kap. 8

verzweifelt bemühte, ihre Gefühle und Gedanken in Schach zu halten.

Zu diesem Zeitpunkt war die Analytikerin nur insoweit von Wert für Mary, als sie eine Abwehr gegenüber deren regressivem Wunsch darstellte, die Verantwortung für ihren Körper ihrer Mutter zuzuschieben, jener zudringlichen Person, gegen die ihre Heftigkeit sich richtete. Sie spannte die Analytikerin ein, um nach der Entlassung aus der Klinik nicht wieder nach Hause zurückkehren zu müssen, aber die Analytikerin durfte ihrer Mutter auf keinen Fall sagen, daß dies Marys eigener Wunsch war. In ihrer Phantasie war es Mary gelungen, ihrer Mutter das Gefühl der Nutzlosigkeit zu vermitteln, indem sie ihr gezeigt hatte, daß sie jetzt ja die Analytikerin hatte, die sich um sie kümmerte. Als Kind hatte Mary, wie sie sagte, das Gefühl gehabt, die Mutter kümmerte sich nicht genügend um ihren Körper – zum Beispiel hatte die Mutter ihr nicht häufig genug das Haar gewaschen und sie nicht häufig genug eingecremt. Mit fünfzehn Jahren hatte sie sich gesagt, daß sie die Körperpflege jetzt selbst übernehmen und diese Dinge besser machen könne als ihre Mutter. Damals hatte sie auch ausziehen wollen, um von ihrer Mutter unabhängig zu sein, aber dann hatte sie sich voller Verzweiflung gesagt, daß sie in diesem Fall ja wohl verhungern würde.

Gegenüber der Analytikerin schwankte Mary in ihrem Verhalten: Bald schuf sie sich Allmachtsphantasien und fühlte sich groß und mächtig, wenn sie die Analytikerin nicht mehr brauchte; bald wußte sie sich vor Wut nicht zu lassen, wenn diese Phantasien von der Realität eingeholt wurden. Zugleich fühlte sie sich vollkommen hilflos und abhängig von einer all-mächtigen, aber zudringlichen Mutter, der sie sich unbedingt fügen mußte, damit die eigenen Bedürfnisse erfüllt wurden. Sie wehrte sich gegen die Erkenntnis ihrer Bedürfnisse, indem sie dafür sorgte, daß ihr Körper sich »tot« anfühlte. Ihre Abhängigkeit von der Mutter kam nur in ihrem Verlangen nach Zustimmung zum Ausdruck; es war, als könne sie ihren Körper in Schach halten, nicht aber ihre Furcht vor einer Zurückweisung.

Nachdem Mary einmal mit einem Jungen ausgegangen

war, wollte sie sich nicht wieder mit ihm treffen, denn ihrer Meinung nach war ihre Mutter mit dieser Wahl nicht einverstanden gewesen, und sie, Mary, war auch über ihren Wunsch, sich küssen zu lassen, erschrocken gewesen. Sie war immer ein ganz außergewöhnlich braves und gehorsames Kind gewesen und hatte auch in der Schule die hohen Erwartungen erfüllt, die ihre Mutter in sie setzte. Es war ihr nicht klar, wie ihr älterer Bruder es anstellte, so gut ohne die Hilfe der Mutter zurechtzukommen. Die Mutter hatte sich nach Kräften bemüht, Mary zum perfekten Kind zu machen. Am Anfang konnte Mary nur in Begleitung ihrer Mutter überhaupt zu den Sitzungen erscheinen. Sie war zwar jetzt achtzehn Jahre alt, aber so wie sie gekleidet war, wirkte sie wie ein kleines Mädchen.

Im Krankenhaus versuchte sie sich mit den übrigen jungen Patienten zu identifizieren, um sich normaler vorzukommen. Patientin im Krankenhaus sein – das bedeutete, nicht länger »Mutters perfektes Kind« zu sein, ein Gedanke, der ihr Hoffnung einflößte. In dem Gefühl, sie müsse einen Freund haben, machte sie sich auf recht weltfremde Weise an einen der männlichen Patienten heran und dachte sich aus, daß sie mit ihm gehen und mit ihm zusammenleben würde. Auch versuchte sie, andere Patienten zu kopieren, um sich so zu fühlen wie diese. Sie warf Gegenstände herum oder zerbrach sie, wenn die anderen das taten; sie ging mit ihnen in ein Lebensmittelgeschäft, um dort zu stehlen, und ließ schließlich eine ihrer Mitpatientinnen zu sich ins Bett. Was hinter diesem Verhalten stand, wurde der Analytikerin aber erst viel später klar.

Ihre Beziehungen zu anderen Menschen schienen nur dann realer Art zu sein, wenn darin die Forderung enthalten war, sie vor Erfahrungen zu schützen, die in ihrer Phantasie als zudringliche Attacken auf ihren Körper erschienen. Als sie einmal zu Hause einen Besuch machte und ihre Mutter allein antraf, fühlte sie sich geradezu überwältigt von der Furcht, die Mutter wolle sie vergiften. In ihren Augen war ihre Mutter eifersüchtig auf sie und auf ihre Beziehung zu ihrem Vater. Dabei bestand die einzige Beziehung zu Männern, den

Vater eingeschlossen, die Mary sich überhaupt gestatten konnte, aus langen und intensiven »Gesprächen«, mit denen sie ihre Mutter und die Analytikerin eifersüchtig machen und ihnen das Gefühl des Ausgeschlossenseins vermitteln wollte. Ihr Körper spielte in den Beziehungen zu Männern niemals eine Rolle.

Mary war offensichtlich in einem ständigen Kampf sowohl mit ihrer Mutter als auch – in der Übertragung – mit der Analytikerin begriffen, bei dem es darum ging, die Herrschaft über ihren Körper zu gewinnen und sich nicht länger von einem Objekt abhängig zu fühlen. Nach einem Jahr der analytischen Arbeit sagte Mary, sie habe eine ganz neue Erfahrung gemacht. Sie wisse jetzt, wie es sei, wenn man Hunger habe und sich dann entschließe, etwas zu essen – anstatt zu essen, weil es zufällig Essenszeit war. Einen »toten«, bedürfnislosen Körper zu haben, war anscheinend die einzige Möglichkeit der Abwehr gegenüber ihrem Wunsch nach Einmischung ihrer Mutter oder der Analytikerin. Was den Zeitpunkt ihres Selbstmordversuchs anging, so sagte sie, es habe kein besonderer Anlaß dafür bestanden; sie habe sich damals schon zwei Jahre lang tot gefühlt – die Selbsttötung hätte also die Dinge nicht weiter verändert.

Für Mary war Selbstmord die einzige Möglichkeit zu spüren, was sie unbedingt spüren wollte – nämlich daß ihr Körper ihr gehörte und sie nach Belieben mit ihm verfahren konnte. Selbstmord war auch die einzige Möglichkeit, sich von ihrer Mutter zu lösen und nicht dem Wunsch nachzugeben, sich ihr zu fügen. (Doris dagegen sah im Selbstmord die einzige Möglichkeit, ihren Körper wieder mit dem Körper ihrer Mutter zu vereinigen und ein Teil von ihr zu bleiben.)

Später sagte Mary, sie könne über ein Problem nur dann reden, wenn sie vorher zu dem Schluß gekommen sei, daß die Analytikerin ihr dabei helfen könnte – andernfalls brauche sie gar nicht erst davon anzufangen. Darin kam ihr Wunsch zum Ausdruck, die Analytikerin zu kontrollieren, um in ihr auch weiterhin eine Person sehen zu können, die sie beschützte. Nur auf diese Weise konnte sie sich sicher fühlen und ihre Gewalttätigkeit der Analytikerin gegenüber in Schach halten. Als ihr zu Bewußtsein kam, wie zwanghaft sie der Analytikerin gewisse Gedanken verheimlichte, schrieb sie einen Brief, um eben diese Gedanken zu erklären. Darin war von Phantasien des Inhalts die Rede, daß ihr ein Mann oder sie sich selbst einen Einlauf machte. Nach ihren Worten hatten diese Phantasien mit der zwanghaft wiederkehrenden Erinnerung an einen Einlauf zu tun, den ihre Mutter ihr gemacht hatte, als sie vier Jahre alt gewesen war. Nun, nachdem sie der Analytikerin dies alles erzählt habe, müsse ja klar sein, weshalb sie ihren Körper so hasse. Die Analytikerin solle den Brief unbedingt verbrennen. Allen Versuchen, in der Sitzung über den Brief zu sprechen, begegnete Mary mit eisigem Schweigen. Schließlich wurde sie laut und meinte ärgerlich, die Analytikerin sollte inzwischen doch verstanden haben, daß sie über diese Sache nicht reden wolle und nicht reden könne.

Dieses Gefühl war so intensiv und so real, daß sie noch Monate später, als sie von einem Traum sprach, in dem ein Misthaufen vorgekommen war, sagte, es habe sie ungeheure Anstrengung gekostet, das Wort »Mist« vor der Analytikerin auszusprechen. Die Analytikerin ersah daraus, daß Mary um ihre Selbstbeherrschung fürchtete, wenn ein Thema sie in Erregung brachte. Dadurch, daß sie von Dingen, die sie möglicherweise in Erregung bringen konnten, gar nicht erst sprach, konnte sie ihren Körper weiterhin tot und von der Analytikerin losgelöst halten. Die bewußte Phantasie, daß ihr ein Mann oder sie sich selbst einen Einlauf machte, enthielt die Abwehr gegenüber dem Wunsch, ihren Körper der Mutter oder einer anderen Frau zu geben.

Tatsächlich hatte sie ihren Körper so vollständig unter Kontrolle wie ihre Gedanken und Gefühle. Die meiste Zeit über gab sie sich steif, unbewegt und schweigsam. Wenn sie sehr verspannt war, kam es vor, daß sie sich zu Beginn der Sitzung ruhelos zeigte und deutlich erkennen ließ, daß es sie im Grunde dringend danach verlangte zu reden; aber sie hatte sich rasch wieder in der Gewalt und verfiel dann in eine so totale Reglosigkeit, als wäre sie tot. Manchmal war es geradezu unheimlich, zu hören und zu sehen, wie sie eilig die

Stufen zum Haus der Analytikerin hinaufrannte, überzeitig zur Sitzung erschien, so als könne sie es gar nicht erwarten, der Analytikerin etwas zu erzählen, sich ein paar Augenblicke lang ruhelos bewegte und dann in ein Schweigen verfiel, das die ganze Stunde über anhielt. Daß es ihr dringend darum zu tun war, sich in der Gewalt zu haben, kam nicht nur in ihrem Schweigen und ihrer starren Haltung während der Sitzung zum Ausdruck; es zeigte sich manchmal auch darin, daß sie gar nicht erst erschien.

Gleich nach ihrer Entlassung aus dem Krankenhaus lernte Mary in dem Wohnheim, in das sie gezogen war, einen Jungen kennen. Sie blieb bis tief in die Nacht hinein auf, um sich mit ihm zu unterhalten, aber sie konnte der Analytikerin nur sagen, wie viele Stunden sie mit ihm verbracht hatte, nicht aber, was sie gesagt oder getan hatten. Nach außen hin erschien sie zunehmend gestört, und weder am Arbeitsplatz noch im Wohnheim kam sie zurecht, aber sie wahrte weiterhin hartnäckiges Schweigen bezüglich dessen, was vorging. Es war klar, daß sie sich zunehmend vor der Analytikerin fürchtete, je heftiger sie sich an ihr Geheimnis klammerte. Da sie sich der Analytikerin gegenüber trotzig-herausfordernd zeigte und diese in ihrer Phantasie als »Vergewaltigerin« erschien, fürchtete Mary sich am Ende so sehr vor ihr, daß sie es nicht fertigbrachte, weiter zu den Sitzungen zu kommen, sondern den ganzen Tag im Heim bleiben und sich den Hauseltern an die Fersen heften mußte. Nachts konnte man sie nicht alleine lassen. Schließlich mußte die Analytikerin dafür sorgen, daß sie wieder ins Krankenhaus überwiesen wurde, wo sie einige Monate blieb.

In der nun folgenden Phase der Analyse gelang es Mary, sich bis zu einem gewissen Grade aus der Abhängigkeit von der Analytikerin zu lösen, und parallel dazu lebte sie nun die Phantasie aus, die Analytikerin vollständig dominieren und kontrollieren zu können: Sie blieb wiederholt weg, ohne vorher oder auch nachher mitzuteilen, warum sie das tat. Keine Deutung konnte der offensichtlichen Genugtuung Abbruch tun, die ihr das Gefühl bereitete, daß sie sich die Analytikerin jederzeit verfügbar machen konnte und sich nicht sagen mußte, die Analytikerin habe sie, Mary, in der Hand. Sie ignorierte alle Äußerungen der Analytikerin über ihr Verhalten und benahm sich, als sei ihr absolut nicht klar, daß auch die Analytikerin vielleicht Gefühle haben könnte. Vorher hatte sie während der Analyse häufig ganz verzweifelt gesagt: »Aber Sie müssen doch etwas bei dem empfinden, was ich Ihnen erzähle. Deshalb kann ich es nicht wagen zu reden.« Jetzt überließ sie sich ganz und gar der Wunschvorstellung, die Gefühle der Analytikerin würden sich in keiner Weise auf ihr Verhalten auswirken; das heißt, sie wollte der Analytikerin und auch sich selbst beweisen, daß sie auf deren Zustimmung nicht länger angewiesen war. Es war klar, daß sie die alte Situation mit ihrer Mutter jetzt umgekehrt hatte. Jetzt konnte sie jene Genugtuung empfinden, die ihre Mutter aus der Machtstellung über sie, die Tochter, bezogen hatte.

Marys Ansprüche an die Analytikerin waren zwar weniger offenkundig als die Ansprüche, die Doris gestellt hatte; sie waren aber keineswegs weniger intensiv. Die Analytikerin wurde dafür bezahlt, daß sie keine eigenen Gefühle oder Ansichten hatte; sie durfte dasitzen und sich langweilen, wenn Mary nichts zu sagen hatte oder gar nicht erschien. Und wenn sie doch kam, dann nahm nun auch ihr Schweigen während der Sitzung eine neue Qualität an: Sie erschien zwar, aber dann schlief sie während des größten Teils der Stunde. Die Analytikerin hatte sich ruhig und schweigsam zu verhalten. Wenn sie den Versuch machte, über diese Dinge zu sprechen, wischte Mary alle Deutungen vom Tisch und sagte, sie sei ganz einfach müde. Zunächst sah es so aus, als sei dieses Verhalten ihre Art der defensiven Kontrolle über die Analytikerin; mit der Zeit aber stellte sich immer deutlicher heraus, daß sie, die in der Haltung eines Fötus dalag und schlief, das Gefühl des völligen Einsseins mit der Analytikerin zunehmend genoß. Die Analytikerin stand immer zur Verfügung, wenn Mary mit ihr sprechen wollte, und alle Gefühle, die, angeregt von äußeren Stimuli – aus ihrem eigenen oder aus dem Lebenskreis der Analytikerin – in ihr auftauchten und ihrer Meinung nach das vollständige Einssein mit der Analytikerin bedrohten, waren jetzt durch den Schlaf unter ihrer

Kontrolle. Weder in ihr selbst noch in der Analytikerin durften als Folge ihres Gesprächs irgendwelche Gefühle aufkommen; dafür konnte sie sich aber jetzt des Einsseins mit der Analytikerin – dank ihrer beider »toten« Körper – sicher sein.

Auf die Unterbrechung durch die Ferienzeit reagierte Mary ganz anders als Doris – nicht mit unbeherrschten Ausbrüchen und dem Wunsch nach physischer Nähe, sondern mit Depression und Erkrankung. Als die Analytikerin die Krankheit als Marys Wunsch nach physischer Betreuung durch sie, die Analytikerin, interpretierte, sagte Mary, sie könne das Getue um ihre Krankheit nicht ausstehen und wolle ganz einfach ihre Ruhe haben. Tatsächlich betrachtete sie Krankheit als gleichbedeutend damit, daß sie ihren Körper nicht in der Gewalt hatte, und als etwas, das diesen Körper für das Objekt möglicherweise unannehmbar und abstoßend machen könnte. Als Kind hatte sie mehrfach unter dem Alptraum gelitten, ihr Körper sei mit Geschwüren übersät, und sich in diesem Zusammenhang als »unberührbar« und »aussätzig« bezeichnet.

Ihre Beziehungen außerhalb der Analyse waren anfangs sehr wenig real. Sie überließ sich intensiven Gefühlen für einen Jungen, den sie einmal in der Bahn gesehen hatte und den sie sich zum Phantasie-Objekt nehmen konnte, während die Jungen, mit denen sie ausging, ihr nichts bedeuteten. Im Rahmen solcher realer Beziehungen schrak sie davor zurück, sich berühren zu lassen; sie sah darin so etwas wie ein Eindringen in ihren Körper, was zur Folge haben konnte, daß sie ihre Aggression nicht mehr zu zügeln vermochte. Sie fürchtete, sie würde einen Jungen, der ihr Zimmer unangemeldet beträte, angreifen und ihm einen Tritt verpassen, und sie meinte auch, sie würde die Beherrschung verlieren und um sich treten, wenn jemand in einer Menge sie etwa anrempeln würde. In ihren Träumen kam es vor, daß sie das Glied eines Mannes zerbrach. Allerdings nahm sie alle diese Gefühle ohne wirkliche Angst hin und erklärte nur, sie habe es nach den Erzählungen anderer schon als ganz kleines Kind nicht ausstehen können, von Fremden angefaßt zu werden; das hatte die Phantasie von der ganz einmaligen Beziehung, die sie mit ihrer Mutter verband, wohl noch verstärkt.

Mary war unglücklich und unruhig, wenn sie keinen Freund hatte. Zur Erklärung sagte sie, sie habe zwar nichts dagegen, allein zu sein, aber sie habe etwas dagegen, allein auszugehen und allein gesehen zu werden. Aber dann war sie wieder besorgt bei dem Gedanken, daß die Leute vielleicht eher nach dem Jungen als nach ihr sehen könnten. Das heißt, Befriedigung über ihren Körper konnte sie nur dadurch erlangen, daß man sie ansah, nicht dadurch, daß man sie anfaßte. Das Gleiche brachte sie auch zum Ausdruck, als sie sagte, sie wolle niemals Kinder haben, weil Kinder zu anspruchsvoll seien und ihrerseits nichts zu geben hätten. Aber dann fügte sie hinzu: »Außer wenn es ein hübsches Baby ist.«

Daß ihre Beziehungen zu Jungen nicht-sexueller Art bleiben mußten, hing, wie ihr bewußt war, mit ihrer Furcht zusammen, ihre Jungfräulichkeit zu verlieren. Ihrem Gefühl nach war das einzig Gute, was sie einem Mann anzubieten hatte, eben der Umstand, daß sie Jungfrau war. Sie mußte sich ihre Jungfräulichkeit erhalten, um einen Mann zu finden, der es »verdienen« würde, sie zu besitzen. Bei alldem aber hatte sie ständig das Gefühl, sie müsse nach Möglichkeit Beziehungen zu Männern unterhalten, um nur ja nicht als abnorm angesehen zu werden. Sie lud einen Mann, den sie zufällig kennengelernt hatte, abends zu sich ein; als er dann versuchte, sich ihr zu nähern, wimmelte sie ihn ab. Zur nächsten Sitzung erschien sie in einem manischen Zustand, voller Triumph, weil sie nun den Beweis erbracht hatte, daß sie den Vergewaltigungsversuchen eines Mannes widerstehen konnte.

In dem Maße, in dem Mary ihren Körper allmählich als etwas Lebendiges empfand, fühlte sie – wie Doris – den Zwang, ihn in ihre Objektbeziehung einzubringen, aber sie tat dies, um sich selbst zu bestätigen, daß sie noch immer die uneingeschränkte Kontrolle über ihren eigenen wie auch über den Körper der anderen Person hatte. In der Übertragung konnte sie sich das Gefühl, daß sie die Analytikerin brauchte, erst nach einer langen Periode des trotzigen Wegbleibens und im Anschluß an die telefonische Mitteilung gestatten, sie habe beschlossen, mit der Analyse aufzuhören. Sie sagte, sie habe erst einmal das Gefühl haben müssen, die Analyse tatsächlich »verloren« zu haben, bevor sie sich erlauben konnte zu spüren, wie sehr sie sie brauchte. Offensichtlich konnte sie sich nur dann in aller Ruhe einem Gefühl überlassen, wenn sie allein war und nicht Gefahr lief, zurückgewiesen zu werden. Doris dagegen geriet in Panik, wenn sie mit ihrem Körper und den Gefühlen, die er auslöste, alleingelassen wurde. Als sie einmal Magenschmerzen hatte, war es ihr nicht möglich, die Analytikerin weggehen zu lassen; sie hielt sie fest, als diese gehen wollte. Doris betrachtete ihren Körper – anders als Mary – als etwas, vermittels dessen sie sich mit dem Objekt vereint fühlen konnte; Mary dagegen konnte ihren Körper nur als etwas potentiell Bedrohliches ansehen – das heißt als etwas, das ihr Zurückweisung eintragen konnte – und es nur wagen, ihn in eine Beziehung »einzubringen«, wenn er »tot« und damit ganz und gar unter Kontrolle war (Bak 1939; Freud 1917).

Sowohl Doris als auch Mary waren insoweit regrediert, als sie ihre libidinösen Wünsche auf einer oralen Ebene zum Ausdruck brachten; aber dennoch bestand ein wichtiger Unterschied. Doris brachte mit all ihrer Unbeherrschtheit und Impulsivität nicht nur eine orale Anspruchshaltung und eine orale Gier zum Ausdruck, sondern auch den Wunsch, eine frühere Form der intensiven Befriedigung zu wiederholen. Sogar ihr erstes sexuelles Erlebnis war der unbewußte Versuch, die Brust der Mutter wiederzugewinnen und die Existenz des Penis zu leugnen. Dazu paßte, daß ihr Zorn immer mit dem Gefühl der Frustration angesichts der mangelnden Befriedigung in ihrem augenblicklichen Leben zu tun hatte und sie sich in solchen Fällen dann immer bemühte, sich die alten Formen der Befriedigung auf der autoerotischen Ebene von neuem zu erschaffen – also ohne den Rückgriff auf das Objekt (Freud 1914; Kernberg 1980; Klein 1958). Das heißt also, ihr Selbstmordversuch war zwar eine Attacke gegen die Analytikerin, die sie verlassen wollte, aber zugleich auch der Versuch, die Realität zu leugnen in dem Gefühl, daß sie die ersehnte, tief befriedigende Beziehung zur Analytikerin durch eigene Aktivität erlangen konnte.

Im Gegensatz dazu versagte Mary sich ununterbrochen alle lustvollen Erlebnisse, so als wollte sie vermeiden, daß sich eine frühere schmerzliche Versagungserfahrung noch einmal wiederholte. Ihr zwanghaftes Essen vor dem Selbstmordversuch zeigte, daß sie sich selbst haßte, weil sie ihre Bedürfnisse nicht mehr zu steuern vermochte, und bestätigte zugleich, daß sie sich keine Hoffnungen machte, noch jemals in ihrem Leben Befriedigung zu finden. Auf der unbewußten Ebene konnte sie nur weitere schmerzliche Versagungen und Enttäuschungen erwarten. Sie fühlte sich ständig bedroht von ihrer überschäumenden Aggression und ihren Haßgefühlen, die sie nur durch Schweigen und Unbeweglichkeit in Schach halten konnte. In ihrer Aggression zeigte sich auch der Wunsch, die Analytikerin auszuhungern und vor den Kopf zu stoßen, um so Rache für die eigene Frustration zu nehmen. Es war, als könne sie die einzige ihr zugängliche Befriedigung in der Umwandlung ihrer passiven Erfahrung in eine aktive sehen. Im Gefolge der Bemühungen der Analytikerin, ihr klarzumachen, daß sie sich ja selbst der Erleichterung begab, die sie aus der analytischen Arbeit beziehen konnte, vermochte Mary ganz allmählich dann doch mit leiser Hoffnung in die Zukunft zu blicken (Blos 1972; Ferenczi 1911). All das läßt vermuten, daß sie als kleines Kind in bezug auf ihre körperlichen Bedürfnisse tatsächlich mehr schmerzliche Enttäuschungen erlebt als befriedigende Erfahrungen gemacht hatte; als Heranwachsende war sie dann ganz folgerichtig nicht imstande, den Haß zu ertragen, der sie überkam, wenn sie sah, was andere erreicht hatten und was sie nicht hoffen konnte, mit ihrem sexuellen Körper je zu erreichen. Sie konnte nur immer die Phantasie wiederholen, daß ihre Mutter alle Befriedigung bekam, während sie gar keine hatte; der Selbstmord war also die einzige Möglichkeit, der Mutter Befriedigung zu entziehen.

Im äußeren Verhalten dieser beiden Patientinnen gab es zwar viele Gemeinsamkeiten; aber die unterschiedliche Bedeutung, die dahinterstand, weist auf eine unterschiedliche

Entwicklung. Wir möchten daraus den Schluß ziehen, daß ein Jugendlicher, der nach seinem Verhalten in die Kategorie der Borderline-Fälle gehört, auf das mit dem Wandel des Körperbildes einhergehende Verlustgefühl mit dem zwanghaften Versuch reagiert, eine frühere, höchst befriedigende physische Beziehung – die Beziehung zum ursprünglichen Objekt – sozusagen neu aufzulegen. Er ist damit ständig in Gefahr, die Beherrschung zu verlieren und seine Aggression gegen das neue Objekt zu richten, sobald die aktuelle Erfahrung die phantasierte Erfahrung nicht einlöst (Jacobson 1971; Ritvo 1981).

Dagegen weist das Verhalten des anderen Typs – das insgesamt an eine narzißtische Persönlichkeitsstörung denken läßt – auf das Bedürfnis, sich vor libidinöser Enttäuschung und Versagung zu schützen, und zugleich auf die Unfähigkeit, sich in Reaktion auf die Pubertät zu verändern. Hinter der Aggression, von der solche Jugendliche fürchten, daß sie sie nicht in Schach halten können, steht der Wunsch nach Vergeltung für den Mangel an Befriedigung und die schmerzhafte innere Leere. Ohne alle Hoffnung, nach den Veränderungen der Pubertät zur libidinösen Befriedigung durch die Beziehung zu einem neuen Objekt gelangen zu können, sind sie darauf angewiesen, sich eine Haltung des narzißtischen Sich-Selbst-Genügens aufzubauen. Die einzige Möglichkeit der narzißtischen Besetzung liegt für diese Jugendlichen in der vollständigen Unterordnung unter die Forderungen des Überich (Erlich 1978; Rosenfeld 1964; Katan 1954).

Wir können diese Überlegungen auch zu Spekulationen über die Genese eines anderen typischen Merkmals der Borderline-Pathologie heranziehen – des Umstandes, daß der Patient zu irgendeiner Form der sublimatorischen Betätigung nicht imstande ist. Im Einklang mit den soeben vorgetragenen Überlegungen könnte man darin eine Zurückweisung jeder Art von Aktivität sehen, die sich nicht durch die unbewußt ersehnte Intensität lustvoller Körpererlebnisse auszeichnet. Um dieses Fazit in einen strukturellen Zusammenhang zu bringen: Das Resultat ist unserer Meinung nach im Fall des Borderline-Patienten eine besonders intensive libidinöse Besetzung des Körperbildes und folgerichtig die Erfahrung des Verlustes beim Eintritt der Pubertät. Im Fall des Patienten mit der narzißtischen Persönlichkeitsstörung sehen wir das Resultat dagegen gerade in dem Umstand, daß es an einer frühen befriedigenden libidinösen Besetzung des Körperbildes fehlt und es in der Folge zu dem defensiv gemeinten Versuch der Kompensation dadurch kommt, daß das Überich vorzeitig als Ersatzquelle der Befriedigung herangezogen wird; daß der betreffende Mensch auf Sublimationen angewiesen ist, um zur Befriedigung zu gelangen; und daß ihm sehr daran gelegen ist, nun seinerseits die Rolle des deprivierenden Objekts einzunehmen, um so nach Möglichkeit die frühen Frustrationen ungeschehen zu machen, die unbewußt mit Passivität assoziiert waren.

8 Der Selbstmordversuch in der Adoleszenz: Eine psychotische Episode

Ein Selbstmordversuch – Ergebnis des bewußten Vorsatzes, sich umzubringen – ist vor der Pubertät selten; doch vom Pubertätsalter an wird er im Leben des ernstlich gestörten Menschen zu einer realen Möglichkeit. Viele Jugendliche, die von Selbstmordabsichten sprechen, sagen, daß ihnen dieser Gedanke zum ersten Mal gekommen sei, als sie vierzehn oder fünfzehn Jahre alt waren. Daß er schon in der Kindheit auftauchte, wird dagegen selten berichtet. Mit dem ganz spezifisch durch den Eintritt der Pubertät determinierten Selbstmordversuch muß sich eine eigene Bedeutung verbinden. Eine Handlung, die in der bewußten Überlegung ausgeführt wird, daß sie mit dem eigenen Tod endet, verlangt nach einer anderen Betrachtung als andere Formen der Selbstverletzung. Viele der manifesten Störungen, die im Jugendalter auftreten – Anorexie, Aufschneiden der Pulsadern, zwanghaftes Sich-in-Gefahr-Begeben, Drogenkonsum –, sind potentiell lebensgefährlich, aber keine dieser Verhaltensweisen ist von einem bewußten Todeswunsch getragen; sie können daher für die Persönlichkeitsentwicklung des Jugendlichen nicht die gleiche Bedeutung haben wie ein Selbstmordversuch. Jeder Selbstmordversuch, und sei er noch so »läppisch«, weist auf den zeitweiligen Verlust der Fähigkeit, den Kontakt zur äußeren Realität aufrechtzuerhalten, und muß als akute psychotische Episode betrachtet werden. Für wie »gesund« der Jugendliche sich zum Zeitpunkt des Versuchs auch immer halten mag – der Vorstellung von seinem eigenen Tod haftet keine objektive Realität an. Die Handlung steht vielmehr ganz und gar unter dem Einfluß einer Phantasie, die jeden bewußten Gedanken an die Realität seines Todes ausschließt.

Zu dem Zeitpunkt, da der Jugendliche beschließt, sich umzubringen, ist sein Körper nicht mehr Teil seiner selbst. Der Körper ist vielmehr jetzt das Objekt, das alle seine Gefühle und Phantasien zum Ausdruck bringen kann. Der Gedanke der Schuld hat in diesem Augenblick überhaupt keine Bedeutung. Im Gegensatz dazu kann der Jugendliche, der sich (nur) eine Verletzung zufügt, den Kontakt mit der objektiven Realität seines Körpers wahren – er sieht, was er angerichtet hat, oder er empfindet einen körperlichen Schmerz und möchte sich mit seiner Erfahrung einem außenstehenden Beobachter mitteilen.

Der Jugendliche, der die Absicht hat, sich umzubringen, steht in einer besonderen Beziehung zu seinem Körper: Seine Fähigkeit oder Bereitschaft, diesen Körper vor einer von außen kommenden physischen Gefahr oder vor seinen eigenen Haßgefühlen und Angriffsgelüsten zu schützen, ist erheblich beeinträchtigt. Er identifiziert ihn nämlich inzwischen ganz und gar mit dem phantasierten Angreifer, der jetzt zum Schweigen gebracht werden muß.

Selbstmordversuch und Entwicklungskrise

Das Pubertätsalter ruft in der Regel die Inzestbarriere zwischen Kind und Eltern auf den Plan. Der Jugendliche muß sich jetzt unabhängig von seinen Eltern um Möglichkeiten der Befriedigung seiner sexuellen und narzißtischen Bedürfnisse bemühen. Wenn er aber – aus welchen in seiner Lebensgeschichte liegenden Gründen auch immer – nicht imstande ist, Beziehungen einzugehen, und damit die Hoffnung schwinden sieht, seine Ängste und Spannungen am Ende doch irgendwie bewältigen zu können, dann wird er die Quelle seiner Angst und seines Hasses nur zu leicht in seinem zur physischen Reife gelangten, das heißt in seinem sexuellen Körper erblicken.

Wir betrachten jeden Fall eines Selbstmordversuchs in der Adoleszenz als Zeichen für eine akute Krise im Prozeß der Begründung einer stabilen sexuellen Identität. In der Entwicklung ist ein toter Punkt erreicht: Der Prozeß ist zum Stillstand gekommen, und der Jugendliche spürt, daß es jetzt keine Möglichkeit der kontinuierlichen Weiterentwicklung hin zum Erwachsenenalter, aber auch keine Möglichkeit der regressiven Bewegung zurück in die Abhängigkeit von den ödipalen Objekten mehr gibt. In vielen Fällen geht dem Selbstmordversuch ein Ereignis unmittelbar voraus, das für das Scheitern des Versuchs steht, sich aus der Abhängigkeit von den Eltern zu befreien.

Bei einigen von uns untersuchten Patienten gehörte die Furcht vor dem Versagen bei einer wichtigen Prüfung oder die Unentschlossenheit bezüglich der Frage, ob sie von zu Hause weggehen und ein College besuchen sollten, zur Gesamtheit der äußeren Umstände, die schließlich den Selbstmordversuch auslösten.* Bei anderen Patienten hatte das Mißlingen des Schrittes in die Unabhängigkeit unmittelbar damit zu tun, daß sie mit einer heterosexuellen Beziehung nicht zurechtgekommen waren: In dieser Situation sah der Jugendliche keine Möglichkeit, sich aus der Abhängigkeit von den Eltern – soweit es die sexuelle Befriedigung anging – und von der unbewußten Angst zu befreien, die aus der inzestuösen Bedeutung seiner Wünsche herrührte. Im einen wie im anderen Fall fand der Jugendliche sich in einem unerträglichen Konflikt gefangen und sah nirgendwo eine Möglichkeit, diesen Konflikt *aktiv* zu lösen. Allerdings schien der Konflikt für die männlichen Patienten anders auszusehen als für die weiblichen. Der männliche Jugendliche war der Meinung, er müsse sich passiv dem Vater unterordnen, wobei er in dieser Unterordnung unbewußt auch ein Mittel der Selbstbeherrschung sah; bei dem jungen Mädchen dagegen erzeugte der erschreckende Gedanke, sich erneut in die Abhängigkeit von der Mutter gezwungen zu sehen, intensive feindselige Empfindungen und zugleich die Furcht, die Beherrschung zu verlieren und der Mutter gegenüber gewalttätig zu werden.

---

* Die entsprechende Studie, die sich auf Daten aus der psychoanalytischen Behandlung stützt, entstand im *Centre for Research into Adolescent Breakdown* in London.

Daß allen untersuchten Jugendlichen dringend an einem Ausweg aus dieser passiven Unterordnung gelegen war, zeigte sich darin, daß sie sich sämtlich um Hilfe an eine außerhalb der Familie stehende Person wandten. Unbewußt hatten sie die Hoffnung allerdings schon aufgegeben – sie glaubten nämlich, niemand werde ihnen helfen können, das Gefühl des Versagens loszuwerden, wenn sie ihr jetziges Verhalten nicht änderten –, und in ihren eigenen Augen waren sie nun einmal Figuren, die niemand wollte und brauchte. Ihre Körper repräsentierten und bargen ihre abnormen sexuellen Gedanken und Wünsche. Wieviel Hilfe oder Zuspruch die Person, die sie deshalb aufsuchten, ihnen auch zu geben versuchte – es reichte nicht, ihnen das Gefühl der Schlechtigkeit und der sexuellen Abnormität zu nehmen. Alle Bemühungen um Hilfe und Zuspruch endeten damit, daß der Jugendliche sich in der Überzeugung bestätigt sah, daß niemand ihm helfen und daß er das Gefühl der Hilflosigkeit nur durch eigenes Tun abschütteln könne. Der Angriff auf den eigenen Körper war ihm eine Erleichterung, denn er gab ihm das Gefühl, daß er doch irgend etwas tun konnte. Manche dieser Jugendlichen sprachen davon, daß sie sich »nach Ruhe und nach dem Nichts« gesehnt hatten, um so die schmerzliche Spannung loszuwerden, in der sie sich befanden. In ihrem Suizidversuch kam, ihnen selbst unbewußt, auch der Haß auf ihren reifen sexuellen Körper zum Ausdruck.

Anzeichen der Gefahr

Die Erfahrungen, die wir bei der Behandlung Jugendlicher gewonnen haben, die einen ernsthaften Selbstmordversuch hinter sich hatten, erleichtern uns die weitere diagnostische Arbeit und die Beantwortung der Frage, ob das Leben eines Jugendlichen unmittelbar bedroht ist. Ganz akute Gefahr besteht wohl in den Fällen, in denen die äußere Situation auf Stillstand deutet und kein bewußtes Schuldgefühl mit der Überlegung verbunden ist, was wohl die Eltern oder der Analytiker sagen würden, wenn der Jugendliche tot wäre: Die alte Furcht, im Stich gelassen oder zurückgewiesen zu werden, hat sich hier in die Überzeugung des Jugendlichen verkehrt, daß man ihn ja nie gewollt und nie geliebt hat und daß seine Eltern bzw. der Analytiker erleichtert sein würden, wenn er tot wäre. Es scheint, als habe ein solcher Jugendlicher bereits alle Personen und alles Gute in sich selbst zerstört.

Eine ernsthafte Gefahr kann bestehen, wenn der Jugendliche den Kampf erkennbar aufgegeben hat, wenn er sich zum Beispiel nicht mehr darum bemüht, Beziehungen einzugehen, sondern sozusagen Augenzeuge seiner fortdauernden Abhängigkeit von seinen Eltern bleibt und dabei nicht verhindern kann, daß seine körperliche Entwicklung in Richtung des Erwachsenseins fortschreitet. Ein »wichtiger« Geburtstag, der 18. oder der 21. zum Beispiel, kann dann zum äußeren Anlaß für einen Selbstmordversuch werden: Unbewußt richtet der Jugendliche seine Haßgefühle und seine Attacken gegen den eigenen Körper, in dem er etwas sieht, das ihn der Beschämung aussetzt, die er über sich selbst empfindet.

Solche Jugendliche lassen vielleicht zum ersten Mal erkennen, daß sie in Gefahr sind, wenn sie den Impuls, einen Elternteil zu attackieren, kaum mehr zurückhalten können. Frank zum Beispiel wurde mit 19 Jahren ständig von Phantasien erschreckt, in denen er auf seinen Vater losging. Am Arbeitsplatz war es ihm einfach nicht möglich, sich mit einem Mädchen zu unterhalten, weil er fürchtete, sich als unmännlich und kindisch zu erweisen. Es kam vor, daß er tatsächlich nahe daran war, sich seinem Vater gegenüber gewalttätig zu zeigen; das war immer dann der Fall, wenn es ihn im Grunde nach der Gesellschaft des Vaters verlangte, er den Vater dann aber wie unter Zwang zu einer Unmutsäußerung veranlaßte, indem er sich hilflos-anhänglich gab. Frank meinte dem Vater mit seinem Wunsch, ihn zu attackieren, zeigen zu können, daß er ihn jetzt beherrschen konnte und sich ihm nicht zu unterwerfen brauchte. Die Erkenntnis, daß er drauf und dran war zuzugeben, daß er seinen Vater töten könnte, ließ in Frank das Gefühl entstehen, er müsse sich selbst töten. Nur durch diesen Schritt, so dachte er, könnte er seine potentiell mörderische Wut in Schach halten. Wenn er sich selbst tötete, dann könnte man das auch so verstehen, als tötete er seinen Körper, der die Wünsche und Phantasien enthielt, die, einmal in sein Bewußtsein hereingelassen, Frank mit seinem sexuellen Interesse an seinem Vater konfrontieren würden. Für einen solchen Jugendlichen kann schon eine banale physische Erkrankung eines Elternteils der Anlaß zu einem Selbstmordversuch sein.

Der Jugendliche, der als Versager erscheint oder der es aufgegeben hat, sich von seinen Eltern als den Objekten seiner libidinösen Bedürfnisse und Wünsche abzusetzen, ist für Selbstmordgedanken empfänglich. Der akut gefährdete Jugendliche dagegen erlebt seinen Körper als ein Gefängnis, aus dem er entkommen muß – als etwas, das beherrscht und unterworfen werden muß. Deshalb ist ein Jugendlicher, der sich von einer Person des gleichen Geschlechts erregt fühlt oder der den Drang zum Masturbieren empfindet, obwohl ihm das als falsch oder abnorm erscheint, unter Umständen in Gefahr. Die Gefahr besteht zum Teil in seiner Überzeugung, daß es aus seiner Abnormität keinen Ausweg gibt, oder daß er sein Leben und seine Gedanken nicht länger in der Gewalt hat. Mehrere Jugendliche, die einen Selbstmordversuch hinter sich hatten, sprachen davon, daß sie sich ruhig und erleichtert gefühlt hatten, nachdem sie die Tabletten geschluckt hatten; erst als sich die Wirkung der Tabletten bemerkbar machte, bekamen sie Angst und baten um Hilfe. Die Ruhe und Erleichterung können auch ein Zeichen dafür sein, daß das hartnäckige Schuldgefühl und der Selbsthaß durch den Entschluß zu sterben hinweggefegt worden sind.

Dieser Zustand der Depersonalisation zur Zeit des Selbstmordversuchs mag auch erklären, warum so viele Jugendliche sich und uns nur zu gerne versichern, daß das Ganze ja nur ein alberner Impuls gewesen sei, den sie nicht wiederholen wollen. Unsere therapeutische Erfahrung hat uns allerdings gelehrt, daß die Gewißheit, ihre Selbstmordgedanken in die Tat umsetzen zu können, eine heimliche Kraftquelle für sie wurde. In ihren Phantasien sahen sie sich im Besitz einer Geheimwaffe, die ihnen das Weiterleben ermöglichte, weil sie immer zur Hand war und sich dazu einsetzen ließ, quälenden Gefühlen aus dem Weg zu gehen. Wir legen in Diagnose und Behandlung großen Wert darauf, die Realität der potentiellen Gefahr des Selbstmords im Vordergrund zu halten. Das ist die einzige Schutzvorrichtung, die uns für Diagnose oder Behandlung zu Gebote steht. Beide, der Jugendliche wie der Analytiker, müssen sich darüber im klaren sein, daß für den Jugendlichen Lebensgefahr besteht; wenn das nicht ganz klar ist, besteht beständig die weitere Gefahr, daß der Analytiker mit der verborgengehaltenen Allmachtsphantasie des Jugendlichen von seinem Suizid in heimlichem Einverständnis ist. Genauso wichtig ist natürlich, daß der Jugendliche weiß, daß der Analytiker ihn nicht daran hindern kann, sich umzubringen, selbst wenn dieser sich der Gefahr bewußt ist.

Fragen der Behandlung

Gewisse Gefahrenzeichen, die während der Behandlung des Jugendlichen auftauchen, der einen Selbstmordversuch hinter sich hat, lassen sich zur Einschätzung des Risikos eines weiteren solchen Versuchs oder der Möglichkeit einer vorzeitigen Beendigung der Behandlung heranziehen. Wir wissen inzwischen, daß solche Jugendliche jede Trennung vom Analytiker, auch wenn es sich um das Wochenende oder den Urlaub handelt, nur zu leicht so auffassen, als seien sie im Stich gelassen worden, und dieses Gefühl verstärkt noch die Überzeugung von ihrer Wertlosigkeit und erhöht ihren Selbsthaß. Solange der Jugendliche regelmäßig vom Analytiker empfangen wurde, konnte er mit seinem Selbsthaß, seiner Verzweiflung und dem Gefühl, es werde sich niemals etwas ändern, eher fertigwerden und besser verstehen, was diese Gefühle bedeuteten und an welchem Punkt in seinem Leben sie aufgetaucht waren. Sobald die Ferienzeit heranrückt, kommen dann die Todes- oder Selbstmordgedanken wieder. Wenn er den Zorn versteht, der in ihm aufsteigt, weil er sich verlassen fühlt, kann der Jugendliche die Unterbrechungen der Behandlung während der Ferienzeit und an den Wochenenden besser verkraften und muß diesen Zorn nicht durch eine Attacke auf den eigenen Körper zum Ausdruck bringen. Wir konnten auch feststellen, daß manche Jugendliche in der Ferienpause psychosomatische Beschwerden entwickelten und wieder andere vorübergehende sexuelle Beziehungen eingingen, die ihren Sinn für sie verloren, sobald der Analytiker wieder da war. Diese Beobachtung bestätigte unsere ursprüngliche Annahme, daß die Fähigkeit dieser Jugendlichen, fürsorglich-liebevoll mit dem eigenen Körper umzugehen, in gewissem Umfang beeinträchtigt ist. Das Verlassenwordensein erschien ihnen als physisches Verlassensein, das sich, wenn es nicht dadurch ungeschehen gemacht werden konnte, daß ein Partner gefunden wurde, ein psychosomatisches Ventil schuf.

Alle Jugendlichen, die wir im Rahmen der analytischen Behandlung beobachteten, waren von der Furcht umgetrieben, ihre sexuelle Entwicklung könne einen abnormen Verlauf nehmen; in manchen Fällen war diese Furcht schon zur Gewißheit geworden. Ihrer Meinung nach trug ihr Körper die Schuld daran, daß die Zukunft keine Glücksaussichten für sie bereithielt, sei es im physisch-sexuellen Sinn, sei es im Blick auf ihre Selbstachtung oder ihren Narzißmus. Sie hatten das Gefühl, daß sie unfähig waren, normale Beziehungen einzugehen, und vermochten sich oft auch nicht vorzustellen, daß sie irgendwann einmal Eltern sein würden. Sie hatten keinerlei Hoffnung. Nicht nur hatten sie unbewußt die Hoffnung aufgegeben, sie waren auch gepeinigt vom Haß auf das, was sie an sich selbst wahrnehmen mußten – ein Gefühl, das noch dadurch genährt wurde, daß sie sich ausgerechnet bei solchen sexuellen und aggressiven Gefühlen und Gedanken ertappten, die ihnen selbst als ein Zeichen dafür erschienen, daß sie abnorm oder nicht liebenswert seien. Ihrer Meinung nach verdienten sie es, bestraft zu werden.

Dadurch, daß sie diese Gefühle in ihrem Körper »lokalisierten«, konnte ihnen der Tod dann sowohl als die phantasierte Selbstbestrafung wie auch als das Ende ihres Leidens und damit als die Erfüllung eines Wunsches erscheinen. Ihr Körper »verkörperte« gewissermaßen das Dilemma, in dem sie sich befanden. Dadurch, daß er die sexuelle Potenz erlangt hatte, war der Körper nun verantwortlich für ihre Unfähigkeit, in die relative Sicherheit des eher von Passivität geprägten kindlichen Umgangs mit Eltern, Lehrern und nun auch Therapeuten zurückzukehren. Zugleich waren sie keineswegs überzeugt, daß sie in neuen Beziehungen mit erwachsenen Personen wirklich zur Befriedigung gelangen würden. Alles, was nach Abhängigkeit vom Analytiker aussah – etwa die Befreiung von der Angst, die die Behandlung ihnen eintrug –, galt ihnen als etwas, dessen sie sich schämen und das sie vor sich und vor anderen leugnen mußten, weil darin ihre regressiven, passiven Wünsche nach physischem Halt und physischer Stimulation enthalten waren. Was ihre Beziehung zum Analytiker anging, so erwarteten sie nicht nur in jedem Augenblick, im Stich gelassen und zurückgewiesen zu werden, sondern sie mußten diese Zurückweisung mit ihren Handlungen auch unbewußt provozieren und auf diese Weise zum Ausdruck bringen, daß sie sich ja selbst zurückwiesen. Diese Zusammenhänge kamen immer von neuem zur Darstellung – ein Zeichen für die dynamische Bedeutung des Selbstmordversuchs.

Die meisten Jugendlichen hatten sich, wie schon gesagt, vor ihrem Selbstmordversuch um Hilfe an eine andere Person gewandt, aber die Hilfe, die ihnen geboten wurde, stellte sich ihnen infolge ihrer Selbstwahrnehmung ganz und gar verzerrt dar. Der »Helfer« wurde zum Verfolger, den sie für ihre intensiven Scham- und Versagensgefühle verantwortlich machten und dann durch den Selbstmordversuch in ihrer Phantasie »attackierten«. So unternahmen einige Jugendliche, denen man nach ihrem Selbstmordversuch therapeutische Hilfe angeboten hatte, den Versuch ein zweites Mal, weil sie in dem Hilfsangebot nur die Bestätigung ihrer Abnormität und mithin nur etwas sehen konnten, dessen sie sich schämen mußten (Deutsch 1968; Katan 1950; Schilder 1935).

Die Unfähigkeit der Jugendlichen, quälende Empfindungen zu ertragen, und ihr heftiger Wunsch, sie als etwas zu betrachten, das von außerhalb ihrer selbst kommt, wirken sich sehr nachteilig auf ihre Fähigkeit aus, dauerhafte Beziehungen einzugehen. Sie können der Erwartung, zurückgewiesen oder im Stich gelassen zu werden, einzig dadurch begegnen, daß sie sie in eine Handlung übersetzen, durch welche die schmerzlichen Gefühle einer anderen Person aufgebürdet werden. Oft vermögen sie nicht zu warten, bis der Analytiker sie – etwa in den Ferien – verläßt, sondern bleiben schon kurz vor Beginn seiner Ferien weg oder gehen vor seiner Rückkehr selbst in Urlaub. Das sind meistens solche Patienten, die lange Zeit schweigen und damit den Analytiker Einsamkeit und Halt-Losigkeit empfinden lassen, um nicht das Risiko auf sich nehmen zu müssen, diese Gefühle selbst zu erleben. Unbewußt nehmen sie dann das Schweigen des Analytikers als Beweis dafür, daß ihm nicht mehr an ihnen gelegen ist oder daß er sogar ihren Tod wünscht.

Solche Jugendlichen können sich die zeitweilige Regression in Form erfreulicher Unternehmungen nicht gestatten. Sie sind vielmehr pausenlos auf der Jagd nach »Leistungen«, die es ihnen ermöglichen, sich von Selbstvorwürfen frei zu fühlen. Und auch ihre Beziehungen sind von der Suche nach einem Menschen getönt, der ihren sexuellen Körper perfekt und über alle Kritik erhaben machen soll – etwas, das ihnen in ihrem Unbewußten unmöglich erscheint. Anfällig für einen Selbstmordversuch sind also die nach außen hin erfolgreichen und ehrgeizigen Jugendlichen und die promiskuösen Mädchen. Ebenfalls anfällig sind aber auch diejenigen Jugendlichen, die den Kampf offensichtlich schon aufgegeben haben, die keinen Versuch mehr machen, Beziehungen einzugehen, und denen jetzt anheimgestellt ist, ihrem Wunsch nach fortdauernder totaler Abhängigkeit von den Eltern, die ihnen Vertrauen und Zuversicht vermitteln sollen, stattzugeben.

Weitergehende Bemerkungen zur Behandlung

Ein Selbstmordversuch in der Adoleszenz stellt eine ernsthafte Störung auf dem Weg ins Erwachsenenalter dar und ist ein Zeichen dafür, daß psychologische Hilfe dringend notwendig ist. Die Hilfsbedürftigkeit besteht unabhängig davon, ob dieser Versuch erst kürzlich oder bereits früher unternommen wurde. Auch eine begrenzte Form der Therapie kann in vielen Fällen ihre Wirkung tun, wo tägliche Behandlung nicht möglich ist. Dadurch, daß wir dem Jugendlichen verständlich machen, weshalb er sich gezwungen sah, den eigenen Körper zu attackieren, können wir ihm wieder zu dem Gefühl verhelfen, daß er sein Leben und seine Zukunft selbst in der Hand hat. Wir sehen den Selbstmordversuch als akute psychotische Episode im Leben des Jugendlichen an und erkennen dementsprechend ein traumatisches Erlebnis darin: Er war von seiner Angst vollkommen überwältigt. Dieses Trauma hat zur Folge, daß der Jugendliche immer von neuem Situationen sucht und schafft, die in ihrer Dynamik dem Akt des Suizids gleichwertig sind. Indem man dem Jugendlichen die Möglichkeit gibt, das Trauma in der Übertragung noch einmal zu durchleben, kann man dieser Erfahrung etwas von ihrem destruktiven Potential nehmen.

Es lassen sich eine Reihe therapeutischer Kriterien definieren, die notwendig sind, damit eine wirkliche Veränderung eintritt. Eines dieser Kriterien ist die Stabilität der Hilfeleistung. Die Hilfe muß langfristig angelegt und in sich schlüssig sein und allen Versuchen des Jugendlichen, sie aufzuweichen oder sich nach anderen Möglichkeiten umzusehen, widerstehen. Der Analytiker muß wachsam jede ihm angekündigte Veränderung im Leben des Jugendlichen ins Auge fassen, die ihm als positiver Schritt präsentiert wird, die der Jugendliche aber dann als Alternative zur Behandlung nutzen oder als Barriere gegen eine Veränderung einsetzen kann. Die Realität des Selbstmordversuchs, die Lebensgefahr, die Möglichkeit einer Wiederholung dieser Handlung, der ein zwanghaftes Moment ja inhärent ist – all das muß stets im Vordergrund der Überlegungen sowohl des Jugendlichen als auch des Analytikers stehen, bis das Erlebnis des Selbstmordversuchs und seine Bedeutung verarbeitet sind (Freud 1910, 1914; Stewart 1963). Der Analytiker wird sich dabei ständig einem Druck – von seiten des Jugendlichen wie von seiten seiner selbst – ausgesetzt fühlen, dem Jugendlichen zu helfen, das Erlebnis zu vergessen oder zu leugnen.

Zu Beginn der Behandlung ist der Jugendliche insofern vollkommen auf den Analytiker angewiesen, als dieser ihm ermöglichen muß, sich seiner Schuld-, Scham- und Haßgefühle bewußt zu werden und somit die traumatische Wirkung aufzuheben, die das Erlebnis des Selbstmordversuchs bei ihm hinterlassen hat, auch wenn der Versuch selbst noch so läppisch gewesen sein mag. Es ist zwar für den Jugendlichen erschreckend, sich sagen zu müssen, daß er vorübergehend »verrückt« war und aus einem inneren Zwang heraus gehandelt hat, aber unserer Meinung nach ist die Behandlung die einzige Möglichkeit, die traumatische Hinterlassenschaft einer solchen psychotischen Episode zu verarbeiten. Hat ein Jugendlicher einen Selbstmordversuch unternommen, dann glaubt er unbewußt, einen Teil seiner selbst getötet zu haben; er schafft sich die Phantasie und erhält sie aufrecht, daß *dieser tote Teil seiner selbst jetzt in seinem Körper existiere*. Der tote Teil muß in der Behandlung lokalisiert und definiert werden, und es muß verständlich werden, was er bedeutet.

Wenn wir empfohlen haben, Jugendliche, die einen ernsthaften Selbstmordversuch unternommen hatten, zu behandeln, waren wir oft überrascht, wie schwierig es war, den betroffenen Jugendlichen, seine Eltern und den in den jeweiligen Fall einbezogenen Lehrer, Arzt oder Sozialarbeiter von dieser Notwendigkeit zu überzeugen. Häufig wollten die Beteiligten ganz einfach nicht an die Bedeutung dessen glauben, was vorgefallen war. Der Jugendliche selbst wie auch seine Eltern hätten das Ereignis am liebsten so rasch wie möglich vergessen und ihr »normales Leben« wieder aufgenommen. Das mag erklären, warum selbst der Fachmann nach einem Selbstmordversuch häufig meint, der Jugendliche brauche jetzt vor allem Zuspruch und Unterstützung, und das lasse sich am besten dadurch erreichen, daß man den Ernst der Störung herunterspiele, auf die der Selbstmordversuch hindeutet. Einem Jugendlichen, der kurz vor dem Termin seines schriftlichen Examens drei Tage lang im Koma lag, wurde entsprechend geraten, seine Studien so bald wie möglich wieder aufzunehmen, um sich nicht als totaler Versager zu fühlen. Dahinter steht die Überzeugung, daß der

Jugendliche seinen Todeswunsch vergessen und weiterleben kann, wenn man nur die potentiellen Brüche in seinem Leben ungeschehen macht. Wenn wir dann die Ansicht vertraten, daß ein solcher Jugendlicher dringend auf psychologische Hilfe angewiesen sei, dann wurde das oft in der Meinung beiseitegeschoben, daß wir ihn ja nicht als normal betrachteten oder fälschlicherweise annähmen, sein Selbstmordversuch sei etwas anderes gewesen als eine Reaktion auf irgendeinen äußeren Druck oder ein äußeres Geschehen.

Die Angst und der Zorn, den die Eltern und häufig auch der beteiligte Fachmann empfinden, wenn ein Jugendlicher einen Selbstmordversuch unternimmt, können der Anlaß dafür sein, daß sie dem Analytiker unbedingt einreden wollen, er messe diesem Versuch eine übertriebene Bedeutung bei. Aber es wäre ein schwerer Fehler, wenn der Analytiker irgendwelche Abstriche an seiner Einschätzung machen wollte, daß der Selbstmordversuch, wann immer er stattgefunden hat, das Zeichen einer schweren Störung in der Gegenwart und ein Risiko für die Zukunft des Jugendlichen darstellt. Ein Selbstmordversuch, ob bereits lange zurückliegend oder ganz aktuell, birgt das gleiche pathologische Potential. Wenn wir im Verlauf unserer diagnostischen Erhebungen hören, daß der Jugendliche vor einiger Zeit versucht hat, sich umzubringen, »daß dies aber heute kein Problem mehr ist«, dann muß unsere Folgerung nichtsdestoweniger lauten, daß es im Leben dieses Jugendlichen eine akute Krise gab.

Klinisches Material

Mary

Die praktischen Schwierigkeiten, auf die wir in diesem Fall trafen, hätten leicht zur vorzeitigen Beendigung der Behandlung und zum Abbruch der Beziehung zur Analytikerin führen können, wenn man ihnen nicht erfolgreich begegnet wäre. Sie lassen sich wie folgt zusammenfassen: Der Selbstmordversuch wurde in der Übertragung erneut durchlebt, und zwar in der Form des zwanghaften Bestrebens, die Analyse abzubrechen. Entscheidend dafür, daß die Jugendliche die selbstzerstörerischen Impulse durchleben konnte, ohne daß es darüber tatsächlich zum Abbruch der Analyse kam, war die Art, in der die Analytikerin diese Krisen in der Übertragung erfaßte und nutzte.

Die Behandlung setzte vorübergehend aus, als sich bei Mary die Überzeugung festsetzte, die Analytikerin sei eine furchteinflößende, zornige und Rache übende Figur und schuld daran, daß sie, Mary, das Gefühl hatte, wahnsinnig zu werden. Daß sie den Sitzungen unbedingt fernbleiben mußte, war als Reaktion auf eine Wahnvorstellung, die sie in der Übertragung erlebte, und als psychotische Form der Abwehr gegen ihre Wahrnehmung der Analytikerin verständlich. Auf diese Weise kehrte der psychotische Aspekt des ursprünglichen Selbstmordversuchs in der Analyse wieder.

Mary, achtzehn Jahre alt, nahm eines Abends eine Überdosis eines Antidepressivums ein und wurde am nächsten Morgen von ihrer Mutter bewußtlos aufgefunden.* Sie kam ins Krankenhaus und wurde, als es ihr besser ging, in eine psychiatrische Einrichtung überwiesen, wo sie sich ganz und gar abkapselte, nicht essen wollte und kaum sprach. Was die Frage anging, weshalb sie hatte sterben wollen, so war so gut wie nichts aus ihr herauszubringen. Ihre Eltern konnten überhaupt nicht verstehen, was passiert war. Gewiß, Mary sei schon immer »schwierig« gewesen – ein schüchternes und verängstigtes Kind, dem man angesichts jeder neuen Situation immer erst gut zureden und sozusagen einen Schubs geben mußte –, aber sie hätten doch nie gedacht, daß irgend etwas ernsthaft nicht in Ordnung sei. Marys älterer Bruder war im Gegensatz zu ihr optimistisch und selbstsicher. Allerdings hatte Mary einige Wochen vor ihrem Selbstmordversuch immer wieder geklagt, sie fühle sich niedergeschlagen, und schließlich war die Mutter mit ihr zum Hausarzt gegangen. Dieser hatte ein Gespräch mit einer Psychiaterin vermittelt und Mary zunächst ein Antidepressivum verschrieben. Sie nahm es schließlich in der Absicht, sich umzubringen.

---

* Zu dieser Patientin siehe auch Kapitel 7.

In dem Gespräch, in dem es um die zukünftige Behandlung ging, sagte die Analytikerin, sie würde es gerne sehen, wenn Mary so lange in der psychiatrischen Klinik bliebe, bis sie, die Analytikerin, die Patientin für so weit wiederhergestellt halte, um die Einrichtung wieder verlassen zu können. Nach den Vorstellungen der Analytikerin sollte Mary dann irgendwo wohnen, wo jemand zur Stelle wäre, wenn sie Hilfe brauchte.*

Mary war klein und schmächtig, sie sah sehr viel jünger aus als sie war und hatte die Stimme und die Bewegungen eines beflissenen, aber schüchternen Kindes. Sie trug Jeans und einen Pulli, in dem sie völlig verschwand, und in den ersten Sitzungen trennte sie sich auch nicht von ihrem Mantel. Anfangs kam sie in Begleitung ihrer Mutter, die auf sie wartete und sie nach der Sitzung wieder in die Klinik brachte. Damals sagte Mary, sie fürchte sich davor, allein zu fahren. Nach ihren Worten brauchte sie ihre Kleidung, um ihren Körper zu verbergen. Schon in den diagnostischen Gesprächen hatte sie sich besorgt gezeigt über Gefühle im Zusammenhang mit ihrem Körper, die ihr furchtbar seien und die irgendwie mit ihrem Wunsch zu sterben zusammenhingen. Sie sprach von der Verstopfung ihrer Mutter; sie selbst hatte ähnliche Schwierigkeiten, und die Gedanken daran beunruhigten und störten sie. Zugleich machte sie aber auch deutlich, daß es ihr fast unmöglich sei, so etwas zu erwähnen, weil ihr derartige Gespräche peinlich seien. Ihre Furcht vor der Analyse habe mit eben dieser Unfähigkeit zu tun, von ihren Problemen zu sprechen.

In der Übertragung nahmen Worte, bezogen auf die Analytikerin, die Bedeutung von Nahrung an. Dann setzte die Patientin ihr Schweigen dazu ein, die Analytikerin auszuhungern. Indem sie die Analytikerin aushungerte, konnte Mary sie auch klein halten, so daß sie nicht zur dominierenden Figur werden würde, die Mary kontrollierte. Was Mary mit am meisten beschäftigte, war ihr Wunsch, sich nicht »nicht existent« fühlen zu müssen – also so, wie sie sich im Beisein

---

* Siehe auch Kapitel 13.

ihrer Mutter immer vorkam. Ihr häufiges Schweigen hatte allerdings die gleiche selbstzerstörerische Bedeutung wie ihr Verhalten im Krankenhaus, wo sie ja unbedingt hatte zeigen wollen, daß sie allein existieren konnte – ohne die Hilfe und ohne die Nahrung, die das Krankenhaus ihr bot.

Zum ersten Mal verfiel sie während der Analyse zu einem Zeitpunkt in Schweigen, zu dem der Gedanke an ihr Leben außerhalb der Sitzungen sie zunehmend beunruhigte. Sie hatte eigentlich das Bedürfnis, mit der Analytikerin darüber zu sprechen, aber zugleich mußte sie sich die Erfüllung versagen. Sie hatte das Krankenhaus inzwischen verlassen, wohnte für sich und hatte ihre Studien wieder aufgenommen. Aber sie befand sich in einem Konflikt: Einerseits wollte sie gern mehr Zeit mit einem Jungen verbringen, den sie inzwischen kennengelernt hatte, andererseits waren ihr aber ihre Studien wichtig. Sie unterhielt sich bis spät in die Nacht hinein mit dem Jungen und fragte sich zugleich immer nervöser, wie es mit ihrer Arbeit weitergehen und was ihre Lehrer sagen würden, wenn sie die Erwartungen nicht erfüllte. Obwohl Mary von sich aus zu dem Entschluß gekommen war, ihre Studien fortzusetzen und mit dem Examen abzuschließen, hatte die Analytikerin doch den Verdacht, daß sie sich noch immer vor der Mißbilligung ihrer Mutter fürchtete, falls sie das Studium aufgab.

Alles, was sie der Analytikerin tagtäglich erzählen konnte, war, wie viele Stunden sie im Gespräch mit ihrem Freund verbracht hatte – als ob sie sagen wollte, sie habe ein schlechtes Gewissen, weil sie sich heimlich jeden Abend mit Essen vollstopfte, wie sie das vor ihrem Selbstmordversuch ja tatsächlich getan hatte. Sie war verzweifelt darum bemüht, sich selbst zu beweisen, daß sie normal war und einen Freund haben konnte, so daß sie nicht befürchten mußte, von ihren Freundinnen ganz links liegen gelassen zu werden, die natürlich mehr an Jungen interessiert waren als an ihr. Damals war der Analytikerin noch nicht restlos klar, welche Bedeutung das Zurückhalten von Worten für Mary hatte. Mary betrachtete Interpretationen als den Versuch, sie zum Sprechen zu bringen, und das erhöhte noch ihr zwanghaftes Bedürfnis zu schweigen. Die Analytikerin wußte, daß Marys Reaktion (auf den Versuch, »sie zu zwingen«) in einem Zusammenhang mit sexuellen Phantasien zu sehen war, in denen sie von irgend jemandem einen Einlauf erhielt – ein Geschehen, das sie einmal erwähnt hatte. Damals hatte Mary allerdings gesagt, sie hasse sich selbst, weil sie diesen Gedanken nicht aus ihrem Kopf vertreiben könne, und die Analytikerin dürfe darüber nichts zu ihr sagen. Als die Analytikerin dann doch darüber sprach, reagierte Mary zornig und sagte, die Analytikerin mache sie mit solchen Gesprächen krank. Für Mary bedeuteten die ständigen Deutungen ihres Schweigens nicht nur, daß sie zum Sprechen gezwungen werden sollte; in ihren Augen tat ihr die Analytikerin damit auch etwas an, dessentwegen sie sich »krank« und abnorm vorkam, weil es ihr den verbotenen Gedanken an den Einlauf in den Sinn kommen ließ. Genauso gefährlich konnte es aber auch sein, wenn die Analytikerin auf Marys Schweigen ihrerseits mit Schweigen reagierte. Solange Mary ihr Schweigen durchzuhalten vermochte, konnte sie sich sagen, daß die Analytikerin keine Kontrolle mehr über ihre Aggression hatte und daß es ihr, Mary, gelungen war, der Analytikerin etwas anzutun. Wenn die Analytikerin ebenfalls schwieg, bestätigte sie damit nur Marys Phantasie, daß sie die Patientin zurückweisen wolle oder daß es dieser gelungen sei, sie, die Analytikerin, dadurch »zu töten«, daß sie sie zum Schweigen zwang. Die Analytikerin fürchtete, daß die Angst, die dies hervorrufen würde, Mary zu einem weiteren Selbstmordversuch veranlassen könnte.

Mary bewahrte zwar Schweigen über das, was in ihr vorging, aber sie ließ die Analytikerin immerhin wissen, daß ihre Angst sie ein weiteres Mal zu überwältigen drohte. Nach ihren Worten war ihr jetzt wieder so zumute wie vor ihrem Selbstmordversuch – alles, was sie tat (sie lernte, sie versorgte sich selbst, sie kam zu den Sitzungen), geschah, weil sie das Gefühl hatte, es tun zu müssen – sie fühlte sich erneut ganz und gar dominiert. Sie sprach davon, daß sie Entschlossenheit zeigen müsse und nicht nachgeben dürfe. Schließlich erschien sie nicht mehr zu den Sitzungen.

Nachdem Mary einige Tage lang weggeblieben war und nichts von sich hatte hören lassen, rief die Analytikerin bei ihr an und bat sie zu kommen, um gemeinsam zu überlegen, was zu tun sei, falls Mary mit der Analyse nicht weitermachen könne. Auf diese Weise machte die Analytikerin es Mary unmöglich zu glauben, sie habe die Analytikerin »nicht existent« machen können – etwas, von dem Mary immer befürchtete, die Analytikerin könnte es *ihr* antun. Als Mary kam, schlug die Analytikerin ihr vor, sie solle wieder ins Krankenhaus gehen, denn sie brauche Hilfe, könne aber offenbar mit der Hilfe, die sie, die Analytikerin, zu leisten imstande sei, nichts anfangen. Dieser Vorfall war die erste Krise in der Analyse und stellte einen Bruch in Marys Beziehung zur Analytikerin dar. Diese hatte, indem sie die Initiative ergriffen hatte, die Krise selbst herbeigeführt und es Mary damit unmöglich gemacht zu glauben, sie, die Patientin, habe die Analytikerin und die Analyse »zerstört«. Sobald Mary wieder im Krankenhaus war, konnte die Analytikerin mit ihr darüber sprechen, ob sie die Behandlung fortsetzen wolle. Jetzt war es möglich, Mary mit ihrem Zorn auf die Analytikerin zu konfrontieren, denn nun, da sie nicht das Gefühl haben mußte, ganz und gar auf die Hilfe der Analytikerin angewiesen zu sein, konnte sie ihre Entscheidung gelassener treffen. Die Analytikerin konnte Mary jetzt klarmachen, daß ihr Wegbleiben eine Attacke gegen sich selbst und gegen ihre Zukunftshoffnungen ebenso wie gegen die Analytikerin gewesen war und daß sie unweigerlich den Wunsch gehabt hätte, sich umzubringen, wenn sie, die Analytikerin, die Verbindung nicht wieder aufgenommen hätte. Sie wäre ja dann wiederum einsam und hoffnungslos gewesen.

Später erklärte Mary, sie sei deshalb nicht gekommen, weil sie so wütend gewesen sei, daß sie befürchtet habe, sie würde das Sprechzimmer der Analytikerin verwüsten, wenn sie hinginge. Als sie dann doch gekommen sei, habe sie die ganze Zeit Angst davor gehabt, daß die Analytikerin auf sie losgehen könnte. Tatsächlich hatte sie sich, nachdem sie beschlossen hatte, den Sitzungen fernzubleiben, nachts immer so sehr gefürchtet, daß sie darum gebeten hatte, im Zimmer der

Hausmeisterin schlafen zu dürfen. Tagsüber war es ihr nicht möglich gewesen, aus dem Haus zu gehen. Daß sie auch keinen Kontakt mit der Analytikerin aufnehmen konnte, lag an ihrer paranoiden Vorstellung, die Analytikerin beherrsche sie und zwinge ihr beschämende Gedanken auf, die sie krank machen, sie in die Abnormität treiben und ihr den Wunsch eingeben würden, sich das Leben zu nehmen. Aber das einzige, was Mary dagegen unternehmen konnte, war, die Analytikerin anzugreifen und sie in ihrem Leben »nicht existent« zu machen, indem sie darauf beharrte, sie müsse ohne die Hilfe der Analytikerin zurechtkommen. Dadurch, daß die Analytikerin Marys Angriff auf sie – den Hinweis auf die Unfähigkeit der Analytikerin, ihr zu helfen, und gleichzeitig darauf, daß sie Hilfe brauchte – als real bestätigte, konnte Mary ihre zerstörerischen Impulse erkennen, ohne sich vollkommen allein und von der Analytikerin verlassen zu fühlen. Mit diesem klugen Schachzug – dem Eingeständnis der Wirkung von Marys Vorgehen – vermied die Analytikerin es, sich als allmächtiges Objekt zu präsentieren, das man weiterhin attackieren konnte. Zugleich bestätigte sie den zwanghaften Charakter des Angriffs und damit die Schwere der Krankheit.

Mary selbst hatte dem Zeitpunkt ihres Selbstmordversuchs nie irgendeine Bedeutung beimessen wollen. Sie sagte, sie habe sich schon zwei Jahre lang tot gefühlt, es habe also weiter nichts damit auf sich, daß sie gerade jenen besonderen Tag dafür gewählt hatte. Etwas später aber sah die Analytikerin ihre Annahme bestätigt, daß sie einen wichtigen Punkt, der zu Marys Entschluß entscheidend beigetragen hatte, inzwischen durchgearbeitet hatten. Diese Bestätigung lieferte ein Vorfall, der zeigte, daß Mary nicht mehr in der gleichen erschreckenden Weise wie damals auf ihre Ängste reagieren würde: Mary war über das Wochenende zu Besuch bei ihren Eltern gewesen und hatte sich sehr über sie geärgert: Sie hatten zwar nicht offen miteinander gestritten, aber im Haus hatte eine ungute Atmosphäre geherrscht – ein feindseliges Schweigen zwischen den Eltern. Mary hatte ihnen gesagt, daß sie keine Lust habe, ihre Zeit mit ihnen zu verbringen, wenn das alles sei, was sie könnten. Anschließend hatte sie, um sich abzureagieren, einen langen Spaziergang gemacht, bevor sie wieder nach Hause fuhr. Sie erinnerte sich, daß an dem Abend, an dem sie dann die Überdosis Tabletten geschluckt hatte, eine ähnliche Atmosphäre geherrscht hatte und daß sie zeitig zu Bett gegangen war, um ihr zu entkommen. Es war deutlich, daß sie inzwischen ihre Gefühle direkter zum Ausdruck bringen konnte und sich nicht mehr so hilflos fühlen und ihre Empfindungen nicht als nicht existent und nur als Ergebnis dessen betrachten mußte, was ihre Eltern ihr antaten.

Was sie von ihren Eltern berichtete, stand zumeist in einem Zusammenhang mit der Mischung aus Triumph und Angst, die sie angesichts der elterlichen Beziehung empfand. Mit ihr konnte ihr Vater sprechen, nicht aber mit der Mutter. Das Gespräch hatte also eine ödipale Signifikanz, und ihre Schuldgefühle der Mutter gegenüber enthielten die Überzeugung, daß sie der Mutter durch das Gespräch mit dem Vater insofern schadeten, als sie den Vater damit vom Gespräch mit der Mutter abhielt. Diese Zusammenhänge bestärkten sie in der Meinung, daß das Gespräch mit ihrem Freund und das Schweigen gegenüber der Analytikerin einen Angriff auf die Analytikerin darstellte und daß es zum Teil an ihrer Furcht vor der Rache der Analytikerin lag, daß sie es nicht über sich brachte, zu den Sitzungen zu kommen.

So wie die Analyse sich bis zu der vorübergehenden Unterbrechung entwickelte, kann sie auch als Wiederholung der letzten beiden Jahre vor Marys Selbstmordversuch angesehen werden, in denen Mary bereits aufgegeben hatte und ihr insgeheim klar war, daß sie zur Selbsttötung fähig war. Damals hatte sie gemeint, sie müsse ihr Leben mehr und mehr von ihrer Mutter kontrollieren lassen. Sie war beunruhigt wegen der Verstopfung ihrer Mutter, und dieses Interesse am Körper der Mutter war in der paranoiden Phantasie repräsentiert, in der sie die Mutter als Quelle ihrer sexuellen Phantasien erkannte. Aber als sie die Mutter als Ursache dieser Phantasien erkannt hatte, die sie so »krank« an sich selbst gemacht und so sehr gequält hatten, stellten sich die

Dinge für sie so dar, daß sie sich entweder der Mutter und den eigenen Gedanken fügen oder aber die Mutter zerstören mußte, um diese Gedanken loszuwerden. Ihre feste Überzeugung, die Mutter sei für ihre Gedanken verantwortlich, zeigte sich in der Bemerkung, daß sie ein oder zwei Mal geglaubt hatte, daß die Mutter ihr vergiftetes Essen vorsetzte. Immerhin aber war sie allein und mit den Vorbereitungen für ihr Examen beschäftigt gewesen, als die Krankheit dann akuten Charakter annahm und es zum Zusammenbruch kam. Sie hatte sich nicht mehr auf ihre Studien konzentrieren und ihre Gedanken im Zusammenhang mit ihrem Körper nicht mehr steuern können. Sie erzählte der Analytikerin, wie sie sich zu jener Zeit gefühlt hatte, als sie sich heimlich Essen beschafft und es nachts in sich hineingestopft hatte: Sie hatte es nicht mehr vermeiden können, sich für ihre Gedanken und Impulse selbst verantwortlich zu fühlen, und sich statt dessen dafür gehaßt, daß sie »sich selbst fett machte« – als ob ihr Körper ihr beschämendes Geheimnis preisgebe.

Bei den langen nächtlichen Zusammenkünften mit dem jungen Mann, den sie kennengelernt hatte, hatten zunehmend Berührungen die Gespräche ersetzt, und das beunruhigte sie außerordentlich. Sie erwähnte, sie hätten sich bis drei Uhr morgens unterhalten, ging aber nicht weiter ins Detail. Zunächst war jetzt also eine »technische« Frage zu klären: Wie weit stellte ihr Bestreben, diese neue Beziehung geheimzuhalten, den Versuch dar, sich allmählich der Kontrolle, die ihre Mutter und nun die Analytikerin ihrer Meinung nach über sie ausübten, zu entziehen, und wieviel Angst bereitete es ihr, damit allein fertig zu werden, weil sie der Analytikerin nicht gestatten konnte, ihr zu helfen? Als die neue Freundschaft noch kaum eine Woche alt war, sagte Mary in Panik, sie fürchte, die Beherrschung zu verlieren, und sie habe gestern schon an Selbstmord gedacht. Der Selbstmord sei ihr »einziges Rettungsseil«. Sie hätten einander geküßt und umarmt, und es sei ihr klar gewesen, daß sie »ihm vollständig ausgeliefert« gewesen sei. Der Selbstmord schien die einzige Möglichkeit, die Kontrolle zu behalten. Was später als erstes Gefahrensignal erschien – trotz der

Deutungen, die ihr helfen sollten, von ihrer Angst und ihren Schuldgefühlen zu sprechen –, war, daß Mary sich noch immer gezwungen fühlte, nach Hause zu gehen und ihrer Mutter zu erzählen, was geschehen war. Sie behauptete zwar, anschließend sei ihr wohler gewesen, aber noch am gleichen Abend rief sie in Panik bei der Analytikerin an und bat, zu einer Extrasitzung kommen zu dürfen. Bei dieser Gelegenheit sprach sie von dem schlechten Gewissen, das sie gehabt hatte, weil sie der Analytikerin nicht hatte erzählen können, daß der junge Mann sie intim berührt hatte.

Dieser Beweis für Marys zwanghaftes Bestreben, ihrer Mutter zu berichten, um ihr Gewissen zu erleichtern, und für ihre Skrupel, weil sie der Analytikerin gegenüber geschwiegen hatte, verstärkte wiederum deren Besorgnisse angesichts der Tatsache, daß Mary in den Sitzungen auch weiterhin nicht sprechen konnte. Trotz der Deutungen war erkennbar, daß die Analytikerin nichts gegen Marys zunehmende Angst im Zusammenhang mit dem zurückgehaltenen Material ausrichten konnte, und das wiederum ließ die Analytikerin in Marys Augen ratlos erscheinen.

Mary blieb fünf Monate lang im Krankenhaus. Allmählich gelang es ihr, etwas freundlicher mit den übrigen Patienten umzugehen, und sie fand auch zu einer viel konstruktiveren Einstellung gegenüber den therapeutischen Maßnahmen. Anfangs hatte sie alle Hilfsangebote und alle Kontakte mit Ausnahme derjenigen zurückgewiesen, die ihr geeignet schienen, sie vor der Aggression und Gewalttätigkeit zu schützen, von der sie ihrer Meinung nach umgeben war. Aber dann erkannte sie doch allmählich die eigenen aggressiven und sexuellen Phantasien. Sie kam zu der Erkenntnis, daß sie im Grunde gar nicht weiterlernen und Prüfungen ablegen wollte, sondern statt dessen viel lieber arbeiten und Geld verdienen würde, um sich nicht so hilflos und abhängig fühlen zu müssen. Später kleidete sie ihre Freude darüber, daß sie sich jetzt so viel freier fühlte, in die Bemerkung, sie habe nie gewußt, daß man ja essen könne, wenn man hungrig sei, anstatt nur zu ganz bestimmten Zeiten essen zu müssen.

Ein Jahr später – sie hatte bereits angefangen zu arbeiten

– wollte Mary die Behandlung allem Anschein nach ein zweites Mal abbrechen. Es war ihr unendlich viel daran gelegen, daß niemand von ihrer Behandlungsbedürftigkeit erfuhr, und entsprechend versuchte sie, sowohl ihre bisherigen Krankenhausaufenthalte als auch den Umstand zu verbergen, daß sie noch immer auf Hilfe angewiesen war. Als ihr Arbeitgeber nach ihrer Krankengeschichte fragte, geriet sie in größte Unruhe und wurde sehr aggressiv. Diese Dinge gingen in die Übertragung ein, als sie wegen der Anforderungen am Arbeitsplatz nicht mehr pünktlich zu den Sitzungen kommen konnte: Dem Arbeitgeber konnte sie nicht sagen, daß sie jetzt fortmüsse, und der Analytikerin konnte sie nicht sagen, warum sie sich verspätet hatte oder warum sie am Tag zuvor überhaupt nicht erschienen war. Sie benutzte die Analytikerin, um zu zeigen, daß niemand sie dazu bringen konnte, ihr Verhalten zu erklären, wenn sie dies nicht selbst wollte.

Sie beschloß, von nun an nur noch viermal anstatt fünfmal in der Woche zur Analyse zu kommen: Es wurde ihr allmählich »zuviel«. Das war wiederum ein Versuch, »Entschlossenheit« zu zeigen, um sich sagen zu können, daß sie die Dinge ja in der Hand habe. Mit der Vorstellung, die Dinge *nicht* in der Hand zu haben, verband sich nämlich der beängstigende Gedanke, ihre beschämenden Geheimnisse preisgeben zu müssen. Die Analytikerin blieb dabei, daß Mary fünf Sitzungen in der Woche brauche, und erklärte ihr Verhalten – den Umstand, daß sie entweder gar nicht kam oder keine Erklärung für ihr Zuspätkommen abgab, sowie ihr Stillschweigen über alles, was ihr Leben außerhalb der Behandlung betraf – als den Wunsch, die Dinge unter Kontrolle zu halten. Sie fürchte ja, auch ihren Zorn auf die Analytikerin nicht in Schach halten zu können. Auf diese Deutungen hin wurde Mary erst recht wütend und machte keine Anstalten, ihr Verhalten gegenüber der Analytikerin zu ändern: Sie kam weiterhin zu spät, weigerte sich zu sprechen und ließ die Analytikerin im unklaren darüber, warum sie nicht kommen konnte. Sie hatte Bekanntschaften geschlossen, und manchmal schien es, als sei es nicht ihre Arbeit, die sie davon abhielt, zu den Sitzungen zu kommen, sondern der Wunsch, die Zeit mit ihren neuen Bekannten zu verbringen. Zu Marys Wunsch, die Zahl der wöchentlichen Sitzungen zu reduzieren, sagte die Analytikerin, ihrer Meinung nach habe Marys Unsicherheit, ob die Behandlung ihr nütze, und der Eindruck, daß es »zuviel« für sie sei, damit zu tun, daß Mary glaube, sie sollte der Analytikerin jetzt lieber aus dem Weg gehen. Mary sollte einmal darüber nachdenken, ob sie die Behandlung überhaupt fortsetzen wolle. Sie solle sich aber zunächst aufmerksam anhören, welche Gründe nach Meinung der Analytikerin unbedingt für die Fortsetzung der Behandlung sprachen, auch wenn Mary im Augenblick allein zurechtkam.

Einige Tage später kamen sie überein, daß Mary Zeit brauche, um sich die Sache zu überlegen. Am letzten Tag der festgelegten Frist teilte Mary telefonisch mit, sie habe beschlossen, mit der Analyse aufzuhören. Zwei Tage später rief sie in Panik erneut an, fragte, ob die Analytikerin bereits die Konsequenzen aus ihrer Entscheidung gezogen habe, und fügte hinzu, sie wolle sie aufsuchen, denn sie habe anscheinend wieder einmal einen ganz fürchterlichen Fehler begangen.

Als sie dann wiederkam, sagte sie, sie habe der Analytikerin bei jenem entscheidenden Anruf eigentlich sagen wollen, daß sie weitermachen wolle. Aber dann hatte im letzten Augenblick eine Freundin, die gerade Kummer hatte, mit ihr reden wollen, und sie hatte es sich spontan anders überlegt und vom Abbruch der Behandlung gesprochen. Es war, als hätte die Freundin es ihr im Augenblick ermöglicht, sich mit der allmächtigen Analytikerin zu identifizieren, so daß sie sich sagen konnte, sie selbst habe ja keine Hilfe nötig. Erst nachdem sie der Analytikerin abgesagt hatte, war ihr wirklich klar geworden, was ein Abbruch der Analyse für sie bedeuten würde. Sie hatte zwei qualvolle Tage verbracht – sie war ganz und gar blockiert gewesen, ehe sie sich dazu aufraffen konnte, die Analytikerin anzurufen und zu fragen, ob sie nun doch noch weitermachen könne. Hier hatte sich offensichtlich ein Ablauf wiederholt, der sich zu einem früheren Zeitpunkt in der Analyse schon einmal herausgeschält hatte: Als Mary die Überdosis Tabletten schluckte, hatte sie sich den Tod nicht wirklich vorstellen können. Aber dann, während ihres Krankenhausaufenthaltes, war eine andere Patientin, die sie kannte, an einer Überdosis gestorben, und erst daraufhin konnte Mary Todesfurcht und Erleichterung darüber empfinden, daß sie nicht gestorben war. Ihr Wunsch, die Analyse »hinter sich zu haben«, bevor sie imstande war sich vorzustellen, was der Verlust der Analytikerin und der Behandlung für sie eigentlich bedeuten würde, war offensichtlich eine Wiederholung dieser Realitätsverleugnung.

Zum technischen Vorgehen ist hier zu sagen, daß es wichtig gewesen war, angesichts von Marys Forderung, die Analytikerin möge sie davor bewahren, daß ihr die Dinge »zuviel« würden, standhaft zu bleiben. Hätte die Analytikerin ihr gestattet, den Sitzungen fernzubleiben, dann hätte das nichts anderes bedeutet als daß sie ebenfalls der Meinung war, man müsse Mary vor Situationen bewahren, die ihr zuviel Angst verursachten. Es hätte weiterhin bedeutet, daß die Analytikerin Marys Furcht, ihren Zorn nicht beherrschen zu können, teilte und akzeptierte, und das bezog sich in Marys Verständnis der Dinge nicht nur auf die Analytikerin oder die Leute, mit denen Mary am Arbeitsplatz zusammentraf, sondern auch auf mögliche sexuelle Beziehungen, die sie in der Zukunft eingehen würde. Wenn man Mary klarmachen konnte, daß sie noch immer dazu tendierte, ihrer Angst durch den Abbruch der Beziehung zur Analytikerin zu begegnen, dann konnte man ihr auch wieder Hoffnung machen, daß die Analyse ihr dazu verhelfen würde, in Zukunft eine stabile Beziehung einzugehen. In dem Bedürfnis, die Analyse abzubrechen, wiederholte sich der Selbstmordimpuls. Nachdem ihr dieser Zusammenhang klargeworden war, konnte Mary ihre selbstzerstörerischen Impulse in der Sicherheit der Übertragungsbeziehung ausleben.*

---

* Dieser Fall war zugleich Gegenstand einer Studie und wurde daher in regelmäßig stattfindenden Forschungssitzungen mit Kollegen besprochen, die ebenfalls jugendliche Patienten behandelten. Wir erkannten bald, daß diese Gespräche eine ganz große Hilfe für die Behandlung solcher Jugendlicher waren, bei denen man immer mit der Möglichkeit eines weiteren Selbstmordversuchs rechnen mußte.

III Klinische Aspekte

9 Zwanghaftes Verhalten und die zentrale Masturbationsphantasie: Klinische Implikationen

In unserer psychoanalytischen Arbeit mit Jugendlichen haben wir es häufig mit Handlungen oder Verhaltensweisen zu tun, die eine Gefahr für das Leben des jeweiligen Patienten darstellen oder zumindest die ernsthafte Gefahr bergen, daß er sich selbst Schaden zufügt – also extensiver Drogenkonsum, versuchter Selbstmord, Schwangerschaft oder aber Handlungen, die rechtliche Konsequenzen nach sich ziehen können, etwa eine Verhaftung oder die zwangsweise Einweisung in eine psychiatrische Einrichtung. Von Kollegen, die ebenfalls psychoanalytisch mit Jugendlichen arbeiten, ist uns bestätigt worden, daß solche Verhaltensweisen während der Behandlung schwer gestörter Jugendlicher keineswegs unüblich sind. Unter bestimmten Umständen muß der Psychoanalytiker etwas unternehmen, damit der Jugendliche sich mit seinem Verhalten nicht wirklich in Gefahr bringt. Bei weniger schweren Fällen kann die Behandlung enden, nachdem es zu bestimmten Aktionen gekommen ist.

Wir zögern, über technische Aspekte der Behandlung solcher schwer gestörter Jugendlicher zu sprechen, weil dadurch leicht der falsche Eindruck entstehen könnte, daß es nur des so oder so gearteten »Managements« bedürfe, um die sehr schwierigen Probleme zu bewältigen, denen der Analytiker sich gegenübersieht. Viele Jugendliche, die in Behandlung sind, befinden sich mitten in einer ernsten Lebenskrise und stehen häufig zugleich vor der Notwendigkeit, eine Entscheidung zu treffen, die mit ihrer Ausbildung bzw. ihrem zukünftigen Beruf zu tun hat. Manchmal wird die Besorgnis wegen der unmittelbar erfahrenen Krise zu Unrecht als Widerstand angesehen, und dann kann dem Außenstehenden die unbewußte Signifikanz der Krise entgehen. Wenn es sich auch empfiehlt, angesichts einer solchen Krise des Jugendlichen die klassische Technik für eine Weile den Gegebenheiten anzupassen, so wird eine bloße Veränderung des Vorgehens doch kaum jemals ausreichen, um solche Schwierigkeiten in unserer täglichen Arbeit zu bewältigen (Eissler 1958; Geleerd 1957; Harley 1970). Daß wir bei der psychoanalytischen Behandlung jugendlicher Patienten immer wieder auf Grenzen treffen, hat wohl eher mit unserem begrenztem Wissen über die Struktur der psychischen Störungen in der Adoleszenz zu tun (A. Freud 1958; Harley 1961). Dieses Defizit verbaut uns möglicherweise den Zugang zur Bedeutung der Angst des Jugendlichen und zu eben jenen inneren Faktoren, durch deren Zusammenspiel es zu Desorganisation und Kontrollverlust kommt.

Manche jugendlichen Patienten zeichnen sich durch eine Eigenschaft aus, die dem Analytiker sagt, daß er unter Umständen eingreifen muß, um bestimmte Verhaltensweisen zu unterbinden. Im Verlauf der Analyse – häufig schon gleich zu Beginn des therapeutischen Kontakts – stellt sich heraus, daß der betreffende Jugendliche nicht imstande ist, bestimmte schwerwiegende und manchmal gefährliche Handlungen von sich aus abzustellen. *Dieses zwanghafte Verhalten kommt dem wiederholten Ausleben einer bestimmten Phantasie bzw. bestimmter Phantasien in der Öffentlichkeit gleich.* Je intensiver der Jugendliche diese Phantasien auslebt, desto größer werden seine Angst und seine Desorganisation. Mit fortschreitender Behandlung erkennt der Patient, daß die Interpretation dieser spezifischen Phantasie bzw. dieser spezifischen Phantasien ihm nicht hilft, ihrer Inszenierung ein Ende zu machen. Das Dilemma besteht nun aber gerade darin, daß der Erfolg oder Mißerfolg der Behandlung von eben dieser Fähigkeit abhängen kann, diese Phantasien zu isolieren und sie in die Analyse einzubringen, damit sie verstanden und durchgearbeitet werden können. Reale Faktoren, etwa die Gefährlichkeit seiner Handlungen für ihn selbst, scheinen dem Patienten keinen Eindruck zu machen. In solchen Fällen ist es wichtig, daß der Analytiker dem Verhalten des Jugendlichen vorübergehend klar umrissene Grenzen setzt und das betreffende Material damit in die Behandlung hereinholt. Allerdings darf eine derartige Intervention in keinem Fall einfach eine von außen kommende Maßnahme des Analytikers sein; sie muß vielmehr so geartet sein, daß der Patient sie als eine Notwendigkeit und als eine potentielle Hilfe für den Fortschritt der Behandlung begreift. Zu einer Intervention dieser Art kam es in der Behandlung von Jane, die wir in diesem Kapitel schildern.

Entscheidend ist in diesem Zusammenhang die Wahl des richtigen Zeitpunktes. Unserer Meinung nach ist eine solche Intervention keineswegs sinnvoll, solange der Jugendliche noch keine Beziehung zum Analytiker aufgebaut hat. Es ist wichtig, auf sein Eingeständnis zu warten, daß seine Krankheit und sein Verhalten eine schwere Beeinträchtigung seines Lebens darstellen – mit anderen Worten, auf den Zeitpunkt, zu dem er erkennt, daß seine zwanghaften Handlungen oder sein zwanghaftes Ausleben bestimmter Dinge ein ernsthaftes Problem sind. Es wäre falsch zu intervenieren, solange die Intervention dem Jugendlichen nicht einleuchtet. Sie muß also zu einem Zeitpunkt erfolgen, zu dem der Jugendliche es sich gestatten kann, im Analytiker vorübergehend eine Art Hilfs-Ich oder Hilfs-Überich zu sehen.

Eine Gefahr im Zusammenhang mit der Intervention besteht natürlich darin, daß die Behandlung »sexualisiert« wird: Der Jugendliche mag jetzt der Meinung sein, er habe den Analytiker dazu bringen können, zum kontrollierenden und strafenden Überich zu werden, und er könne ihn auf diese Weise in seine Phantasie einbauen, der zufolge er eine passive Rolle innehat und vom Analytiker bezwungen wird. Diese Sexualisierung der Behandlung kann sich als sehr ernsthafte Barriere erweisen, aber sie ist immer noch eher zu verkraften als der Umstand, daß man nie an den Inhalt der Phantasie herankommt, wenn der Jugendliche sie außerhalb der Sitzungen auslebt, und daß damit auch der Affekt verlorengeht, der seinen Handlungen anhaftet.

Die Jugendlichen, von denen wir hier sprechen, sind gewöhnlich sehr verletzliche Menschen, und in ihrer Lebensgeschichte gibt es manchmal bereits einen Selbstmordversuch,

Selbstverstümmelung, extensiven Drogenkonsum oder Promiskuität. Gerade wegen ihrer Verletzlichkeit kann es sein, daß der Analytiker zögert, die Behandlung zu »stören«, und unnötigen Krisen lieber aus dem Weg gehen möchte, insbesondere wenn der Jugendliche bereits einen Selbstmordversuch unternommen hat. Manche dieser Jugendlichen spüren unbewußt, daß ihre Labilität die Mitmenschen erschreckt und sie ihnen gegenüber freundlich und vorsichtig sein läßt. Vielleicht möchte der Analytiker auch die negativen Übertragungsreaktionen des Jugendlichen vermeiden, und dies auch in der Meinung, der Patient werde sich vielleicht veranlaßt sehen, die Behandlung abzubrechen oder in anderer Weise zu agieren, wenn die negative Übertragung begonnen hat. Aber ein solches Vermeidungsverhalten des Analytikers vergrößert die Angst des Jugendlichen nur noch, denn unbewußt spürt er, daß auch der Analytiker ängstlich ist. Und das wiederum hat zur Folge, daß der Jugendliche diesen Aspekt der Übertragung nun erst recht ausleben muß. Sein Agieren kann sich dann mit anderen Formen unkontrollierten Verhaltens vermischen, und dann wird seine Angst noch größer (Blos 1966; A. Freud 1968; Limentani 1966; Rosenfeld 1964).

Die Jugendlichen, von denen hier die Rede ist, fühlen sich zeitweilig außerstande, ihr Verhalten ohne die Hilfe des Analytikers zu ändern – ein Gefühl, das sie schon lange vor Beginn der Behandlung hatten. Die Behandlung wirft möglicherweise Licht auf den Umstand, daß ein Jugendlicher bestimmte Verhaltensweisen immer und immer wieder zeigen muß, die im Grunde Teil seiner Krankheit sind, aber sie bringt diesen Zwang zur Wiederholung von Verhaltensweisen nicht selbst hervor. Es ist möglich, daß der Jugendliche erst dann eine gewisse Einsicht in die Bedeutung der Phantasien gewinnt, die ihn zwingen, sich in einer bestimmten Weise zu verhalten, wenn der Analytiker ihm feste Grenzen bezüglich dieser spezifischen Verhaltensweisen gesetzt hat. Gelegentlich kommt die Behandlung erst dann allmählich in Gang, wenn die entsprechenden Phantasien in die Analyse »hineingezogen« werden. Wenn man die Handlungen erst einmal genau analysiert, stellt sich heraus, daß die Phantasie, die diese Jugendlichen immer und immer wieder ausleben müssen, ihre zentrale Masturbationsphantasie ist.

Mit Ausnahme dieser Intervention, die auf einen ganz klar umrissenen Lebensbereich des Patienten zielt, muß man die klassische analytische Technik heranziehen. Unnötige Interventionen verwirren den Jugendlichen und stehen der Entwicklung der Übertragung insofern im Wege, als sie es ihm unmöglich machen, zwischen Verhaltensweisen, zu denen er sich gezwungen fühlt, und anderen Verhaltensweisen zu unterscheiden, die in einem spezifischen Zusammenhang mit der Behandlung und mit dem augenblicklichen Stand der Übertragung stehen.

Klinisches Material

Jane

Jane kam im Alter zwischen 14 und 17 in unregelmäßigen Abständen zur Behandlung und war anschließend bis zum Alter von 24 Jahren in Analyse.* Als sie in Begleitung ihrer Eltern zum ersten Mal erschien, war sie noch Schülerin in einer anderen Stadt. Mit Rücksicht auf die Entfernung war der Analytiker bereit, sie auch in unregelmäßigen Abständen zu empfangen. Was ihn allerdings von Anfang an beunruhigte, war Janes Auftreten ganz allgemein; sie lächelte stets und war von ausgesuchter Höflichkeit und voller Einsicht. Ihre Eltern machten sich schon lange Sorgen, weil sie so isoliert und depressiv war und sehr plötzliche Stimmungswechsel zeigte. Sie hatten sich fünf Jahre zuvor getrennt, aber Janes Verhalten und die gemeinsame Sorge um die unglückliche Tochter hatten den Kontakt zwischen ihnen aufrechterhalten.

Als es für Jane an der Zeit war, sich Gedanken über ihre weitere Ausbildung zu machen, sagte sie, sie wolle nicht in London, sondern anderswo studieren, um auf diese Weise

---

* Zu dieser Patientin siehe auch Kapitel 2.

»von allem wegzukommen«. Zu diesem Zeitpunkt wußte sie, daß der Analytiker ihre Störung mit Sorge betrachtete. Seiner Meinung nach brauchte sie eine intensive Behandlung, und so schlug er ihr vor, sie solle lieber in London studieren. In der Stadt, in der sie im Augenblick noch die Schule besuchte, gab es, wie sie wußte, keinen Analytiker. Einige Monate lang schob sie die Entscheidung vor sich her, wobei sie erklärte, sie sei sich nicht sicher, ob eine Intensivbehandlung ihr helfen oder sie zerstören werde. In dieser Periode seines Kontaktes mit Jane wußte der Analytiker noch nicht, was in Wahrheit hinter dieser Furcht stand, und war daher der Meinung, es werde genügen, wenn er ganz einfach sagte, daß er sich Sorgen um sie mache und daß sie auf die Behandlung angewiesen sei. Erst zu einem viel späteren Zeitpunkt in der Analyse konnte er sich ihre Furcht, zerstört zu werden, erklären sowie ihren Wunsch, den Analytiker dazu zu bringen, daß er die Verantwortung für diese Entscheidung übernahm. Am Ende beschloß Jane, sich an einer nahegelegenen Universität einzuschreiben, so daß eine Intensivbehandlung möglich war.

Jane zeigte sich durchaus interessiert und erleichtert, jetzt regelmäßig zur Behandlung kommen zu können. Sie war sehr erschrocken gewesen, als sie bei einem Schulausflug einen, wie sie es nannte, »hysterischen Anfall« gehabt und geweint, geschrien und verlangt hatte, man solle sie in die Schule zurückbringen. Sie fürchtete, »sexuell abnorm« zu sein, was in ihren Augen soviel hieß wie lesbisch zu sein; sie konnte keine engeren Beziehungen zu Jungen eingehen, und es drängte sie zu masturbieren (»der kleine Mann in mir sagt mir, daß ich es tun soll, und es ist, als ob ich es ganz einfach tun muß«).

Sieben Monate nach Beginn ihrer Analyse unternahm Jane einen Selbstmordversuch. Sie war inzwischen mit Bill befreundet, einem Fünfundzwanzigjährigen, den sie als depressiven und schwachen Menschen schilderte und der allem Anschein nach dankbar war, daß sie ihm erlaubte, ihr Freund zu sein. Sie schliefen regelmäßig miteinander, aber Jane gelangte nie zum Höhepunkt. Das erfüllte sie mit ständiger Sorge und erschien ihr als Bestätigung ihrer Abnormität. Der Analytiker sah die Dinge präziser: Sie stellte offenbar immer fest, daß ihr mehr am Masturbieren gelegen war, weil sie sich dabei vorstellen konnte, gedemütigt, überwältigt, ja manchmal vergewaltigt zu werden.

Vor der Beziehung zu Bill hatte Jane etwa ein Jahr lang rasch wechselnde Männerbekanntschaften gehabt und nicht lange danach gefragt, wer der Mann war, mit dem sie ins Bett ging. Anschließend empfand sie dann immer einen Haß auf sich selbst und bezeichnete sich als »eine richtige Nutte, die besser tot wäre«. Aber der Geschlechtsverkehr brachte ihr niemals das, was sie sich davon erhoffte, und so begann sie zwanghaft zu masturbieren. Der Versuch, zu diesem Zeitpunkt in der Analyse dahinterzukommen, welche Phantasie das Masturbieren begleitete, war nicht erfolgreich; erst später brachte der Analytiker jenen Teil der Phantasie in Erfahrung, über den sie auch dann niemals etwas sagte, wenn sie vom Masturbieren sprach. Nach ihren Worten stellte sie sich beim Masturbieren vor, daß jemand (sie war sich nicht sicher, wer dieser Jemand war) sie wie wild masturbierte, und daß das einzig Wichtige dabei war, daß sie zum Orgasmus gelangte. Bevor sie masturbierte, aß oder trank sie häufig etwas oder las einen Liebesroman.

Das Masturbieren verursachte Jane derartige Schuldgefühle, daß es ihr entsetzlich schwer fiel, ihren Studien nachzugehen oder sich auf irgend etwas anderes als die allereinfachsten Tätigkeiten im Haushalt zu konzentrieren. Sie fühlte sich ganz und gar gelähmt durch die Vorstellung, sie müsse versuchen, ihre Abnormität zu widerlegen; angesichts dieses Erfordernisses war alles andere zweitrangig. Immerhin aber sprach sie über eine Sache, die im Zusammenhang mit der Behandlung und mit einer Einschränkung stand, die der Analytiker kurz nach Beginn ihrer Analyse verfügt hatte. Es war eben diese spezifische Einschränkung, die es ihr ermöglichte, sich ihrer Masturbationsphantasie und der Tatsache zu stellen, daß sie diese Phantasie in zwanghafter Weise ausleben mußte. Jane fuhr manchmal von ihrem Schulort aus als Anhalterin nach London, und dieses Verhalten wollte der Analytiker einschränken. Sie war ein hübsches Mädchen und wurde oft von Männern mitgenommen, die sie dann um ihre Telefonnummer baten oder versuchten, sie anzufassen oder sogar sie zum Geschlechtsverkehr zu bringen. Dies räumte sie zwar keinem der Männer ein, aber immerhin verhalf sie ihnen häufig zur sexuellen Erregung, indem sie ihnen andere Formen des Liebesspiels gestattete. Mehrfach wurde sie auch von Männern mitgenommen, die ihr drohten, sie würden sie zusammenschlagen oder ihr in anderer Weise Schaden zufügen. Der Analytiker machte sich große Sorgen, denn ihr Verhalten hatte etwas Zwanghaftes, und sie begab sich damit tatsächlich in große Gefahr.

Inzwischen hatte er erkannt, daß Jane ihre zentrale Masturbationsphantasie auf diese Weise, nämlich in Form des »Trampens« auslebte. Es war das Zwanghafte daran, das ihn auf den Gedanken brachte, daß der Kern ihrer Störung in der Phantasie beschlossen war, die sie auslebte. Der Analytiker hatte zuvor schon viele Male versucht, ihr die Bedeutung des Trampens einsichtig zu machen, aber sie hatte unweigerlich immer wieder einen Grund gefunden, das Angebot zum Mitfahren »anzunehmen«. Es war ihr inzwischen gedämmert, daß sie diese Aktivität nicht aufgeben konnte, aber sie bestritt, deshalb irgendwelche Ängste zu verspüren. Der Analytiker sagte ihr, daß sie das Trampen aus irgendeinem ihm unbekannten Grund nicht lassen könne und daß er sich um ihre Sicherheit sorge. Er fügte hinzu, wenn sie nicht davon abließe, dann würden sie nicht verstehen können, was sie zwang, sich in dieser Weise zu verhalten und damit die Behandlung zu stören. Er schloß mit den Worten: »Und aus diesem Grund meine ich, daß du nicht mehr trampen solltest.« Jane war wütend und erleichtert zugleich. Dem Analytiker war klar, daß ein solcher Entschluß sich auf den normalen Verlauf der Behandlung störend auswirken konnte, aber er war auch der Meinung, daß sie nun einen Punkt in der Analyse erreicht hätten, an dem Jane erkennen konnte, daß sie ihr Verhalten nicht von sich aus aufgeben konnte.

Die zentrale Masturbationsphantasie lautete folgendermaßen:

Jane wird von einem Mann gejagt und schließlich gefangen, der so aussieht, als berühre ihn das alles nicht im mindesten, und der überhaupt keine Gefühle hat. Dieser Mann veranlaßt sie, wie eine Sklavin alle möglichen Dinge für ihn zu tun, und versucht dann, sie sexuell zu erregen. Er hat sich und die Umstände völlig in der Hand. Sie fügt sich seinen Forderungen nach sexueller Aktivität, aber dann endet die Phantasie abrupt, kurz bevor es zum Koitus kommt.*

Wenn dies auch Janes zentrale Masturbationsphantasie war, so stellte sie sich diese Szene beim Masturbieren dennoch nicht bewußt vor. Gewöhnlich wurde die Phantasie eher in ihrem Umgang mit anderen in irgendeiner Weise ausgelebt, so etwa wenn sie sich als Anhalterin mitnehmen ließ. Beim Masturbieren selbst gab sie sich einer Phantasie hin, die neutraler und, wie Jane sich ausdrückte, »klinischer« war – das heißt, es ging ihr dabei »ganz einfach um die physische Erleichterung«.

Jane beklagte sich ständig über ihre Freundschaft mit Bill, der sich in ihren Augen erniedrigte, nicht stark genug war und willig alles tat, was sie von ihm verlangte. In der Übertragung versuchte sie ständig, den Analytiker in die Position des Mannes aus ihrer Masturbationsphantasie zu bringen, indem sie ihn aufforderte, sich stark zu zeigen, und ihm sagte, er sei nicht wirklich an ihr interessiert, wenn er immer nur rede und nicht von sich aus irgend etwas unternehme, um sie zur Aufgabe ihres Verhaltens zu bringen. Jeden Montag berichtete sie, wie sie sich am Wochenende Bill gegenüber verhalten hatte. Dann verlangte sie, der Analytiker solle etwas tun, um sie in Schach zu halten, und sagte, er sei ja dumm, sie weiterzubehandeln. Warum er die Behandlung eigentlich nicht abbreche? Sie sei schlecht, unnütz und schmutzig, und er sei auch nicht besser, wenn er ihr zuhöre und erlaube, jeden Tag herzukommen. (Als der Analytiker zu einem früheren Zeitpunkt beschlossen hatte, ihrer »Anhalterei« ein Ende zu machen, hatte ihn der Gedanke beschäftigt,

---

* Gegen Ende der Behandlung kam es zur eingehenderen Beschäftigung mit dieser Phantasie. Siehe Kapitel 2.

er könnte in ihre Phantasie von dem brutalen und kalten Menschen hineinpassen, der sie zwang, sich ihm zu fügen. Aber wie die Dinge nun einmal lagen, hatte er das Gefühl gehabt, er müsse diese Gelegenheit nutzen und den daraus entstehenden Übertragungsfaktor in die Behandlung mit einbeziehen.)

Zur Zeit von Janes Selbstmordversuch war ihnen klar, daß Jane fürchtete, abnorm und lesbisch veranlagt zu sein; daß sie sich in gewisser Weise schuldig fühlte für die Trennung ihrer Eltern und daß sie sich in der Gesellschaft Gleichaltriger höchst unbehaglich fühlte. Das Masturbieren bestätigte nach ihrer Überzeugung, daß mit ihrem Seelenleben etwas ernsthaft in Unordnung war, aber es gelang ihr nicht, »es zu vergessen oder wenigstens nicht weiterhin tun zu müssen«. Diese Dinge kamen in der Behandlung in aller Ausführlichkeit zur Sprache. Sobald der Analytiker aber auf ihren Wunsch, er möge ihr seine Liebe erklären, oder auf das zerstörerische Potential anspielte, das Jane ihrer Meinung nach in sich trug, stieß er auf vollkommene Zurückweisung – ja, Jane sagte ihm, er beschuldige sie, »an Dinge zu denken, die gar nicht existieren«, er zeige kein wirkliches Interesse an ihr, und sie habe manchmal den Wunsch, wegzulaufen und zu sterben. In den Sitzungen sprach sie oft mit sehr ruhiger Stimme, lächelte ihr wachsweiches Lächeln und behielt ihre Gefühle für sich. Außerhalb der Sitzungen dagegen stritt sie häufig mit ihrem Freund, schrie und weinte, sprach manchmal stundenlang kein Wort oder blieb in ihrem Zimmer und ließ niemanden hereinkommen.

Zwei Wochen vor ihrem Selbstmordversuch geriet sie wegen des wiederholten Masturbierens in größte Unruhe. Sie schlief weiterhin mit Bill, klagte aber, das habe alles keinen Zweck, das Zusammensein befriedige sie nicht, aber sie könne es auch nicht aufgeben. Wenn sie es täte, wäre sie wieder auf sich allein gestellt und sich selbst überlassen und würde dann wieder versuchen, sich selbst zu erregen, und das wäre schrecklich und abnorm. Deutungen hatten zu diesem Zeitpunkt überhaupt keine Wirkung. Sie geriet in immer größere Agitiertheit und sagte, sie könne das Masturbieren einfach nicht lassen, ein Umstand, aus dem man hätte schließen können, daß eine schwere Krise unmittelbar bevorstand.

Im College lernte sie eine ältere Studentin kennen und freundete sich mit ihr an. Diese Frau versicherte ihr in liebenswürdiger Weise, das Masturbieren sei ein sehr gutes Mittel, um Spannungen abzubauen, und Jane nahm das als Erlaubnis, weiterhin zu masturbieren. Aber das Ergebnis war nicht etwa momentane Erleichterung, sondern noch viel größere Angst und das Gefühl, daß jetzt nichts mehr sie daran hinderte, die Selbstbeherrschung ganz und gar zu verlieren. Die Folge war, daß Jane ihren Körper noch mehr als bisher als ihren Feind betrachtete und sich sagte, daß *eine* Möglichkeit, dieses schmutzige, scheußliche Ding loszuwerden, das ihr das Gefühl gab, lesbisch zu sein, darin bestand, es zu töten. Als die ältere Freundin (die Janes Beziehung zu ihrer einsamen und isolierten Mutter repräsentierte) ihr zum Masturbieren riet, war Jane über diese Vertrautheit sehr beglückt. Die Deutung – daß sie sich die Nähe dieser Frau und ihrer Mutter wünsche – ließ sie verstummen und erschreckte sie. Sie beschuldigte den Analytiker, er sei nicht an ihr interessiert, denn er habe nicht versucht, sie vom Masturbieren abzuhalten.

Am Tag vor ihrem Selbstmordversuch kam Jane zur Sitzung und sagte, sie sei dabei, die Selbstbeherrschung zu verlieren, und an ihrem Leben sei plötzlich überhaupt nichts mehr dran. Kichernd erzählte sie, sie habe daran gedacht, »irgendwohin« zu trampen. Der Analytiker bemühte sich, zu dem vorzudringen, was seiner Meinung nach im Augenblick der Kern ihrer Angst war – daß sie ihre Gedanken nämlich für sehr abnorm hielt und sich ihrer Empfindungen und Überlegungen schämte. In Anspielung auf den »kleinen Mann in ihr, der ihr sagt, daß sie es tun soll« bemerkte sie nur, sie könne über »gewisse Dinge« nicht sprechen. (Einige Monate nach ihrem Selbstmordversuch konnte sie dann sagen, daß es Gedanken gebe, die ihr niemand nehmen dürfe. Sie wußte nicht, was es war, aber sie hatte das Gefühl, es gebe einen Teil in ihrem Innenleben, zu dem niemand vordringen könne; er gehörte ihr, und sie konnte ihn nicht hergeben.)

Jane war allein zu Hause, als sie die Überdosis Tabletten schluckte, und ihr Freund fand sie einige Stunden später. Es dauerte zwei Tage, bis sie im Krankenhaus wieder bei vollem Bewußtsein war. Der Analytiker verlegte eine Sitzung dorthin, und anschließend kam Jane dann – allein oder in Begleitung – vom Krankenhaus aus zu ihm. Sie blieb fünf Monate auf der Station und erwies sich als eine sehr schwierige Patientin – sie war widerspenstig, sie stritt mit den anderen Patienten, zerbrach Geschirr und verschwand einmal für mehrere Stunden. Man fand sie später am Ufer eines Flusses sitzend. Auf die Frage der Pflegerin, warum sie fortgelaufen sei (was sie während der Behandlung ebenfalls zweimal tat), sagte Jane, sie habe mit einem Mädchen auf ihrer Station Streit gehabt und sich gesagt, sie könne doch mit all diesen Dingen Schluß machen und in den Fluß springen. Sie verwickelte sich in Streitereien auf der Station, ohrfeigte einige männliche Patienten, die »mich immerzu anfassen wollen«, und war insgesamt unberechenbar und außerordentlich launisch.

In den Sitzungen nach dem Selbstmordversuch war sie fast vollständig desorganisiert. Die Deutungen ihres defensiven Verhaltens angesichts der Furcht, sie sei abnorm, der Sorge, sie werde sich tatsächlich umbringen, bzw. der Angst, sie könne ihre Mutter angreifen, halfen ihr sehr wenig. Sie blieb weiterhin außerordentlich ängstlich, und insgesamt war keine große Veränderung zu bemerken. Oft weinte sie während der Sitzung, raufte sich das Haar und sagte wiederholt: »Ich *muß* sterben. Es kommt niemals in Ordnung. Ich muß sterben.« Ihrer Meinung nach konnte nichts in Ordnung kommen, solange sie nicht tot war. Der Analytiker beschloß, ihr seine Meinung zu diesem Punkt zu verdeutlichen – daß er sie nämlich in Wahrheit nicht daran hindern konnte, sich umzubringen. Er war der Ansicht, daß es jetzt, unabhängig davon, wie die Interpretation ihres augenblicklichen Verhaltens lautete, ebenso wichtig war, Realität in die Behandlung zu bringen. Er erklärte, daß er ihr helfen könne, aber nur wenn sie den Wunsch habe weiterzuleben. Wenn sie sich umbringen wolle, könne er sie nicht davon abhalten. Zugleich gab er zu bedenken, daß ihr Wunsch zu sterben und ihr erster Selbstmordversuch Krankheitsanzeichen seien. Er könne ihr gegen die Krankheit helfen, aber nur wenn sie Hilfe wirklich wolle. Sie war wütend, aber dann schien sie ruhiger zu werden.

Von diesem Augenblick an sprach Jane davon, daß sie das Gefühl habe, allmählich ganz verrückt zu werden, und daß sie am Rande der »Desintegration« sei, wie sie sich ausdrückte. Sie meinte, sie könne kein anderes Wort dafür finden. Sie fürchtete sich vor dem »inneren Kern«, von dem sie früher einmal gesprochen hatte und an den sie niemanden heranlassen konnte. Oft sagte sie, daß ihr Gefühl, verrückt zu werden, in diesem Kern ihres Denkens liege, den sie niemals irgend jemandem habe mitteilen können. Das Problem war nach ihren Worten, daß sie nicht so recht wußte, was es mit diesem Kern eigentlich auf sich hatte. Sie kam sich schmutzig und wertlos vor, sie hatte das Gefühl, eigentlich sterben zu wollen. Es gab nichts, was an die Stelle des Todes treten konnte.

Zu diesem Zeitpunkt erinnerte der Analytiker sie an eine Sache, über die sie nicht sprechen konnte und von der sie meinte, sie müsse sie von ihrem Körper tilgen. Kurz nach Beginn der Behandlung hatte sie einen Mann kennengelernt, der sie in seine Wohnung mitgenommen hatte. Dort hatte er sie mit einem röhrenähnlichen Gegenstand masturbiert. Sie war vollkommen rasend gewesen – sie hatte es gewollt und zugleich verabscheut. Jetzt war sie überzeugt, daß nur der Tod dieses Geschehen »von meinem Körper« nehmen könne. Der Tod war die einzige Möglichkeit, mit dieser Erfahrung »ein für allemal Schluß zu machen«. Dann wären auch alle weiteren Geheimnisse tot. Aber sie konnte diese Geheimnisse nicht benennen – sie wußte nicht, woraus sie bestanden; sie fühlte nur, daß sie immer da waren und vor ihr selbst wie auch vor anderen verborgen werden mußten.

Dann schilderte Jane, welche schreckliche Angst sie vor der Behandlung gehabt hatte – das heißt vor der Entdeckung, unwiderruflich abnorm zu sein. Sie konnte sich dem Analytiker gegenüber nicht frei äußern, denn das hätte bedeutet, daß sie sich ihm gefügt hätte. und wenn sie sich ihm fügte, »dann bedeutet das, daß ich Ihnen sagen muß, daß es mir wichtig ist.

Die Leute glauben, daß mir alles egal ist, daß ich kalt bin, oder daß ich mit allem zufrieden bin.« Plötzlich verfiel sie in Schweigen. Gegen Ende der Sitzung begann sie zu weinen und brachte dann heraus, daß sie nicht glaube, daß der Analytiker ihr helfen könne. Sie hatte keine Ahnung, ob er sie mochte oder verabscheute; was immer sie tat, es schien ihn nicht zu erschrecken. Das gab ihr zwar ein Gefühl der Sicherheit, aber es konnte ja durchaus sein, daß er sie ihres Verhaltens wegen verabscheute. Damit spielte sie auf die Dinge an, die sie sich im Krankenhaus in jüngster Zeit geleistet hatte: Sie hatte Krach mit anderen Patienten, sie trank Wein und wurde »ganz blöd davon«, und sie war viel mit einer jungen verheirateten Frau (ebenfalls Patientin) zusammen, die heftige Zornesausbrüche hatte.

Die Krise schien in diesem Augenblick besonders schwer, und der Analytiker war sich nicht sicher, wie die Dinge weitergehen oder wie Janes Verhalten sich von einem Tag zum anderen entwickeln würde. Seiner Meinung nach war es jetzt wichtig, nicht den Versuch einer Rekonstruktion zu unternehmen, sondern ihr lieber den Inhalt ihrer Tagträume bewußt zu machen, um ihn dann mit dem übrigen extremen Verhalten verknüpfen zu können. Rekonstruktion zu diesem Zeitpunkt der Krise, so schien ihm, könnte die Angst zwar vorübergehend reduzieren, aber andererseits auch wieder größere Angst hervorrufen, weil Janes Vertrauen in ihre Fähigkeit zur Selbstbeherrschung damit nicht gefördert würde. So versuchte der Analytiker, sich auf die Details ihres Verhaltens im Krankenhaus zu konzentrieren: auf die Frage, wann sie schlafen ging, was sie aß, wie sie den Tag verbrachte, woran sie auf der Station dachte, was sie las, mit wem sie sprach usw. Aus diesen Details konnte er sich allmählich ein Bild davon machen, in welche Verwirrung Jane durch die jüngsten Vorgänge in ihrem Leben gestürzt worden und wie sehr sie von dem Gedanken erfüllt war, sie könne jederzeit die Selbstkontrolle verlieren.

Eines Tages eröffnete Jane die Sitzung mit der Mitteilung, sie sei wieder überzeugt davon, daß sie sterben müsse, und sie müsse einfach mit dem Analytiker darüber sprechen. Auf der

Herfahrt im Bus war ihr wieder ganz verrückt zumute gewesen, und im Wartezimmer hatte sie nicht gewußt, was sie tun sollte – sitzen oder stehen, lesen, aus dem Fenster schauen? Nichts war richtig gewesen, aber irgend etwas mußte sie tun. Es wäre vielleicht nicht schlecht, dem Analytiker die Haut mit den Fingernägeln zu zerkratzen – oder sollte sie das vielleicht jemand anderem antun? Der Analytiker war so unnahbar und wollte nur immer verstehen; wenn man ihm die Haut zerkratzte, dann würde ihn das vielleicht mürbe machen. Dann empfand sie große Angst. Sie riß sich an den Haaren und fing an herumzuschreien: »Ich weiß nicht, was los ist. Wirklich, ich muß sterben. Helfen Sie mir doch.«

Sie war erstaunt, als ihr einfiel, daß sie nachts aufgewacht war, weil sie einen Alptraum gehabt hatte. Sie hatte ihn ganz vergessen; jetzt kam er ihr wieder ins Gedächtnis. An die Einzelheiten konnte sie sich nicht mehr erinnern, aber es war furchtbar gewesen. Jetzt kam sie sich verrückt vor. Der Alptraum hatte sie ganz verrückt gemacht. In ihrer Erinnerung hatte er folgenden Inhalt: *Jane wird von einem anderen Mädchen geliebt und liebt dieses Mädchen ebenfalls. Es müßte gut sein, dieses Mädchen zu masturbieren und von ihm masturbiert zu werden.* Sie konnte sich an kein weiteres Detail erinnern, außer daß die Schwester sie aus dem Traum aufgeweckt hatte und daß ihr schrecklich zumute gewesen war. Sie hatte lange Zeit nicht wieder einschlafen können, weil sie an das Mädchen denken mußte. Als sie am Morgen erwachte, erinnerte sie sich überhaupt nicht an den Traum. Sie fühlte sich noch immer entsetzlich und dachte, sie sollte doch wirklich sterben: Alles war so hoffnungslos, sie taugte überhaupt nichts, und sie würde auch niemals aus dem Krankenhaus herauskommen.

Jane erinnerte sich, daß ihr am Abend zuvor höchst elend zumute gewesen war. Auf der Station war es sehr öde gewesen. Sie war ausgegangen und hatte sich Wein gekauft, obwohl das den Patienten bekanntlich nicht gestattet war. Sie und eine andere Patientin (die junge verheiratete Frau) hatten dann angefangen zu trinken. Dabei hatte sie eine leichte Erregung in der Vagina gespürt, so als hätte sie es gerne gehabt, daß irgend etwas passierte. Sie hatte sich vorgestellt, daß es schön sein müßte, diese andere Patientin zu berühren, sie zu halten und vielleicht von ihr geliebt zu werden. »Ich liebe und hasse sie. Während ich mich betrank, wünschte ich mir, daß sie mich und ich sie halten würde.« Der Traum war entsetzlich. Zur Beschreibung dessen, was sie im Anschluß daran empfunden hatte, benutzte sie die Ausdrücke »hoffnungslos« und »gefährlich«.

Es fiel ihr ein, daß sie und ihre um ein Jahr jüngere Schwester als Kinder im gleichen Zimmer geschlafen hatten. Manchmal schliefen sie auch im gleichen Bett, und wenn es finster war, hielt die eine sich an der anderen fest. Es kam vor, daß sie einander, als sie noch klein waren, den »Startbefehl« zum Masturbieren gaben. Das heißt, sie hatten ein Wort, das anzeigte, daß die eine angefangen hatte zu masturbieren, und wenn dieses Wort fiel, dann fing die andere ebenfalls damit an. Bill schlief mit ihr, aber er wußte offenbar nicht, daß es ihr vor allem darum ging, gehalten zu werden – sie wollte gehalten werden und sich sicher fühlen, weiter nichts. Der Geschlechtsverkehr war ihr meistens zuwider, denn er erinnerte sie daran, daß sie abnorm war; sie konnte keinen Orgasmus haben und kam sich die ganze Zeit über schmutzig vor. Das würde sich niemals ändern. Aber sie mußte auch weiterhin mit Männern verkehren, denn andernfalls würde sie sich nach Mädchen sehnen, und dann würde sie sich den Tod wünschen. Neulich hatte ihr Vater sie im Krankenhaus besucht, und sie hatte nichts tun können als weinen. Sie mochte ihn jetzt weniger als früher, und sie wußte nicht, ob sie ihm vielleicht zum Vorwurf machte, was sie tat. Es war so verwirrend: Sie fühlte sich sehr anders und schrecklich allein und wußte nicht, ob es helfen würde, irgend jemandem die Schuld daran zu geben. Andererseits fiel ihr manchmal auch ein, daß sie durch ihren Tod anderen Menschen das Gefühl vermitteln konnte, sie seien schuld daran. Aber das war nicht der wahre Grund, weshalb sie sterben wollte. Der eigentliche Grund war, daß sie all die Geheimnisse in ihrem Körper loswerden mußte.

Auf die Bemerkung des Analytikers hin, dem Traum nach

scheine sie ja dem Geschlechtsverkehr das Gehaltenwerden vorzuziehen, und dieser Wunsch sei in ihren Augen wohl der Beweis für ihre Abnormität, erinnerte sie sich, daß sie am Abend zuvor die andere Patientin hatte berühren wollen. Sie hatte es beinahe getan und wußte nicht, was sie schließlich davon abgehalten hatte. Der Analytiker sagte, ihre Verwirrung und die Todesgedanken seien wohl – unter anderem – ihre Art, ihren Körper für solche Wünsche zu bestrafen, und anscheinend wünsche sie sich jetzt ja in der Tat, von ihrer Mutter gehalten zu werden. Daraufhin sagte Jane: »Als ich nach der Überdosis wieder zu mir kam, saß meine Mutter bei mir am Bett. Sie hat mir erzählt, ich hätte damals zu ihr gesagt, sie und ich stünden einander jetzt näher als jemals zuvor. In dem Augenblick, in dem sie mir das erzählte, konnte ich sie nicht ausstehen. Und bis eben hatte ich es vergessen.« Aber nun hatte sie das Gefühl, als ob sie vielleicht doch dagegen angehen könnte. Vielleicht mußte sie nicht unbedingt lesbisch sein; vielleicht haßte sie Bill gerade wegen seiner Schwäche und Abhängigkeit. Als ihre Eltern die Trennung erwogen, hatte ihr Vater einmal geweint, und Jane hatte auch ihn gehaßt. Aber als er dann auszog, war es ihr, als habe sie selber ihn aus dem Haus gejagt; es war, als habe sie mit ihrer Mutter allein sein wollen, aber im gleichen Moment wußte sie, daß ihr Vater jetzt stark war.

Sie haßte auch den Analytiker, weil er stark war, und zugleich haßte sie ihn nicht. Sie erinnerte sich, daß sie vor seinem Besuch im Krankenhaus gedacht hatte, er würde vielleicht erschrocken aussehen, aber das war nicht der Fall gewesen. »Ich dachte, Sie wären vielleicht ärgerlich auf mich, weil ich Sie enttäuscht hatte. Aber ich weiß noch, daß Sie sagten, Sie könnten mich nicht davon abhalten, mich umzubringen, wenn ich das nun einmal wollte. Das klang fast wie ein Befehl. Aber ich wußte ja, was Sie meinten. Werde ich Sie nochmal so weit kriegen, daß Sie mich 'rausschmeißen? Wie können Sie sich das von mir gefallen lassen? Warum tun Sie nicht, was Sie eigentlich tun müßten? Sie müßten mir doch sagen, daß Sie mich hier nicht länger sehen wollen.« Der Analytiker erwiderte, sie brauche ihn jetzt, denn er müsse ihr bestätigen, daß sie nichts tauge und daß sie ihn wegjagen könne, wie sie vermeintlich ja auch ihren Vater weggejagt habe. Sie erwiderte nichts darauf und sagte während der letzten Minuten der Sitzung kein Wort mehr. Als sie ging, liefen ihr die Tränen übers Gesicht. Sie verließ das Sprechzimmer und sagte: »Es wird schon werden. Keine Sorge.«

Der Analytiker hatte Janes Zuneigung zu ihrer Schwester zunächst als Anzeichen ihres Wunsches gedeutet, ihrer Mutter nahe zu sein und von dieser »gehalten zu werden«. Aber Jane hatte ihm gesagt, das sei niemals ihr Wunsch gewesen, »obwohl es klingt, als ob es stimmte«. Der Traum machte es ihr anscheinend möglich, allmählich Material zu bringen, das mit ihren »Geheimnissen« und mit dem Gedanken zu tun hatte, daß es da einen »innersten Kern« gebe, an den niemand, auch sie selbst nicht, herankonnte. Andererseits war sie jetzt auch oft lange Zeit schweigsam. Manchmal ging sie höchst verärgert weg, an anderen Tagen verabschiedete sie sich lächelnd. Ihr Schweigen zeigte, wie sehr sie sich davor fürchtete, daß der Analytiker sie mürbe machen könnte; es zeigte aber auch, daß sie sich sagte, sie könne hin und wieder zu einer Sitzung kommen und mit dem Analytiker allein zusammensitzen, ohne die »beste Patientin« sein zu müssen. Nachdem ihr der Traum in Teilen verständlich geworden war, fühlte sie sich nicht mehr so stark getrieben zu sagen: »Ich muß sterben.« Der Satz lautete jetzt: »Ich finde, ich sollte sterben.« Wenn sie »wirklich verrückt« wäre oder in Zukunft »verrückt werden sollte«, dann, so meinte sie, wäre es besser, tot zu sein. Sie hatte einige Patienten gesehen, die schwer krank waren, und denen ging es ja so schrecklich. Was hatte es für einen Sinn, so zu leben? Genausogut könnte man Schluß machen, und alle, auch der Analytiker, wären erleichtert. Zugleich hatte sie jetzt aber auch ein wenig mehr Hoffnung. Der Traum hatte sie nicht zerstört, und das ließ sie hoffen. Aber beim Zubettgehen fürchtete sie sich davor, noch einmal einen solchen Traum zu haben. Sie bat den Arzt um Schlaftabletten, um, wie sie sagte, nicht aufwachen zu müssen, wenn irgend etwas sie von innen heraus angreifen würde, wie das bei jenem Traum der Fall gewesen war.

Trotz der Schlaftabletten konnte Jane wochenlang nur schwer einschlafen. Der Analytiker konzentrierte sich in dieser Periode auf ihre Überzeugung, daß sie von dem inneren Angreifer und dem abnormen Teil ihrer Persönlichkeit überwältigt werden würde. Diese Gewichtung schien hilfreich. Sie fragte jetzt manchmal in der Sitzung, ob es wohl ratsam sei, sich auf das »Risiko« einzulassen, ohne Schlafmittel zu Bett zu gehen. Zu diesem Zeitpunkt unterließ der Analytiker die Interpretation des – in der Übertragung deutlich zutagetretenden – Umstandes, daß Jane ihm jetzt eher vertraute und er ihr tatsächlich eine Hilfe war. Als sie dann seltener zu den Schlaftabletten griff, lag sie manchmal nachts lange Zeit wach und sagte sich, sie dürfe dem abnormen Teil ihrer Persönlichkeit nicht nachgeben. Sie riskierte »schreckliche Träume« in der Überlegung, sie würden ihr vielleicht ihre »verrückte Seite« verständlicher machen. Aber sie hatte weiterhin Angst davor, wieder masturbieren zu müssen, wenn sie nicht schlafen konnte, und das »wäre das Ende«.

Nach rund sechswöchigem Aufenthalt im Krankenhaus glaubte Jane, einen Teil des Tages wieder in der Universität verbringen zu können. Zuerst schämte sie sich ihrer Krankheit. Sie dachte daran, das Studium aufzugeben und irgendwo eine Arbeit aufzunehmen, »wo ich mich von normalen Leuten fernhalten kann«. Aber dann fühlte sie sich erleichtert und nicht mehr so gefährdet, als sie nähere Bekanntschaft mit einer anderen Studentin schloß, die ebenfalls schon an Selbstmord gedacht hatte und jetzt depressiv und nicht in der Lage war, ihren Studien nachzugehen. Kurz nach ihrer Rückkehr an die Universität stellte Jane »plötzlich fest, daß ich Bill sagen konnte, daß ich ihn nicht brauche«. Es sah so aus, als könne sie ihn aufgeben und es notfalls riskieren, »wieder die ganze Zeit zu masturbieren«. Für sie bedeutete dies das Risiko, wieder schwer krank zu werden. Sie machte sich auch Sorgen, daß sie vielleicht wieder den Wunsch haben könnte, als Anhalterin zu fahren und einen Mann dazu zu bringen, daß er ihr etwas antat – das heißt, ihr in irgendeiner Weise Schaden zufügte. Das war ihr ewiger Tagtraum – gejagt, gefangen, überwältigt und irgendwie gedemütigt zu werden. Dabei sagte sie, natürlich wisse sie, daß sie zugesagt habe, nicht mehr zu trampen.

Jane brachte jetzt ihre Tagträume in die Übertragung hinein, und zwar indem sie über lange Zeitspannen schwieg und sich weigerte, dem Analytiker zu sagen, worüber sie nachdachte. Das machte sie zunächst ängstlich und sehr ärgerlich. Als der Analytiker ihr Schweigen interpretierte: nämlich als gleichbedeutend mit dem Wunsch, er möge hinter ihr herlaufen, sie fangen und sie zum Sprechen bringen – also als gleichbedeutend mit dem Bestreben, den Wunsch aus dem Tagtraum in der Sitzung zu erfüllen –, konnte sie zugeben, »daß ich manchmal erregt bin, wenn ich schweige, und daß ich darauf warte, daß Sie mich zwingen«. Die Vergewaltigungsphantasie war eindeutig, und als er sagte, sie wünsche sich doch, daß er mit Gewalt in sie dringen möge, antwortete sie, es sei genau diese Phantasie, die sie in ihrer Beziehung zu Bill sexuell am stärksten erregt habe. Vor ihrem Vater war sie oft nackt herumgelaufen in der Hoffnung, sie könne ihn damit erregen, und er werde ihr etwas antun. Sie erinnerte sich auch, daß sie nach der Trennung der Eltern ihren Vater oft besucht hatte. Einmal, als sie über das Wochenende bei ihm zu Besuch gewesen war, hatte sie sich unbekleidet zu ihm ins Bett gelegt und an seiner Seite geschlafen. Sie hatte gehofft, daß er etwas mit ihr tun würde, und als er dann nur gesagt hatte, sie solle sich etwas überziehen, war sie verzweifelt gewesen und hatte sich gesagt, es sei ja doch »alles sinnlos«. Sie hatte versucht, »ihn auf alle Weise dranzukriegen« – sie ließ die Tür zum Bad offen oder rief ihn, wenn sie in der Wanne saß –, aber ohne Erfolg. Er ging auf keine ihrer Machenschaften ein. Janes Schweigsamkeit während der Sitzungen barg dieses Thema – sie versuchte, den Analytiker »dranzukriegen«, ihm Dinge nicht mitzuteilen, die er ihrem Gefühl nach wissen sollte, oder sie sprach in so allgemeinen Wendungen, daß er nicht sicher sein konnte, was sie eigentlich meinte. Daß sie in dieser Weise ihre Faxen mit ihm trieb, bedeutete für sie soviel wie ein Geheimnis, einen »innersten Kern, an den niemand herankonnte«.

Knapp sechs Monate nach ihrer Entlassung aus dem Krankenhaus lernte Jane einen Studenten kennen, Jim, der bald ihr Freund wurde. Bis dahin hatte sie einen großen Teil ihrer Zeit allein verbracht. Jim wußte von ihrem Selbstmordversuch, er hielt ihre Krankheit für überwunden und die weitere tägliche Behandlung für nicht notwendig. Jane erzählte dies alles dem Analytiker und sagte dazu, auch sie habe schon daran gedacht, jetzt in größeren Abständen zu kommen, aber sie scheue sich auch wieder, den Analytiker aufzugeben, denn er sei ja die einzige Person, die keine Angst vor ihr habe und die sie zugleich »in Schach« halte. Sie war sicher, daß sie »wieder ganz irre« werden würde, wenn sie nicht mehr käme. Solange mit ihrem Freund alles glatt ging, konnte sie dem Analytiker berichten, was vorging und wie sie sich fühlte. Wenn sie dagegen mit Jim Streit hatte oder meinte, der Analytiker finde sie nicht sympathisch, dann pflegte sie zu sagen, daß sie wieder Selbstmordgedanken habe. Der Analytiker deutete die Bedrohung, das Gefühl der Hoffnungslosigkeit, den Angriff auf ihren Körper oder auf den internalisierten Elternteil. Aber von unmittelbaren Deutungen abgesehen machte er ihr auch klar, daß er sie an nichts hindern könne. Sie wußte inzwischen, daß ihre Selbstmordgedanken mit ziemlicher Wahrscheinlichkeit dann auftraten, wenn sie etwas gedacht oder getan hatte, das sie für abnorm hielt. Als sie dem Analytiker berichten konnte, daß Jim und sie Fellatio und Cunnilingus miteinander praktiziert hatten, konnte sie auf die Selbstmorddrohung wieder verzichten.

Es war sehr wichtig, daß sie den Zusammenhang erkannte, der zwischen ihrer Angst vor der Abnormität und dem Gedanken, sie müsse sterben, auf der einen Seite und einer in ihren Augen abnormen Vorstellung oder Handlung auf der anderen Seite bestand. Die Erkenntnis dieses Zusammenhanges half ihr auch, sich gegen die dringende Empfehlung ihres Freundes zur Wehr zu setzen, sie solle doch seltener zu den Sitzungen gehen. Sie sagte: »Es kommt einem ein bißchen unwahrscheinlich vor, daß sich etwas ändern könnte.« In gewisser Weise war Kranksein sicherer – dann konnten alle Leute sagen: »Es geht ihr nicht gut, du mußt ihr nicht böse sein.« Ihre Eltern hatten früher Schwierigkeiten gehabt;

manchmal fragte sie sich sogar, ob vielleicht irgend etwas mit ihrer Mutter nicht stimme. Sie erinnerte sich, daß die Mutter ihr vor zwei oder drei Jahren gesagt hatte, sie solle »es doch geschehen lassen«, also ruhig masturbieren, wenn sie sich verspannt fühlte. Jane hatte sich damals manchmal überlegt, ob ihre Mutter sie denn wirklich zum Masturbieren anhalten wollte. »Großzügigkeit ist ja schön und gut, aber weiß sie, was sie sagt, wenn sie so redet?«

In diesem Kontext ließ sich das frühere Anliegen des Analytikers, sie solle das »Per-Anhalter-Fahren« aufgeben, von neuem in die Behandlung einführen. Früher hatte sie einmal gesagt, sie betreibe das Anhalten »aus Spaß«. Aber sie hatte es fertiggebracht, damit aufzuhören. Jetzt wollte sie es wieder einmal versuchen und sehen, ob sie die Dinge in der Hand hatte. Als der Analytiker nicht sofort auf ihre Worte einging, fragte sie, warum ihn das denn nicht mehr interessiere. Was hatte sie denn getan? Was sollte das alles? Warum überhaupt eine Besserung zeigen, wenn es ihm ohnehin egal war? Hier stellte der Analytiker von neuem einen Zusammenhang mit ihrem Tagtraum her: Er sagte, sie fühle sich gezwungen, bestimmte Dinge zu tun, sie fühle sich gejagt und setze jetzt wieder alles daran, ihn dazu zu bringen, daß er sich ihr als derjenige präsentiere, der das Sagen hat, zugleich aber auch als derjenige, der sich von den Dingen fernhält. Weiter sagte er, sie wisse ja jetzt, daß sie nicht trampen müsse, sie habe das doch in der Hand. Jetzt wolle sie von ihm in erster Linie hören, daß sie doch bitte nur ihm gegenüber loyal sein solle – mit anderen Worten, daß sie ihren Körper nur für ihn bewahren solle. Auf diese Deutung reagierte sie zunächst mit Schweigen; dann fing sie an zu weinen. Der Analytiker sagte nichts dazu. Bevor sie ging, sagte Jane: »Mit dieser Erklärung haben Sie es mir genommen« (womit sie sagen wollte, daß sie nun, da der Analytiker ihre geheime Quelle der Befriedigung kannte, aus dieser Quelle nicht länger Befriedigung werde ziehen können). »Jetzt weiß ich, daß Sie mich nicht wollen.«

Als sie am nächsten Tag wiederkam, sagte Jane: »Es tut mir leid wegen gestern. Ich wollte nicht aus der Fassung geraten, und ich wollte auch Sie nicht aus der Fassung bringen. Es war nur ein kleiner Schock, Sie sagen zu hören, was ich so denke.« Auf die Bemerkung des Analytikers, sie sei wohl der Meinung, sie müsse etwas gutmachen, sie müsse seine beste Patientin sein und dafür sorgen, daß keiner von ihnen sich jemals über irgend etwas ärgern müsse, kam die Antwort: »Ach, gehen Sie doch zum Teufel! Sie und Ihre Frau, Sie können sich beide zum Teufel scheren. Ich mache, was ich will. Sie werden schon sehen. Sie haben mir gesagt, daß Sie mich nicht davon abhalten können zu sterben. Na schön – Sie werden mich auch nicht davon abhalten!« Der Analytiker antwortete: »Jetzt hast du Angst vor mir. Aber ich habe mich gegenüber gestern nicht verändert. Ich würde doch gerne wissen, was inzwischen passiert ist.« Jane schwieg fast zwanzig Minuten lang. Dann sagte sie, sie habe an alle die Dinge gedacht, über die sie nicht sprechen wollte – daran, daß sie masturbiert hatte, nachdem sie mit ihrem Freund geschlafen hatte, und daran, daß es ihr jetzt ganz egal sei, was passieren würde. Es war ihr unangenehm, dem Analytiker zu erzählen, daß sie nach dem Geschlechtsverkehr oft masturbieren müsse, weil sie während des Aktes nicht zum Höhepunkt gelangen konnte. Das demütigte sie, und zugleich »heißt es, daß wir wieder da angelangt sind, daß ich vor jedermann Geheimnisse habe. Jim weiß nichts davon, und er muß ja blöd sein, daß er es nicht weiß.« Der Analytiker sagte: »Ich möchte doch mal wissen, was ich nicht weiß und warum ich dich zwingen muß, es mir zu sagen.«

»Ich bringe mich um! Das ist es, was Sie nicht wissen. Daran führt kein Weg vorbei, das weiß ich.« Am Tag zuvor war sie mit einer Freundin aus ihrem Seminar zusammengewesen und hatte neidisch gedacht, daß dieses Mädchen einen schöneren Busen hatte als sie selbst. Sie hatte Lust gehabt, ihn anzufassen. Zu Hause angekommen, verlangte sie sofort mit Jim ins Bett zu gehen, aber auch das hatte nicht geholfen. Danach betrachtete sie sich und fand sich nicht hübsch genug. Der Analytiker erinnerte sie an das Gespräch, das sie in der letzten Sitzung geführt hatten. Sie sagte, sie habe ganz vergessen, daß sie sich für nicht gut genug für ihn gehalten und gedacht hatte, daß er sie nicht möge. »Auf jeden Fall kennen Sie ja den ganzen Schmutz an mir; Sie würden mich also gar nicht wollen. Ich wundere mich wirklich, daß Sie mich noch immer empfangen, nach allem, was Sie wissen.« Der Analytiker antwortete: »Du wolltest sagen, du wunderst dich, daß du mich nicht vertrieben hast.«

Bei ihrem Besuch am nächsten Montag berichtete Jane von einer Party, an der sie am Wochenende teilgenommen und bei der sie sich betrunken hatte. Jim hatte nicht viel dazu gesagt, denn er hatte ebenfalls zuviel getrunken. Sie hatte sich lächerlich gemacht, und es war ihr ganz egal gewesen. Halt, nein, das stimmte nicht – in Wahrheit war es ihr überhaupt nicht egal gewesen. Denn am nächsten Morgen war ihr der Gedanke gekommen, daß sie sich gedemütigt hatte und daß Jim sich ebenfalls gedemütigt gefühlt haben mußte, so wie sie sich benommen hatte. Hier ließ sich deuten, daß sie einen Teil der Übertragung ausgelebt hatte – ihre Erniedrigung bezog sich auf den Analytiker, und ihr Verhalten auf der Party stand für den Wunsch, einen Teil des Tagtraums auszuleben, den sie sonst nicht loswerden konnte. Als der Analytiker sie daran erinnerte, daß sie versucht hatte, ihren Vater mürbe zu machen, indem sie sich nackt vor ihm zeigte, und daß sie sich dann zurückgewiesen gefühlt hatte, als er nicht darauf einging, antwortete sie: »Ihnen ist es doch egal, was ich tue, oder? Wenn es Sie interessierte, dann würden Sie mir vielleicht sagen, daß ich mich nicht betrinken soll.«

Eine Zeitlang blieben diese Themen im Mittelpunkt – daß sie sich erniedrigt hatte, daß sie ihrer Umgebung etwas vormachte und daß sie vor allen Leuten ein Geheimnis hatte. Janes Schuldgefühle waren enorm, und angesichts dieser Schuldgefühle und der Vorstellung, sie werde wohl »weiter abnorm« sein (sich hin und wieder von Mädchen angezogen fühlen, weiterhin lieber masturbieren als mit einem Mann schlafen und auch weiterhin beim Geschlechtsverkehr keinen Orgasmus haben), war klar, daß sie ihre »letzte Waffe« (wie sie es nannte) nicht aufgeben durfte – die Möglichkeit, sich umzubringen. Ihre plötzlichen Wein- und Schreianfälle in den Sitzungen, nach denen sie immer sehr ruhig weitersprach, waren Teil der Phantasie, daß der Analytiker die einzige Person sei, die ihr einen Höhepunkt verschaffen und ihr auf diese Weise dazu verhelfen könne, normal zu werden oder doch zumindest »diese Geheimnisse, die ich nicht loswerden kann«, zu vergessen.

Dieses primärszenische Material beherrschte Janes Analyse über Monate hinweg. Rekonstruktion erfolgte nur bis zu diesem Punkt, aber offensichtlich hatte sich an Janes Verhältnis zu ihrer Krankheit und an ihrer Überzeugung, das Opfer sowohl ihrer Tagträume als auch ihrer abnormen Gedanken zu sein, vieles verändert. Oft hatte sie Angst, sie könne einschlafen – das heißt, von erschreckenden Gedanken überwältigt werden, die sie im Wachzustand vorübergehend in Schach halten konnte. Wenn sie auch noch immer fürchtete, abnorm zu sein, so schien doch das Gefühl nicht mehr so dringend, sterben zu müssen. Diese Besserung – oder diese geringere Anfälligkeit für das Bedürfnis, sich erniedrigen und dann ihren Körper attackieren zu müssen – kam in einem Traum zum Ausdruck, den sie erzählte. Er glich in mancher Hinsicht dem früher erzählten Traum, aber Jane konnte jetzt ganz anders mit der ungeheuren Angst fertigwerden, die der Traum in ihr wachrief.

In diesem Traum wurde Jane von einer Schulfreundin masturbiert, die plötzlich ihren Finger wegnahm, als Jane in sexuelle Erregung geriet. Aufgrund von Janes Assoziationen zu diesem Traum konnten wir wiederum einen Zusammenhang mit Janes Vorstellung herstellen, daß sie und ihre Schwester einander masturbierten und daß Jane das Masturbieren dem Geschlechtsverkehr vorziehen könnte. Wir erkannten auch den Zusammenhang mit Janes Vorstellung beim Masturbieren, daß sie wirklich von ihrer Mutter gehalten wurde. Dies war ihre Vorstellung von der perfekten Primärszene. Aber inzwischen schien Jane sehr viel besser imstande, *aktiv* mit der Angst fertigzuwerden, die dieser Traum in ihr geweckt hatte. Sie sprach auch in diesem Fall von einem »Alptraum«, aber sie war längst nicht mehr so desorganisiert. Sie konnte jetzt sagen, sie wisse, daß sie nicht masturbieren werde, wenn sie allein sei, und sie sei inzwischen wohl imstande, »mich allein zu fühlen, ohne dabei das Gefühl zu haben, daß ich sterben muß«. (Damit spielte sie auf die frühere Phase der Behandlung an, als sie häufig masturbiert hatte. Damals war sie nicht Herrin der Situation gewesen, und sie erinnerte sich ganz zu Recht, daß das extensive Masturbieren ein Zeichen für eine ernsthaftere Störung gewesen war.)

Solange die Behandlung andauerte, wußten Jane und der Analytiker, daß sie noch immer stark gefährdet und vieles an ihrem Verhalten und ihrer Krankheit noch zu klären war. Aber Jane fühlte sich jetzt doch sehr viel eher in der Lage, etwas zu unternehmen, um »mit diesem Teil von mir, der abnorm ist«, fertigzuwerden. Die Geheimnisse waren noch immer da, oder zumindest erschien es Jane so. Der Gedanke, ihren Körper zu töten, um sich auf diese Weise von den Geheimnissen zu befreien, trat allerdings in den Hintergrund, auch wenn er noch nicht ganz verschwunden war, als die Behandlung beendet wurde. Wohl war Jane der Meinung, ihre Zukunft jetzt eher in der Hand zu haben, aber sie glaubte nicht, daß sie sich vollständig von ihren Peinigern befreit hatte.

Das hier wiedergegebene Material ist nur ein Teil von Janes Analyse. Wir haben bestimmte Dinge angeführt, um einige Aspekte ihrer Störung und die damit verbundenen praktischen Probleme besonders hervorzuheben. Die analytische Arbeit richtete sich gezielt auf die Pathologie und erfaßte nicht auch noch jene Seiten von Janes Verhalten, die unter die normalen Entwicklungsschwierigkeiten in der Adoleszenz fallen.

Ein entscheidender Punkt in der Behandlung war erreicht, als der zwanghafte Charakter bestimmter Verhaltensweisen und schließlich der Zusammenhang zwischen diesem Zwangscharakter und Janes zentraler Masturbationsphantasie erkannt worden war. Zwanghaftes Verhalten kennzeichnet das Leben vieler ernsthaft gestörter Jugendlicher, und wenn es in der Übertragung richtig erkannt wird, dann kann das in mehrfacher Hinsicht von Bedeutung sein: Das Zwangsverhalten kann als Mitteilung an den Analytiker betrachtet werden, daß der Jugendliche die Kontrolle verloren und die

Hoffnung aufgegeben hat. Es kann als das einzige dem Jugendlichen zu Gebote stehende Mittel erkannt werden, eine ansonsten verbotene »Erinnerung« oder einen Wunsch mitzuteilen (Freud 1914; Strachey 1934; Katan 1975). Der Analytiker kann seine Voraussage daran »festmachen«, daß wahrscheinlich eine schwere Krise im Leben des Jugendlichen und in der Behandlung eintreten wird. Am allerwichtigsten ist allerdings das Verständnis des zwanghaften Verhaltens für die Behandlung der Pathologie des Jugendlichen.

10 Entwicklungssperre

Es gibt Jugendliche, die zwar bereitwillig zur Behandlung kommen, denen es aber nahezu unmöglich ist, aktiv an der Aufhebung ihrer psychischen Störung mitzuwirken. Damit sind nicht etwa diejenigen Jugendlichen gemeint, die im Pubertätsalter eine Krise erlebt haben und bei deren Behandlung man mit einer Reihe von Problemen und Schwierigkeiten rechnen muß, die den Fortgang der Therapie unter Umständen ernsthaft gefährden. Die Rede ist vielmehr von solchen Jugendlichen, die mit einer sehr viel deutlicher umrissenen und »vollständigeren« Störung zur Behandlung kommen. Ihre Entwicklung in der Adoleszenz ist nicht nur – infolge der Pubertätskrise – gestört worden, sie ist zu einem vorzeitigen Ende gekommen, was sich in einer erkennbaren und hin und wieder sogar irreversiblen Form der Pathologie äußert.

In solchen Fällen ist die Periode zwischen dem Pubertätsalter und dem Erwachsenenalter nicht eine Zeit der Integration der zur Reife gelangten Genitalien in das Körperbild. Die Sexualität dieser Jugendlichen und ihre Objektwahl sind vielmehr schon kurz nach der Pubertät endgültig festgelegt, und es ist keine Veränderung zu einem späteren Zeitpunkt in der Adoleszenz mehr möglich – der Entwicklungsprozeß ist blockiert.

Klinisches Material

David

Als der damals achtzehnjährige David uns aufsuchte, verbreitete er sich ausführlich über seine Depression, seine Lernschwierigkeiten und seine Unsicherheit bezüglich der Frage, welchen Weg er einschlagen solle – er hatte eine Begabung sowohl für eine wissenschaftliche als auch für eine künstlerische Laufbahn. Im Erstinterview sprach er allerdings nur von seiner Einsamkeit. Der Analytiker sagte ihm, bisher ergebe sein Bericht noch kein zusammenhängendes Bild, und er wolle sich noch ein paarmal mit ihm unterhalten, um dann eingrenzen zu können, in welchen Bereichen er David nach dessen Meinung helfen könne. Es bedurfte einer ganzen Reihe von Gesprächen, bis sie beide der Ansicht waren, daß die angezeigte Form der Behandlung die Analyse war.

Davids Beziehungen waren ausnahmslos homosexueller Art, und nach seinen eigenen Worten war er soeben dabei, sich für das Leben eines Homosexuellen zu entscheiden. Noch wußte niemand etwas davon. Immerhin aber unterhielt David bereits viele Beziehungen zu Männern, die sämtlich sexueller Art waren. Dazu gehörten Analverkehr und Fellatio, wobei David bald den aktiven, bald den passiven Partner abgab, und die gelegentliche Teilnahme an einer Orgie mit vielfältigen Sexualerlebnissen in einer Nacht und mit mehreren Männern.

Dem Analytiker war zu Beginn der Analyse durchaus klar, daß er mit seiner Person in einen Wettstreit mit den vergleichsweise magnetisch wirkenden und unwiderstehlichen Befriedigungen treten mußte, die David aus seinen Beziehungen zu anderen Männern bezog. Aber er sagte sich, daß Davids Depression und seine übergroße Angst, irgend jemanden zu verlieren, ihm bei der Behandlung und der möglichen Beseitigung der Pathologie vielleicht zu Hilfe kommen würden. David wiederum wußte von Anfang an, daß der Analytiker seine Ansicht, daß Homosexualität so normal sei wie irgendeine andere Form der Sexualität, nicht akzeptierte. Er war ohne Zweifel ein sehr begabter junger Mann, aber in seinem Verhalten gab es Anzeichen dafür, daß er gelegentlich den Kontakt mit der Außenwelt verlor und in solchen Zeiten von seiner Phantasie wie eingehüllt war. Dann fuhr er stundenlang mit dem Bus, um schließlich dort wieder zu landen, wo er die Fahrt angetreten hatte. In dieser Zeit fühlte er sich von der realen Welt abgeschnitten und hoffte nur, von einem schönen Mann »gefunden« zu werden. Oder er verbrachte seinen Abend tanzend in einem Club, wo er eine Zeitlang als

»Mann« auftrat und dann allmählich spürte, wie er sich »veränderte«.

Anfangs sprach David in der Analyse über das enge Verhältnis zu seiner Mutter, die seiner Ansicht nach in den Jahren seiner Kindheit zeitweilig verrückt gewesen war, und zu seinem Vater, der zwar beruflich erfolgreich war, aber nach Davids Meinung zu Hause überhaupt nichts darstellte. In seiner Erinnerung war er ein verschüchtertes und einsames Kind gewesen, das von seinen Eltern als glänzend begabt geradezu vergöttert wurde, sich aber vor den anderen Kindern in der Schule fürchtete und von ihnen sehr häufig gar nicht beachtet wurde. Er war ein Einzelkind und erinnerte sich, stundenlang dagesessen und Landschaften für seine Mutter gemalt zu haben, die neben ihm saß und höchst entzückt davon war. Mit sechs Jahren hatte er sein erstes sexuelles Erlebnis mit einem anderen Jungen, das aus wechselseitigen oral-genitalen Kontakten bestand. Es folgten eine Reihe sexueller Erfahrungen während der Präadoleszenz – gegenseitiges Masturbieren, Fellatio, Umarmungen oder schließlich Masturbieren im Anblick von Bildern männlicher Athleten. Die anale Penetration des Partners oder durch den Partner wurde schon bald nach der Pubertät zur regelmäßigen Aktivität. Davids Beziehungen während der Jahre des Heranwachsens waren dadurch gekennzeichnet, daß er seinen Partner verließ oder selbst verlassen wurde, daß er ihn enttäuschte oder seinerseits enttäuscht wurde, aber immer standen ihm eine ganze Anzahl von Männern zur Verfügung.

In der Übertragung wurde der Analytiker rasch zum »Versager«-Vater, der nichts recht machen konnte, zu derjenigen Person, die sich bemühte, David die Homosexualität zu nehmen. David wollte sich ihm gerne nahe fühlen, spürte aber, daß der Analytiker das nicht zuließ. Er sprach ausführlich über seine künstlerischen Versuche und darüber, daß er halbe Nächte lang aufblieb, um philosophische Bücher zu lesen. Ebenso häufig erzählte er dem Analytiker von dem Mann, mit dem er die vorangegangene Nacht verbracht hatte, und schließlich präsentierte er ihm spöttisch die lange Liste schöner Männer, die ihn alle liebten. Die Deutungen richteten sich zu diesem Zeitpunkt allerdings in der Hauptsache auf seine Enttäuschung und darauf, daß er sich trotz dieser schönen Männer einsam und leer fühlte und sie ihm den Eindruck vermittelten, daß der Analytiker nichts tauge.

Der Analytiker machte darauf aufmerksam, daß David sich fürchtete, zur Behandlung zu kommen, aber er versuchte keine Interpretation, weil er nämlich noch nicht wußte, was dahinterstecken mochte. Er hätte raten können, was diese Furcht bedeutete – vielleicht Furcht vor großer Nähe, Furcht vor dem Nachgeben oder auch der Wunsch nach Nähe, damit David den Analytiker dann vernichten konnte. Statt dessen sprach der Analytiker immer wieder von der Diskrepanz zwischen Davids Überzeugung, die Welt sei perfekt, solange er nur einen schönen Sexualpartner habe, und seinem individuellen Gefühl, nichts lohne irgendeine Mühe, und er dürfe sich niemals gestatten, traurig zu sein. David berichtete von einem Traum, in dem ein Mann auf einem Sprungbrett in einem Schwimmbecken lag, und zwar unter Wasser. Der Mann sah zufrieden aus, aber er war tot. Dieser Traum war Ausgangspunkt der Rekonstruktion der Pubertätskrise, aber David brach die Behandlung ab, bevor der Inhalt wirklich verstanden oder durchgearbeitet war.

Ausgehend von diesem Traum erzählte David dem Analytiker, daß er stundenlang in seinem Zimmer auf dem Fußboden gelegen und gespürt habe, daß er nicht aufstehen konnte. Er hatte ein sexuelles Erlebnis mit einem Mann gehabt, den er von seinem Arbeitsplatz her kannte, und anschließend hatte dieser Mann sich nicht einmal herbeigelassen, ihn auf der Straße zu grüßen. David ging in sein Zimmer, dachte daran, sich das Leben zu nehmen, lag dann sieben Stunden lang auf dem Fußboden und hatte das Gefühl, etwas in ihm sei gestorben. Das flößte ihm solche Angst ein, daß er zunächst daran dachte, aus dem Fenster zu springen, dann aus dem Zimmer rannte und fast die ganze Nacht im Freien umherlief.

Daß er die Analyse nicht fortsetzen wollte, lag an seiner Furcht davor, der Analytiker werde ihn zwingen, sich an die Geschehnisse jenes Tages zu erinnern. Er beschuldigte den Analytiker, ihm die Männer wegzunehmen, die ihn glücklich machten, und sagte, er habe nie wieder an diese Episode mit dem Kollegen gedacht, bevor der Analytiker ihn gezwungen habe, diesen Traum zu träumen und sich an diese schreckliche Zeit zu erinnern. Die erregenden Vorstellungen während der Sitzungen – daß der Analytiker in ihn dringe und David eins mit sich mache – wurden in die Interpretationen einbezogen. Aber der Analytiker verlor dabei nicht den Umstand aus den Augen, daß diese Erregung im Augenblick weit weniger bedeutsam war als die Angst und die Verzweiflung, die David erfüllten, wenn er stundenlang auf dem Fußboden lag. Nichts hatte irgendeinen Sinn, und auch seine körperliche Schönheit bedeutete rein nichts, wenn der Analytiker ihn daran erinnerte, daß er ja unfähig sei, mit jemandem zusammenzubleiben, der ihn liebte. Schließlich konnte David »zugeben«, daß er sein Heil noch immer darin suchte, stundenlang auf dem Fußboden zu liegen, und daß er oft noch die halbe Nacht über daran dachte, daß doch alles schwarz und hoffnungslos sei.

Es fiel ihm ein, wie erstaunt er gewesen war, als er zum ersten Mal eine Ejakulation hatte, und daß er sich gedacht hatte, seine Mutter wäre wohl entsetzt, wenn sie es wüßte. Noch fast anderthalb Jahre nach dem Eintritt der Pubertät versuchte er, mit hoher Stimme zu sprechen. In der Erinnerung sah er sich, wie er damals in seinem Zimmer auf dem Fußboden lag, weinte und sich wünschte, seine Mutter möge ihm versichern, daß sie ihn wegen seiner Kunst auch weiterhin liebte. Nach seinem Vater hatte er sich niemals bewußt gesehnt, und ein solches Gefühl gewann auch durch die Deutungen im Rahmen der Übertragung keinerlei emotionale Signifikanz für ihn.

David sprach zwar über sein vergangenes Leben, aber seine Erinnerung hielt sich in engen Grenzen, und er hatte ganz eindeutig Angst davor, mit einer Vergangenheit in Berührung zu kommen, die er, wie er spürte, idealisiert und anschließend verloren hatte. Zu diesem Zeitpunkt lag das Schwergewicht auf der unmittelbaren Vergangenheit und auf den emotionalen Erfahrungen, die noch lebendig, zugleich aber erschreckend waren. Die Übertragungsdeutungen zielten in erster Linie auf den Umstand, daß er den Analytiker anders erlebte als seine männlichen Sexualpartner, daß er ihn als Sexualpartner wollte und sich wünschte, einerseits vom Analytiker geliebt zu werden und andererseits dessen Potenz zu zerstören. Manchmal fanden auch Davids Haß auf seine Mutter und die Anschuldigungen, die er gegen sie erhob und die häufig in Träumen auftauchten, Eingang in die Deutungen. In der Hauptsache konzentrierte der Analytiker sich aber auf Davids Angst vor den Frauen an seinem Arbeitsplatz und darauf, daß es ihn mit Unbehagen und Angst erfüllte, wenn man ihn als potenten Mann behandelte.

Einzelheiten zum Inhalt seiner zentralen Masturbationsphantasie lieferte David zunächst dadurch, daß er sich an oral-genitale Kontakte mit anderen Männern erinnerte; daß er sich bemühte, den Analytiker dazu zu bringen, ihn zu attackieren und zu schlagen; und daß er beschrieb, welche Befriedigung ihm die anale Penetration und die Umarmung eines männlichen Partners verschafften. Gegen Ende der Behandlung spielte der Gedanke des Einsseins mit dem Objekt während der analen Penetration eine große Rolle. Aber noch zum Zeitpunkt der Beendigung der Behandlung war der Inhalt der Phantasie in seiner Signifikanz nicht erkannt.

Nach rund einjähriger Behandlung lernte David einen wenig älteren Partner kennen, der ihm als der vollkommene Mann erschien. Die Freundschaft ließ sich gut an, und von nun an war für die Behandlung kein Platz mehr in Davids Leben. Er kam zu spät und manchmal auch gar nicht zu den Sitzungen. Wenn er allerdings enttäuscht war, weil dieser Mann ärgerlich auf ihn war oder gedroht hatte, ihn zu verlassen, dann sollte der Analytiker dafür sorgen, daß er nicht im Stich gelassen wurde. Dann zählte nichts anderes mehr. Er blieb seiner Arbeitsstelle fern, telefonierte stundenlang mit seinem Freund und winselte um Verzeihung. Als der Freund ihn schließlich wegen eines anderen Mannes verließ, erschien ihm das Leben nicht mehr sinnvoll, und er dachte an Selbstmord. Nach Ablauf einiger Wochen allerdings beschloß er, seine Stelle aufzugeben und anderswo eine Arbeit zu suchen. Schließlich bot sich ihm eine Position außerhalb Londons, aber nun fiel ihm ein, daß er damit auch den Analytiker verlieren und dann ganz allein sein würde. Gemeinsam besprachen sie, welche Konsequenzen es hätte, wenn David die Behandlung abbräche, aber dann kam er doch zu dem Schluß, er wolle sie beenden. Vorher erzählte er dem Analytiker noch, daß er bei seiner Arbeitssuche in jener anderen Stadt einen Mann getroffen hatte, der ihm wohl geben könnte, was er jetzt suchte und brauchte. Es war ihm bewußt, daß seine zukünftigen Beziehungen homosexueller Art sein würden und daß die Gefahr einer schweren Depression immer präsent war. Aber der Analytiker konnte ihn, das war ihm selbst klar, nicht vor der Demütigung und dem Schmerz bewahren, die er empfand, wenn er wegen eines anderen Mannes verlassen wurde. Und für Frauen konnte David keinerlei Interesse aufbringen. »Ich weiß, daß es sie gibt, aber ich bemerke sie nicht einmal.«

Der Gedanke an die Beendigung der Behandlung schien ihn zwar zu beunruhigen, aber die Befriedigung, die David wegen seines in der Phantasie errungenen Sieges über den Analytiker empfand, machte seinen Weggang zwingend.

David hatte seine sexuellen Erfahrungen als Kind wie als Jugendlicher ausschließlich mit anderen männlichen Wesen gemacht. Schon in seinen Kinderfreundschaften mit anderen Jungen konnte er die Phantasie ausleben, sowohl männlichen als auch weiblichen Geschlechts zu sein. Im Latenzalter und während der Adoleszenz waren seine Phantasien nicht auf die Masturbation als Probehandeln beschränkt geblieben, er hatte sie vielmehr ausgelebt – er hatte oral-genitale Kontakte mit männlichen Partnern gehabt und die wechselseitige anale Penetration praktiziert. Während dieser Sexualkontakte fühlte er sich eins mit dem Partner und erreichte die ersehnte Perfektion. Nach der Pubertät gehörte zu diesen Erlebnissen immer auch die Ejakulation; er lebte also seine zentrale Masturbationsphantasie in diesen Episoden aus, und *die wichtigste Quelle der Befriedigung war schon zu einem allzufrühen Zeitpunkt in seiner Entwicklung festgelegt* (A. Freud 1965; Glover 1933; Gillespie 1964), was bedeutete, daß die Adoleszenzperiode zu seiner endgültigen sexuellen

Organisation keinen weiteren Beitrag mehr hinzufügen konnte.

Viele Jugendliche kommen zur Behandlung, deren Geschichte die gleichen Merkmale aufweist wie diejenige Davids, aber ihre Behandlung kann jeweils ganz anders verlaufen, und es kann sein, daß man ihre Störung durch die Behandlung aufheben kann. Ein entscheidender Unterschied zwischen solchen Jugendlichen und David besteht darin, daß ihre Objektwahl eher von Angst und der Regression auf eine präinzestuöse Beziehung bestimmt ist. In Davids Fall bestimmten sich die Wahl des Sexualobjekts und die Quelle der sexuellen Befriedigung dagegen durch die Integration eines »verzerrten« Genitalapparats, was dann zu einem verzerrten Körperbild führte und den frühen Ausbruch aus der Realität bestätigte. Pubertät und Adoleszenz fixierten die frühe Verzerrung der Realität; der sexuelle Körper und die sexuellen Erfahrungen – die Fellatio, die anale Penetration – ließen die frühen prägenitalen Befriedigungen zu genitalen und inzestuösen und damit perversen Befriedigungen werden (Chasseguet-Smirgel 1981; Deutsch 1932; Ferenczi 1913). Anders als bei Jugendlichen, deren Verhalten eher von Angst und Regression bestimmt ist, fungierte in Davids Fall die Adoleszenzperiode als eine Zeit der Bestätigung seiner verzerrten Sicht bzw. seines Bruchs mit der Realität. Wir sprechen hier von einer Sperre des Entwicklungsprozesses, die implizieren kann, daß die Pathologie schon lange vor Ende der Adoleszenz fixiert ist und sich dann sehr viel schwerer auflösen läßt.

Als sich die analytische Behandlung als für David geeignet herausstellte, war dem Analytiker klar, daß die Behandlung nicht mit der Befriedigung konkurrieren konnte, die außerhalb davon existierte. David zweifelte nie wirklich an der »Richtigkeit« seiner Entscheidung für die homosexuelle Karriere. Aber der Analytiker sagte sich, daß Davids schwere Depression ihm in der Behandlung vielleicht zu Hilfe kommen würde. Der Fehler bestand in der Überzeugung des Analytikers, daß die Wiederholung und das Durcharbeiten der Pubertätskrise in der Übertragung David Hoffnung vermitteln und ihm helfen könnten, seinen Wunsch nach Zerstörung der ödipalen Objekte durch Zerstörung des eigenen sexuellen Körpers aufzugeben. Der Analytiker sah nicht voraus, daß David die Frustration der Übertragungsbeziehung nicht ertragen konnte (hinter der doch das Versprechen größerer Befriedigung und lohnenderer Objektbeziehungen in der Zukunft stand). Wenn wir von »lohnender« sprechen, meinen wir, daß die ständige Bedrohung weggefallen wäre, verlassen zu werden und verzweifelt zu sein, und daß David einen engeren Kontakt mit der Außenwelt hätte halten und die Verzerrungen hätte aufgeben können, die eine Zeitlang seine einzige Möglichkeit bildeten, sich so etwas wie ein narzißtisches Gleichgewicht zu bewahren. Statt dessen war David gezwungen, den manischen Triumph über den ödipalen Vater zu wiederholen und den Haß auf seine Mutter zu perpetuieren (Greenson 1968). Die Zerstörung seiner genitalen Sexualität erhielt seine Beziehung zu seinem idealisierten Körper, aber interferierte zugleich mit der Möglichkeit, die Pubertätskrise erneut zu durchleben und in der Analyse durchzuarbeiten. Der Analytiker repräsentierte diejenige Person, die David in Kontakt mit seiner erschreckenden Depression und mit der Bedeutung bringen würde, die hinter seinem Haß stand. Zum Abbruch der Behandlung entschloß David sich in dem Augenblick, in dem ihm klar wurde, daß er dabei war, dem Analytiker zu gestatten, Zweifel an seiner bestehenden sexuellen Organisation zu wecken.

In der Psychopathologie der Adoleszenz spielt der dynamische Unterschied zwischen »pervers« und »regressiv« eine bedeutende Rolle im Zusammenhang mit der Frage, ob die Aussicht besteht, daß die Störung durch eine Behandlung aufgehoben werden kann. Unter »pervers« verstehen wir die fixierte Pathologie; bei »regressiv« denken wir an die Fortsetzung des Entwicklungsprozesses, wobei das sexuelle Körperbild und die endgültige Differenzierung nach männlich bzw. weiblich erst am Ende der Adoleszenz fixiert werden. Solche dynamischen Unterschiede spielen auch eine Rolle bei anderen Manifestationen schwerer Entwicklungskrisen, etwa bei Verhalten, das Wahnvorstellungen, melancholische Reaktionen oder paranoide Projektionen einschließt, die zu Beachtungswahn führen. Solche Manifestationen psychischer Störungen müssen mit großer Vorsicht abgeklärt werden, denn es ist nur zu leicht möglich, daß man in ihnen Zeichen einer bereits vorhandenen Psychose sieht. Eine solche Diagnose in der Adoleszenz könnte ein schwerwiegender Irrtum sein. Besser ist es, sich an die hier vorgeschlagenen Kriterien zu halten, also an die »fixierte« Pathologie gegenüber einer Form der Pathologie, die die Fortsetzung des Entwicklungsprozesses noch gestattet.

11 Gegenübertragung und sexuelle Entwicklung

Zu den wichtigen Aufgaben des Psychoanalytikers gehört die Klärung der Frage, ob bestimmte Formen sexueller Aktivität oder des Sexualverhaltens ein Zeichen für Abnormität sind. In der Arbeit mit jugendlichen Patienten kommt dieser Beurteilung entscheidende Bedeutung zu, denn sie ist zugleich eine Beurteilung des Realitätssinnes eines Menschen, seines Verhältnisses zu sich selbst als sexuelles und soziales Wesen und seiner zukünftigen psychischen Verfassung.

In diesem Kapitel wollen wir fragen, ob erstens bestimmte Formen sexueller Aktivität und sexuellen Verhaltens in der Adoleszenz unweigerlich auf einen Bruch in der psychischen Entwicklung verweisen; ob zweitens ein solcher Bruch, wenn er existiert, es rechtfertigt, diese Aktivität bzw. dieses Verhalten als »abnorm« zu betrachten; und ob drittens der Psychoanalytiker sich wertend über diese Aktivität oder dieses Verhalten äußern sollte oder nicht.

Es mag schwierig sein, sich eine Vorstellung von den Implikationen der sexuellen Aktivitäten eines Jugendlichen zu machen. Es ist aber von entscheidender Wichtigkeit, daß man sich überlegt, wie sich möglicherweise die eine oder andere Form sexueller Aktivität bzw. sexueller Beziehungen auf die sexuelle Orientierung eines Menschen auswirken wird. Wir denken hier an Homosexualität, Fetischismus, Transvestitentum und andere perverse sexuelle Aktivitäten in der Adoleszenz.

Eine Entwicklungskrise in der Adoleszenz kann sich auf sehr verschiedene Weise manifestieren, und in manchen Fällen wird sie vielleicht gar nicht offensichtlich sein. Aber bestimmte Formen sexueller Aktivität sind immer ein Zeichen dafür, daß eine Krise eingetreten ist. Unsere Definition der Funktion, die wir in der Arbeit mit dem Jugendlichen erfüllen, und unsere Einschätzung bestimmter Formen des Sexualverhaltens als normal oder abnorm stehen in einem direkten Zusammenhang mit den Vorstellungen, die wir von der Funktion der Adoleszenz für die Entwicklung der Persönlichkeit, von der Bedeutung einer Entwicklungskrise und den Aussichten für den zukünftigen psychischen Gesundheitszustand des Jugendlichen hegen. Diese Vorstellungen haben wir in den vorangegangenen Kapiteln entwickelt.*

Hier wollen wir uns mit einem weiteren Faktor befassen. Zur Persönlichkeitsentwicklung in der Adoleszenz gehört als wichtige Aufgabe *die Wiederherstellung der ödipalen Eltern* – das heißt, am Ende der Adoleszenz sollte der Mensch imstande sein, den internalisierten Eltern zu verzeihen, daß sie ihm den ursprünglichen kindlichen Zustand narzißtischer Vollkommenheit nicht erhalten haben (Loewald 1979). Hinsichtlich des Verhältnisses zwischen der ödipalen Beziehung und der Adoleszenz heißt dies, daß gegen Ende der Adoleszenz die Fähigkeit vorhanden sein sollte, die ödipalen Enttäuschungen und die Eifersucht und den Neid auf *beide* Eltern unbewußt in einer Weise noch einmal Revue passieren zu lassen, durch die der Vorwurf wieder aufgehoben wird, der auf den ödipalen Eltern wegen ihres frühen Versagens lastet. In der Sprache der genitalen Phase ausgedrückt heißt dies, daß der Mensch am Ende der Adoleszenz die innere Freiheit besitzt, unbewußt zugeben zu können, daß der ursprüngliche ödipale Wunsch und die ödipale Forderung die unerfüllbare Phantasie bargen, die Vollkommenheit zu perpetuieren und den ödipalen Elternteil endgültig zu erobern. Doch in der Adoleszenz, zumal gegen Ende dieser Periode, kann der Mensch, dessen Entwicklung normal verlaufen ist, sich in aller Freiheit der ödipalen Identifizierungen bedienen, um auf diese Weise den reifen Geschlechtsapparat in sein Körperbild zu integrieren (Blos 1977; Freud 1924; Greenacre 1969). Dann kann er sich auch sagen, daß Genitalität sein Recht ist, das ihm von den ödipalen Eltern gegeben worden ist, und dieses Recht räumt mit dem Zwang oder dem Wunsch auf, diese Genitalität zu zerstören. Das ist es, was man unter der »Inbe-

---

* Siehe Kapitel 1, 2 und 6.

sitznahme des Körpers« zu verstehen hat, also jenem Prozeß, der im Normalfall am Ende der Adoleszenz zum Abschluß gekommen ist.*

Aber es gibt Formen des Sexualverhaltens, die zumindest eine Krise im Prozeß der Persönlichkeitsentwicklung in der Adoleszenz repräsentieren und die unbewußt eine Aussage über das Verhältnis des Jugendlichen zu seinem sexuellen Körper transportieren, der jetzt mit demjenigen des ödipalen Elternteils identifiziert wird. Jene Jugendlichen, die solche Verhaltensweisen zeigen, haben die Adoleszenz nicht dazu benützen können, ihr Verhältnis zu den ödipalen Eltern zu verbesern – das heißt, sie haben es nicht vermocht, sich auf dem Weg über ihre Genitalität mit der Sexualität der Eltern zu identifizieren. Statt dessen benutzen sie ihren Körper, um die Phantasie von der Zerstörung der ödipalen Mutter auszuleben – derjenigen Person, auf der weiterhin der Vorwurf lastet, das Kind, das jetzt ein Jugendlicher ist, der vollkommenen Einheit und der ursprünglichen narzißtischen Vollkommenheit beraubt zu haben. Solche Menschen sind gezwungen, die eigene Genitalität zu zerstören und diese Zerstörung ihres zur Reife gelangten genitalen Apparates immer weiter darzustellen. Am Ende der Adoleszenz bleibt ihnen nichts anderes mehr übrig, als bestimmte Formen sexueller Aktivität und sexueller Beziehungen wie zum Beispiel Homosexualität, Fetischismus, Transvestitentum, Perversionen als den eigentlichen Ausdruck ihrer Sexualität zu akzeptieren (Limentani 1977; Stoller 1969).

Mit diesem »Einlenken« ist die zusätzliche Gefahr verbunden, daß die während der Adoleszenz hervorgebrachten Phantasien nicht etwa aktiv im Sinne einer Änderung der zentralen Masturbationsphantasie eingesetzt, sondern in die pathologische sexuelle Organisation des Jugendlichen integriert werden und dann die Entwicklungskrise in Qualität und Umfang noch verstärken. Auf den unbewußten Haß und den Schuldvorwurf an die Adresse des ödipalen Elternteils können wir bei vielen Jugendlichen stoßen, ob in ihren sexuellen

---

* Siehe Kapitel 3.

Beziehungen nun Personen des anderen Geschlechts eine Rolle spielen oder nicht. Aber für diejenigen, die es fertigbringen, heterosexuelle Beziehungen einzugehen, und die in ihrer physischen Genitalität die Hauptquelle der sexuellen Befriedigung zu erkennen vermögen, gibt es noch immer die Möglichkeit, an zuvor gefundenen inneren Lösungen zu zweifeln und den Schaden, den die Entwicklungskrise angerichtet hat, umzukehren.

Die Wahl des Sexualobjekts in der Adoleszenz und zumal gegen Ende der Adoleszenz verweist auf die erfolgte oder nicht erfolgte Integration der genitalen Sexualität in die endgültige sexuelle Organisation. Mit anderen Worten, das Verhältnis eines Menschen zu seinen ödipalen Objekten, zum eigenen sexuellen Körper und zur Außenwelt repräsentiert zugleich sein Verhältnis zur Realität. Nur dadurch, daß die ursprünglichen ödipalen Wünsche schließlich aufgegeben werden, kann die Realitätsprüfung endgültig begründet werden. Diese ödipale Lösung im Verhältnis zur Realität sollte in der Adoleszenz von neuem in Frage gestellt und gegen Ende der Adoleszenz von neuem gefunden werden. Aber Jugendliche, die ihre Genitalität zurückgewiesen oder verleugnet haben und die nun den sexuellen Körper und das Sexualobjekt unbewußt weiterhin zur Bestätigung ihres Selbsthasses und ihres Hasses auf den ödipalen Elternteil einsetzen müssen, stellen ihr ursprüngliches Verhältnis zur Realität während der Adoleszenz eben nicht in Frage. Das heißt, ihr gegenwärtiges Verhältnis zur Realität muß ernsthaft gestört sein (Chasseguet-Smirgel 1981). Ihr Selbsthaß und das Bestreben, ihre Genitalität zu zerstören, fördern die Verzerrungen noch und zwingen sie am Ende dazu, für immer einzulenken. Wenn sie es nicht noch *während der Adoleszenz* fertigbringen, ihre ursprünglichen Lösungen zu überdenken und sich bei der Suche nach der Bedeutung ihres ödipalen Hasses und ihrer Zurückweisung der Identifizierung mit dem gleichgeschlechtlichen ödipalen Elternteil helfen zu lassen, dann haben diese Jugendlichen die Chance für immer verspielt, die Richtung ihres Lebens zu überprüfen und umzukehren.

Die in der Adoleszenz auftretende Zurückweisung des eigenen Körpers als eines männlichen bzw. weiblichen Körpers bedeutet, daß der Jugendliche die ödipale Identifizierung mit dem gleichgeschlechtlichen Elternteil ein für alle Mal zurückgewiesen hat. Sie bedeutet weiter, daß das Verhältnis dieses Jugendlichen zu seinem eigenen Körper – wenn die Objektwahl homosexuell oder von einer Art ist, bei der nicht primär die Genitalien der sexuellen Befriedigung und der Liebe zum Sexualobjekt dienen – auch die Hoffnungslosigkeit einschließt, mit der er bzw. sie seit der Kindheit gelebt hat. Bei einem solchen Verhältnis zum eigenen Körper wird die Funktion der Fortpflanzung geleugnet oder als irrelevant angesehen. Aber die Möglichkeit der Bejahung dieser Funktion in der Adoleszenz ist von zentraler Bedeutung für die Bemühungen eines Menschen, zur sexuellen Identität zu gelangen. Sich entschließen zu können, ob man Vater bzw. Mutter sein möchte, ist ein notwendiger Teil des Verhältnisses eines Menschen zu sich selbst als männliches bzw. weibliches Wesen und von fundamentaler Bedeutung für die endgültige Festlegung des Verhältnisses zur eigenen Vergangenheit. Beziehungen, die aufgrund der Art der sexuellen Aktivität die Möglichkeit der Fortpflanzung ausschließen, tragen zur weiteren Verzerrung des sexuellen Körperbildes bei und müssen zudem den Selbsthaß und den Haß auf das ödipale Objekt noch vergrößern. Solche Beziehungen zerstören ein verbindendes Glied zur Vergangenheit und können den betreffenden Menschen in seinem gegenwärtigen Leben in dem Gefühl bestärken, daß seine Vergangenheit nichts mit ihm zu tun hat, daß er ganz einfach das Produkt von Eltern ist, die ihn gehaßt und ihm das Recht auf genitale Sexualität vorenthalten haben (Lampl-de Groot 1962; Harley 1961).

Gegenübertragung

Wenn der Psychoanalytiker den Versuch unternimmt, dem Jugendlichen zu helfen, räumt er diesem damit die Chance ein, jene Bereiche seines gegenwärtigen und vergangenen Lebens zu erkunden, welche die jetzt anstehenden Probleme herbeigeführt haben und im Augenblick Teil des Innenlebens des Patienten sind. Er übernimmt es damit auch, den Jugendlichen in näheren Kontakt mit jenen Faktoren oder Erfahrungen seines Lebens zu bringen, die bei den Entscheidungen bezüglich seines gegenwärtigen bzw. seines zukünftigen Lebens eine große Rolle gespielt haben.

Der Jugendliche kann mit dem, was der Analytiker vorhat, einverstanden sein; möglicherweise ist er aber auch der Meinung, daß ihm das Recht zusteht, jede beliebige Entscheidung zu treffen, ohne daß der Analytiker diese Entscheidung in Frage zu stellen hätte. Aber der Analytiker kann diese Sicht nicht von Anfang an akzeptieren, denn es besteht ein gewichtiger Unterschied zwischen einer bewußt getroffenen Entscheidung und den unbewußten Faktoren, die »Entscheidungen« beeinflussen. Die große Mühe, die es dem Jugendlichen bereitet, auch ihm nicht bewußte Faktoren in seinem Leben zu erkennen und zu akzeptieren, sowie die ungeheure Macht der Pathologie können den anfälligen oder potentiell kranken Jugendlichen zwingen, jede Definition von oder jedes Verständnis für Verhaltensweisen zurückzuweisen, die ihm nicht bewußt sind. Er muß möglicherweise auch die Autorität der Vergangenheit bestreiten und hat unter Umständen das Gefühl, daß jede andere als die von ihm bewußt getroffene Wahl eine Unterordnung unter die Vergangenheit sei – das heißt, eine Unterordnung unter den ödipalen Elternteil, den seiner Meinung nach die erste Schuld an seinem gegenwärtigen psychischen Zustand trifft.

Der Analytiker kann den Fehler begehen, seine moralischen und ethischen Ansichten über die Rechte des Menschen einerseits und seine Verantwortung andererseits durcheinanderzuwerfen, wenn er sich für die Arbeit mit Menschen entscheidet, deren zukünftiges psychisches Leben noch nicht endgültig festgelegt ist. Wenn wir akzeptieren, daß bestimmte Formen des Sexualverhaltens während der Adoleszenz zumindest Anzeichen für eine Entwicklungskrise sind, dann besteht unsere vornehmste Pflicht darin, nach Möglichkeit die Wahlmöglichkeiten weiter offenzuhalten, die für den Jugendlichen noch existieren. Und wenn wir unsere Ansichten über die Rechte des Menschen auf unsere therapeutische Funktion übertragen, dann laufen wir Gefahr, den Jugendlichen in seiner unbewußten Überzeugung zu bestärken, daß es keine Hoffnung gibt, daß er nichts taugt und daß der ödipale Elternteil nicht will, daß er ein sexuelles Wesen und Herr seines sexuellen Körpers ist. Der Jugendliche, der Hilfe sucht, mag auf diese Bestätigung warten, aber vielleicht erwartet er auch, daß der Analytiker die Entscheidungen in Zweifel zieht, die er bisher getroffen hat, und ihm die Möglichkeit einer andern Lösung anbietet. Das Ergebnis der Behandlung kann so aussehen, daß der Jugendliche weiß, er kann jetzt selbst entscheiden, in welcher Weise er sein soziales und psychisches Leben gestalten will. Er kann sich zum Beispiel für die Fortsetzung eines Lebens als Homosexueller entscheiden, soweit es die Wahl des Sexualpartners angeht. Oder er erkennt, daß ihm nur solche Beziehungen wertvoll – und auch erreichbar – sind, welche die genitale Sexualität ausschließen. Solche Erkenntnisse mögen als Resultat der Behandlung zustande kommen – zugrunde liegt ihnen aber die Bereitschaft, die alten Lösungen in Frage zu stellen.

Entwicklungskrise in der Adoleszenz, wie sie sich in der Entscheidung für die »sexuelle Abnormität« äußert, heißt, daß der Jugendliche die Hoffnung aufgegeben hat, die Beziehung zum ödipalen Elternteil jemals wiederherstellen zu können. Er setzt sich damit sozusagen über sein Bewußtsein hinweg und zerstört den Kontakt zur eigenen Vergangenheit – das heißt, er verzichtet auf alle Verantwortung für sein vergangenes und sein gegenwärtiges Leben. Aber wenn er sich bereitgefunden hat, eine Behandlung anzufangen, hat er dem Psychoanalytiker auch das Recht eingeräumt, seine alten Lösungen in Frage zu stellen. Insoweit ist also die »Neutralität« des Psychoanalytikers unhaltbar; so wie sie dem Vorhaben des Analytikers entgegensteht, so steht sie auch den unbewußten Erwartungen und Hoffnungen des Jugendlichen entgegen. Neutralität ist in diesem Kontext gleichbedeutend mit der Bestätigung der Hoffnungslosigkeit, die der Jugendliche empfindet. Sie kann von dem Jugendlichen auch als weiterer Beweis dafür angesehen werden, daß die »sexuelle Abnormität« das einzige Recht ist, das er besitzt.

Aber *nicht* neutral zu sein, zumal angesichts der heute so weitverbreiteten Ansicht, daß sexuelle Verhaltensweisen wie Homosexualität normal und ein Menschenrecht seien, heißt, daß der Pschoanalytiker sich über die Bedeutung seiner eigenen Adoleszenz für sein Leben als Erwachsener klarwerden muß. Es bedeutet möglicherweise den Verzicht auf ein Gutteil der Idealisierungen der Vergangenheit, mit denen wir leben. Es kann auch bedeuten, daß wir uns Gedanken darüber machen müssen, wie weit wir den Jugendlichen etwa um seine Sexualität beneiden, und daß wir es in Kauf nehmen müssen, jene narzißtischen Befriedigungen zu verlieren, die so viele kranke Jugendliche uns anbieten, vor allem dann, wenn wir ihre pathologischen Lösungen nicht in Frage stellen oder – was vielleicht noch schwerer wiegt – ihrer Meinung nach idealisieren und überbewerten.

Klinische Implikationen

Aus dem Gesagten ergibt sich eine Reihe klinischer Implikationen. Wir werden hier nur diejenigen erörtern, die in einem spezifischen Zusammenhang mit den Fragen stehen, die wir am Beginn dieses Kapitels formulierten – also mit der Haltung des Psychoanalytikers gegenüber dem Jugendlichen, der Hilfe sucht und dessen Entwicklungskrise sich in Form »sexueller Abnormität« manifestiert.

Wenn wir in diagnostischer Absicht oder im Blick auf eine mögliche Behandlung mit einem solchen Jugendlichen sprechen, erklären wir ihm, was wir unter sexueller Abnormität verstehen. Wir setzen ihm in aller Ausführlichkeit auseinander (und wenn es nötig ist, bestellen wir ihn zu diesem Zweck auch mehrmals), warum wir seine gegenwärtige Entscheidung als ein Anzeichen für ernsthafte Schwierigkeiten betrachten. Wir fügen hinzu, daß wir versuchen werden, ihm die Bedeutung, die diese Entscheidung für ihn selbst hat, und die Umstände ihres Entstehens verständlich zu machen. Dem Jugendlichen ist in diesem Augenblick klar, daß wir nicht den Wunsch oder die Absicht haben, ihm seine Entscheidung unbarmherzig wegzunehmen, sondern daß Behandlung bedeutet, daß diese Entscheidung in Frage gestellt, ihr Sinn ergründet und sie nach Möglichkeit geändert wird.

Wenn der Jugendliche dann immer noch dabei bleibt, daß sein Sexualleben und seine Objektwahl zu keiner Zeit diskutiert oder in Frage gestellt werden dürfen, wir uns vielmehr auf einen anderen Bereich seiner Schwierigkeiten konzentrieren sollen, nehmen wir ihn gar nicht erst in Behandlung. Es ist uns bekannt, daß manche unserer Kollegen die Ansicht vertreten, am Ende der Behandlung könnte dann doch die Beschäftigung mit diesen Dingen stehen, und es sei nicht notwendig, schon zu Beginn eine so feste Haltung einzunehmen. Die Erfahrung hat uns gelehrt, daß viele Jugendliche, die zur Behandlung kommen, erwarten, entweder zum Besten gehalten oder zum Nachgeben gezwungen zu werden. Sie bleiben dann vielleicht dabei, und zwar wegen der Übertragungsbeziehung, die inzwischen entstanden ist, aber ohne daß es zu irgendeiner kontinuierlichen therapeutischen Arbeit käme. Jugendliche, deren Sexualleben abnorme Züge aufweist, haben sehr oft das Gefühl, daß man sie in der Vergangenheit zum Narren gehalten oder betrogen hat, und sind überzeugt, daß das ödipale Objekt – jetzt durch den Psychoanalytiker repräsentiert – wünscht, daß sie so bleiben, wie sie sind. Diese Überzeugung mag zwar dem Analytiker im Laufe der Behandlung verständlich werden – es ist aber wichtig, daß man sich von solchen Vorstellungen von Anfang an distanziert und dem Jugendlichen die Entscheidung ermöglicht, sich auf die Behandlung einzulassen oder nicht.

Aber wenn wir hier sagen, daß der Jugendliche wählen kann, ob er sich behandeln lassen will oder nicht, lassen wir ihn diese Entscheidung doch nicht ganz allein treffen. Wir sprechen mit ihm über unsere Sicht seines gegenwärtigen Lebens und sagen ihm, warum man sich Sorgen machen muß und warum er sich behandeln lassen sollte. Wir machen außerdem *von Anfang an* deutlich, daß wir sehr wohl Urteile aussprechen werden, die mit seinem gegenwärtigen und seinem zukünftigen Leben zu tun haben. Einem Jugendlichen kann es außerordentlich schwer fallen, unser Urteil bezüglich dessen, was normal und was abnorm ist, von den Kategorien richtig und falsch, gut und schlecht abzusetzen. In der Übertragung wird dann aber die Bedeutung von richtig und falsch bzw. von gut und schlecht zu einem zentralen Faktor, der im übrigen schon seit Jahren und zumal seit der Pubertät im Leben des Jugendlichen vorhanden ist. Wollten wir den Eindruck erwecken, nicht zu urteilen, so wäre das gleichbedeutend mit dem Umgehen der Frage nach Normalität und Abnormität, nach Krise oder Nichtkrise. Dem Jugendlichen ist aber ohnehin mit Sicherheit bewußt, daß wir ein Urteil fällen, und wenn wir das nicht vom Beginn der Behandlung an auch zugeben, dann sieht er darin Heimlichtuerei und ein »Abspringen« unsererseits.

Gleich zu Beginn der Behandlung bestätigen wir sozusagen das Ausmaß des Leidens unseres Patienten, auch wenn er selbst vielleicht lauthals versichert, daß in seinem Leben alles glatt läuft. Vielfach glauben solche Jugendliche, mit dem Eingeständnis ihres Unglücks liefen sie Gefahr, den einzigen Menschen oder die einzige Sache zu verlieren, der oder die ihnen noch Lebensfreude bietet oder ihnen das Gefühl gibt, »etwas zu taugen«. Man muß von Anfang an auf diese Zusammenhänge hinweisen, aber ebenso wichtig ist auch, daß man auf die Einsamkeit und die innere Leere verweist. Der Jugendliche weiß vom ersten Augenblick an, daß wir sein gegenwärtiges Leben und seine Entscheidungen als Anzeichen ernsthafter Schwierigkeiten betrachten, die er mit sich selbst hat, und er weiß, daß wir nicht neutral sein können.

IV Abklärung

12 Die Abklärung psychischer Störungen in der Adoleszenz

Die Abklärung psychischer Störungen in der Adoleszenz vor dem Hintergrund des für diese Lebensphase geltenden Entwicklungsmodells bedeutet, daß wir folgende Aufgaben zu lösen haben:
1. Die Klärung der Frage, ob eine Entwicklungskrise eingetreten ist;
2. die Klärung der Frage, wie gefährdet der Jugendliche im Augenblick ist – das heißt, wie weit die Abwehrmanöver, die einzusetzen er sich gezwungen fühlt (um mit der Angst im Gefolge der Entwicklungskrise fertigzuwerden), ihn in den Stand setzen, sich weiterhin als im Besitz der Kontrolle über sein Verhalten zu betrachten;
3. die versuchsweise Klärung der Frage, wie gefährdet der Jugendliche am Ende der Adoleszenz sein wird, wenn die endgültige sexuelle Organisation festliegt.

Wir haben es in unserer Arbeit mit Jugendlichen immer wieder erlebt, daß bezüglich der Störung, der Behandlung oder der Führung des Jugendlichen irrige Folgerungen gezogen worden waren, Folgerungen, die nicht auf der Bedeutung des unmittelbar anstehenden Problems und seiner Signifikanz für die weitere emotionale Entwicklung des Jugendlichen basierten. Wenn ein Jugendlicher darüber klagt, daß er depressiv sei und das Leben ihm nicht lebenswert erscheine, auf welcher Basis sollen wir diese Klage als Zeichen einer ernsthaften Störung ansehen? Wenn es normal ist, sich in der Adoleszenz gelegentlich deprimiert zu fühlen – wie deprimiert muß ein Jugendlicher dann sein, damit wir seine Niedergeschlagenheit als Krankheitszeichen ansehen? Oder wenn ein Jugendlicher seine Störung deutlicher zur Schau stellt – durch symptomatische Verhaltensweisen oder sogar durch die Unfähigkeit, angemessen zu reagieren –, wie können wir dann über die schlichte Heranziehung psychiatrischer Kategorien hinausgelangen, um einzugrenzen, was wir hier beobachten? Entscheidungen über die jeweils angezeigte Form der Intervention müssen den Schaden berücksichtigen, der im Prozeß der Entwicklung eingetreten ist und weiterhin eintreten kann, und sie müssen die Anfälligkeit für eine psychische Störung oder Krankheit im Erwachsenenalter in Betracht ziehen, die damit im Jugendlichen begründet wird. Störungen in der Adoleszenz werden häufig auf der Ebene der Symptome angegangen, also durch die Verschreibung von Medikamenten oder durch das Angebot, bei der Bewältigung der aktuellen äußeren Konflikte behilflich zu sein. Wenn die Verhaltensstörung von Einfluß auf die größere Gemeinschaft ist, dann kann das Moment der Kontrolle des Jugendlichen eine stärkere Betonung erfahren. Dem Jugendlichen mag klar sein, daß dies keine Antwort auf seine Schwierigkeiten ist, aber andererseits fühlt er sich vielleicht gezwungen, es als die einzige Hilfe zu akzeptieren, die ihm überhaupt zugänglich ist. Die implizite Annahme lautet: Wenn man dem Jugendlichen über seine augenblickliche emotionale Krise hinweghelfen oder ihn dazu bringen kann, daß er sich als kranken Menschen akzeptiert, dann wird das wohl ausreichen, oder es sollte zumindest ausreichen.

Aber die Diagnosestellung ist sehr viel komplizierter, denn es muß auch geklärt werden, wie weit die normale Entwicklung bereits gestört ist, und die Antwort auf diese Fragen dient dann als Grundlage für die Entscheidung darüber, wo der Fokus liegen soll und wie intensiv die therapeutischen Bemühungen ausfallen müssen. Die Adoleszenz ist eine Zeit, in welcher der Jugendliche für emotionale Störungen besonders anfällig sein kann; und für den Diagnostiker ist es eine Zeit, da er die frühen Anzeichen einer möglicherweise ernsthaften späteren Störung vielleicht schon beobachten kann. Das gibt uns die Möglichkeit an die Hand, so zu intervenieren, daß für die persönlichkeitsbildenden Aufgaben der Adoleszenz eine Lösung gefunden wird, die nicht auf einem pathologischen Fundament aufbaut. Wie schwierig diese Aufgabe auch sein mag, es darf uns dabei kein Irrtum unterlaufen, denn eine falsche Einschätzung der Dinge kann sich auf das ganze zukünftige Leben des Jugendlichen auswirken.

Diagnose und Krise

An anderer Stelle in diesem Buch haben wir über die klinischen Beobachtungen gesprochen, die uns zu der Überlegung führten, daß ernsthafte emotionale Störungen in der Adoleszenz die Folge einer Entwicklungskrise sind, welche ihrerseits wieder die Antwort auf die Auswirkungen der Pubertät auf das psychische Gleichgewicht war. Wir haben gesagt, daß diese Entwicklungskrise die Unfähigkeit des Jugendlichen repräsentiere, sich mit einem veränderten Körperbild abzufinden, das die zur Reife gelangten Genitalien mit einschließt, und die Differenzierung dieses Bildes nach männlich oder weiblich zuzulassen. Entsprechend steht die psychische Störung für die Abwehrmaßnahmen, die dem Jugendlichen zu Gebote stehen und mit deren Hilfe er diesen Veränderungen aus dem Weg gehen oder sie überhaupt »verhindern« möchte.

Unsere diagnostische Arbeit besteht also in erster Linie in der Beantwortung der Frage, ob Anzeichen dafür bestehen, daß im Pubertätsalter eine Krise eintrat und, wenn das der Fall ist, wie ernsthaft der Entwicklungsprozeß zum gegenwärtigen Zeitpunkt gestört ist.

I. Diagnostische Kategorien

Um die Ergebnisse unserer diagnostischen Bemühungen einzuordnen, stehen uns drei Hauptkategorien zur Verfügung. Sie erfassen zum einen das Ausmaß des Bruchs in der Entwicklung, ferner die Art der Störung, wie sie im Verhältnis des Jugendlichen zu sich selbst als einem sexuell reifen Wesen eingetreten ist, und das Ausmaß, wie stark der Kontakt des Jugendlichen zur äußeren Realität beeinträchtigt ist. Unsere Kategorien lauten folgendermaßen:

A. Die Entwicklung steht unter dem Vorzeichen der *Abwehr*.
B. Die Entwicklung hat einen *Stillstand* erreicht, welcher eine akute Krise auslöst.
C. Es ist eine Entwicklungs*sperre* eingetreten; der Entwicklungsprozeß hat ein vorzeitiges Ende gefunden.

Abwehrverhalten läßt sich unterteilen in 1. Verhalten, das einen gewissen Fortgang in der Entwicklung durchaus zuläßt und nur auf einen ganz spezifischen Bereich des Lebens des Jugendlichen ausstrahlt, und 2. Verhalten, das alle Lebensbereiche dominiert – zum Beispiel seine Fähigkeit zu arbeiten und neue Beziehungen einzugehen. Im letzteren Fall besteht die Gefahr, daß es in naher Zukunft zu einer umfassenden Verhaltenskrise kommt, weil der Jugendliche immer weniger imstande ist, sich gegen seine Angst zur Wehr zu setzen. Die Art dieses Abwehrprozesses verweist auf den spezifischen Bereich, gegen den die Abwehr sich richtet. Wie weit der Abwehrprozeß alle anderen Verhaltensbereiche dominiert, das wird an dem Ausmaß erkennbar, in dem der Körper des Jugendlichen an dem Abwehrprozeß teilhat.

Beim jüngeren Heranwachsenden, dessen primäre Aufgabe noch darin besteht, das Körperbild in der Weise zu verändern, daß es die nun »funktionstüchtigen« Genitalien mit einschließen kann, ist das Abwehrverhalten immer mit Angst und Unruhe wegen des Körpers verbunden. Später sollten wir dann allerdings die Kompromisse erkennen, die der Jugendliche eingeht, wenn er seinen zur Reife gelangten Körper im Rahmen neuer Beziehungen erkundet. Sollte der Abwehrprozeß jetzt allerdings noch immer in erster Linie mit der Integration des sexuellen Körperbildes zu tun haben, dann muß es nun zu einer Störung im gesamten Verhalten des Jugendlichen kommen. Um uns ein Bild vom Schweregrad dieser Störung zu machen, müssen wir fragen, wie weit der Jugendliche sich gedrängt sieht, den eigenen Körper zu attackieren oder erkennbar abzulehnen – indem er ihn etwa vernachlässigt oder gleichgültig behandelt –, und welche Anzeichen andererseits auch wieder auf sein Gespür dafür deuten, daß sein sexueller Körper das Potential für lustvolle Erfahrungen libidinöser und narzißtischer Art birgt.

Stillstand ist in dem Augenblick erreicht, in dem das Abwehrverhalten, das die Angst anfangs in Schach halten konnte, dies nicht länger vermag. Es gibt keine Möglichkeit zu weiterer Entwicklung, und es gibt auch nicht die Alternative des regressiven Verhaltens, denn auch dies wird als eine

Quelle der Angst empfunden. Ein Achtzehnjähriger zum Beispiel (dessen Pubertätskrise in die Zurückweisung seines sexuellen Körpers eingegangen ist), der das Zerbrechen seiner ersten sexuellen Beziehung als Bestätigung dafür ansieht, daß sein männlicher sexueller Körper nicht akzeptabel ist, kann sich nicht länger als das präpuberale Kind betrachten, das bei seinen ödipalen Objekten Trost findet. Diese Situation des *Stillstands* birgt die große Gefahr des Absturzes in eine akute psychotische Episode, das heißt die Gefahr eines zeitweiligen – manisch-suizidalen oder depressiv-suizidalen – Ausbruchs aus der Realität.

Die ängstliche Unruhe, die der Jugendliche im Zusammenhang mit seinem sexuellen Körper empfindet, kann dem Anschein nach durch die übereifrige Beschäftigung mit einem spezifischen Aspekt seines Körpers in Schach gehalten sein – etwa durch die fixe Idee, einen Teil des Körpers verändern zu müssen. Das ist ein Zeichen dafür, daß der Jugendliche es gerade nicht vermocht hat, mit seiner Angst fertigzuwerden; die drohende Gefahr, »überwältigt zu werden«, hat eine Spaltung seines sexuellen Körperbildes bewirkt, so daß er nur einen Teil davon zurückweisen muß. Auf diese Weise kann der Jugendliche dem vollständigen *Stillstand* aus dem Weg gehen, und dies trotz der überwältigenden Angst, gegen die er sich zur Wehr setzt.

Sperre bedeutet, daß der Entwicklungsprozeß ein vorzeitiges Ende gefunden hat, daß ein verzerrtes Körperbild integriert worden ist und alle Erfahrungen abgewehrt oder ignoriert werden können, die etwa Zweifel an der nun gefundenen Lösung wecken könnten. Hier gibt es keine Angst. Die Hauptquelle für sexuelle Befriedigung ist festgelegt, ohne daß der Jugendliche es vermocht hätte, irgendeine Veränderung an früheren Lösungen zuzulassen.*

Wir zählen zu dieser Kategorie Menschen, deren sexuelle Befriedigungen zwar von abnormer Art sind, sie aber dennoch in den Stand setzen, sexuelle Beziehungen (etwa perverser oder homosexueller Art) einzugehen. Wir zählen ferner

---

* Siehe Kapitel 10.

Jugendliche dazu, deren Leben von irgendeiner Form der Sucht beherrscht wird und für die Objektbeziehungen im Vergleich zu der Befriedigung, die sie aus ihrer Sucht ziehen, sekundär sind.

II. Diagnostische Kriterien

Die Kriterien, denen wir bei unserer Einschätzung psychischer Störungen den Vorrang geben, hängen damit zusammen, wie wir die Funktion der Adoleszenz für die Persönlichkeitsentwicklung definieren – das heißt mit der Begründung der endgültigen sexuellen Organisation. Der Umfang der Interferenzen, zu denen es in der Entwicklung gekommen ist, läßt sich als zuverlässiger Indikator dafür heranziehen, ob eine Entwicklungskrise eingetreten ist. Vor allem geht es uns darum festzustellen, wie stark der Jugendliche seinen sexuellen Körper ablehnt und welche Mittel er zu diesem Zweck einsetzt. Wenn das klar ist, dann können wir auch sagen, in welche Richtung die Entwicklung seiner sexuellen Organisation verläuft und ob diese Entwicklung noch andauert oder ein vorzeitiges Ende gefunden hat. Zugleich läßt sich auf diese Weise auch feststellen, wie weit der Realitätsbezug des Jugendlichen beeinträchtigt ist. Wir untersuchen die folgenden Bereiche:

A. *Die Richtung der Libido:* Wie weit scheint der Jugendliche auf autoerotische Befriedigung angewiesen; wie weit muß er Befriedigung meiden; wie weit ist er von Objekten abhängig, was seine Befriedigung angeht?

B. *Objektbeziehungen:* Ist der Jugendliche imstande (und wie weit ist er imstande), zwischen seinem projizierten Selbstbild und der äußeren Realität der Menschen zu unterscheiden, mit denen er umgeht (einschließlich der ödipalen Objekte)?

C. *Verhältnis zu den ödipalen Objekten:* Wie weit ist der Jugendliche noch immer von den ödipalen Objekten abhängig, und wie weit erfüllt ihn der Gedanke an die Identifizierung mit unannehmbaren Aspekten dieser Objekte mit Angst?

D. *Quellen der Befriedigung:* Welche Anzeichen gibt es dafür, daß die Genitalität die Oberherrschaft über andere Formen der Befriedigung angetreten hat? Ermöglichen die augenblicklichen Quellen nichtgenitaler Befriedigung, Angst im Zusammenhang mit dem Nichterreichen der Genitalität zu umgehen?
E. *Männliche bzw. weibliche Identifizierung:* Welche Anzeichen gibt es dafür, daß der Jugendliche sich mit dem gleichgeschlechtlichen Elternteil identifizieren kann, ohne von Angst überwältigt zu werden?
F. *Umgang mit der Angst:* Wie weit kann der Jugendliche es sich gestatten, sich seiner Angst bewußt zu sein? Geht die Tendenz in Richtung Verleugnung, manische Reaktion, Hemmung oder Verdrängung?
G. *Umgang mit anderen Emotionen:* Kann der Jugendliche mit sich selbst als mit einem Menschen umgehen, der Depression, Zorn oder Erregung empfindet?
H. *Umgang mit der äußeren Realität:* Wie weit kann der Jugendliche auf äußere Geschehnisse eingehen? Bleibt er isoliert, nur auf sein Innenleben und seine emotionale Verfassung ausgerichtet?
I. *Zwanghafte Handlungen und Verhaltensweisen:* Wie weit werden seine Handlungen oder seine Verhaltensweisen beherrscht von einem unbewußten Drang, der repetitiver und zwanghafter Natur ist? Wie weit können sie durch äußere Einflüsse modifiziert werden, also etwa durch eine Gefährdung des Lebens, der Selbstachtung, der Zukunft, der Handlungsfreiheit, die im Gegensatz zur Unterordnung unter eine Autorität (wie im Fall delinquenten Verhaltens) steht?
J. *Selbstbeobachtung:* Wie weit kann der Jugendliche sich – unabhängig von dem Bild seiner selbst, das er anderen zuschreibt – selbst beobachten?

Wir wollen hier keineswegs die Bedeutung schmälern, die die Beobachtung und diagnostische Erfassung des Gesamtverhaltens des Jugendlichen hat – also seiner sozialen Beziehungen, seiner Einstellung zur Zukunft, seines Umgangs mit der Angst, seines Verhältnisses zu Schule oder Arbeitsplatz, seiner Sublimationen, seiner Frustrationstoleranz. Aber mit einer solchen Gesamtschau könnten wir das Vorhandensein und das Ausmaß der Entwicklungskrise, die eingetreten ist, nicht »auf den Punkt bringen«. Eher würde sie uns zu einer exakteren Aussage darüber verhelfen, wie weit der Jugendliche sich aktiv um seine Weiterentwicklung bemüht bzw. wie weit er sich passiv in die bestehende Störung fügen will. Auch das würde uns zwar etwas über das Verhältnis des Jugendlichen zu seinem sexuellen Körper und zu seiner »erwachsenen« Sexualität sagen, aber dieses aus seinem Gesamtverhalten (nicht aus spezifischen Verhaltensbereichen, wie wir sie hier aufgeführt haben) abgeleitete Bild wäre nicht exakt genug und gäbe eine viel unzuverlässigere Basis für Vorhersagen ab.

III. Der Abwehrprozeß

Die Untersuchung der soeben aufgelisteten Verhaltensbereiche vermittelt uns ein umfassendes Bild des Abwehrprozesses und der eingesetzten Abwehrmechanismen. Wenn wir die Bedeutung der nachpuberalen Ereignisse im Leben des Jugendlichen so detailliert studieren, können wir erkennen, bis zu welchem Punkt der Jugendliche in seiner Entwicklung gelangen konnte, ohne daß es zu einer erkennbaren Störung gekommen war (etwa bis zur Begründung der ersten heterosexuellen Beziehung oder bis zu einem bestimmten Punkt in seiner schulischen Laufbahn), und wie der jetzt zu beobachtende Abwehrprozeß mit diesem Punkt in seiner Entwicklung zusammenhängt. Hat das Ende der Beziehung zu einem Angriff auf seinen sexuellen Körper oder zur Abkehr von Objekten und zur Hinwendung zu einem narzißtischen Zustand geführt? Hat es zur neuerlichen Abhängigkeit von den ödipalen Objekten geführt, einer Abhängigkeit, in die nun allerdings auch die Projektion des Selbsthasses des Jugendlichen – den er wegen seiner Abhängigkeit empfindet – eingegangen ist? Hat die Depression einen Rückzug von den Objekten, einen übermäßigen Narzißmus oder autoerotische Aktivitäten zur Folge gehabt?

Die genaue Betrachtung des Abwehrprozesses erlaubt uns nicht nur den Punkt zu bestimmen, an dem die Krise im Leben des Jugendlichen manifest wurde; sie vermittelt uns darüber hinaus auch eine Vorstellung davon, wie gefährdet der Jugendliche im Augenblick ist. Entwickelt sich der Abwehrprozeß zu einer Quelle der Angst, statt daß er die Angst in Schach hält, wie etwa im Fall jener Jugendlichen, die, wenn ihnen im Gefolge einer Krise die neuerliche Abhängigkeit von den ödipalen Objekten droht, hilflos ihren inzestuösen Wünschen und ihren Projektionen auf das ödipale Objekt ausgesetzt sind?

Bei der Diagnosestellung befassen wir uns mit jenen Abwehrprozessen, die anzeigen, daß die Integration des Körperbildes nicht gelang und daß nun die Abwehr selbst das Verhalten des Jugendlichen in einer Weise beherrscht, die den Schluß zuläßt, daß eine Entwicklungskrise eingetreten ist. Zur Unterscheidung zwischen solchen Abwehrprozessen, die ein Fortschreiten der Entwicklung ermöglichen, und jenen anderen, die in sich eine Entwicklungskrise darstellen, bedarf es der Klärung der Frage, wie direkt auch der Körper des Jugendlichen an diesem Prozeß teilhat und ob der Jugendliche imstande ist, einen – im libidinösen wie narzißtischen Sinne – lustvollen Gebrauch von seiner sexuellen Körperlichkeit zu machen. Oder, anders gefragt: Welche Anzeichen gibt es dafür, daß der Jugendliche in Situationen, an denen sein sexueller Körper ganz direkt beteiligt ist, diesen Körper glaubt beschädigen oder zurückweisen zu müssen, weil er ihn nur als Quelle von Schuld- und Schamgefühlen betrachten kann?

Von besonderer Signifikanz sind diejenigen Abwehrmechanismen, auf die der Jugendliche allem Anschein nach angewiesen ist, die zugleich aber eine Störung des Entwicklungsprozesses darstellen. Seine Abhängigkeit von Abwehrmechanismen, welche die Fähigkeit zur Wahrnehmung der äußeren Realität beeinträchtigen (Projektion, Splitting, Affektverleugnung) und seine offensichtliche Unfähigkeit, die Realität seines sexuellen Körpers und die damit einhergehenden neuen Forderungen zu integrieren, müssen letzten Endes zu einer Verzerrung des Körperbildes führen, das sich dem Fortbestehen dieser Abwehrmechanismen anpaßt. Wir müssen also in Erfahrung bringen, wie weit der Jugendliche zum Umgang mit anderen Menschen und mit der Außenwelt imstande ist, ohne auf Mechanismen (wie etwa die Projektion) zurückgreifen zu müssen, die eine verzerrte Wahrnehmung aufrechterhalten und auch seine Beziehungen verzerren. Das Ergebnis ermöglicht uns dann eine Aussage darüber, wie weit die Entwicklungskrise, wenn sie denn vorhanden ist, bereits in Richtung des »psychotischen Funktionierens« oder eines totalen Bruchs mit der Realität geht. Wenn beispielsweise eine Achtzehnjährige in ihrer Mutter die Ursache all ihrer Schwierigkeiten sieht und die Mutter als völlig irrational und unfähig schildert, dann müssen wir herausfinden, wie weit diese Patientin auf ihre verzerrte Sicht der Mutter als »verrückt« angewiesen ist, um auf diese Weise der Angst, die sie um ihrer selbst willen empfinden könnte, aus dem Weg zu gehen. Oder wir müssen herausfinden, ob sie so dringend auf diese verzerrte Sicht angewiesen ist, daß sie gar nicht daran zweifeln *kann*.

Diese Abhängigkeit eines Jugendlichen von der verzerrten Wahrnehmung der Objekte als der Basis aller seiner Emotionen ist ein Zeichen dafür, daß er auch glauben muß, seine sexuellen Gefühle und Phantasien seien das Ergebnis von Forderungen aus der Außenwelt. Seine innere Realität ist eine »sichere Sache«, aber ein Bruch mit der äußeren Realität mag drohen. Uns ist nicht an einer Diagnose gelegen, die auf »Paranoia« lautet. Vielmehr geht es uns um die Frage, wie weit die Verfolgungserfahrungen des Jugendlichen die Erfahrung seines eigenen sexuellen Körpers spiegeln und ob dieser ihn jetzt zwingt, sein Verhältnis zur Außenwelt zu verzerren. Eine solche Verzerrung weist auf den Beginn der Integration eines verzerrten Körper-Bildes und die daraus folgende Unfähigkeit, am Ende der Adoleszenz zu einer endgültigen sexuellen Organisation zu finden, die normale heterosexuelle Beziehungen zuläßt. Von diesem Standpunkt her befassen wir uns mit den Informationen, die wir über die Beziehungen des Jugendlichen erhalten. Besteht etwa schon die Tendenz zur Isolierung anstelle des Wunsches, neue Sexualobjekte zu finden? Was steckt hinter der Objektwahl, wie sie zum gegenwärtigen Zeitpunkt erfolgt? Werden die Objekte auf der Basis von Abwehr- oder narzißtischen Bedürfnissen gewählt? Ist die Abhängigkeit vom Objekt eine Quelle der Angst, weil sie in defensiver Absicht eingesetzt wird? Ist die elementare Abhängigkeit vom ödipalen Objekt unverändert? Die Antworten sollten uns bei der Einschätzung der Entwicklungskrise und ihres Schweregrades eine Hilfe sein.

IV. Implikationen für die diagnostische Erfassung spezifischer Formen der Symptomatik

Bestimmte Störungen oder Verhaltensweisen können als charakteristisch für die Symptomatik der Adoleszenz angesehen werden. Wir wollen sie wie folgt auflisten, ohne allerdings den Anspruch auf Vollständigkeit erheben zu können:
A. Zwanghaftes Essen
B. Zwanghaftes Fasten
C. Plötzliches Versagen in der Schule oder am Arbeitsplatz
D. Promiskuität
E. Selbstmordversuche
F. Selbstverletzung
G. Perverses Sexualverhalten
H. Schwere Depression
I. Schwere Phobien
J. Zwanghaftes Masturbieren
K. Fehlendes Masturbieren; Unfähigkeit zur Ejakulation
L. Drogenkonsum und Sucht (einschließlich Alkohol)
M. Bettnässen
N. Delinquenz
O. Psychosomatische Störungen
Diese Symptome müssen entsprechend dem im dritten Abschnitt beschriebenen Vorgehen ausgewertet werden. Wir sollten also danach fragen, inwieweit das Symptom selbst Zeichen einer bereits eingetretenen Entwicklungskrise ist und inwieweit die vorhandene Symptomatik nun ihrerseits das Potential für die weitere Entwicklung beeinflußt.

Zu diesem Zweck halten wir uns an die nachstehenden Fragen. Sie können uns bei der Bestimmung des Schweregrades der Störung helfen, die im Entwicklungsprozeß eingetreten ist.
1. Steht das Symptom in einem Zusammenhang mit der Kontrolle bzw. der eindeutigen Ablehnung des sexuellen Körpers (z. B. zwanghaftes Essen, zwanghaftes Fasten, versuchter Selbstmord)?
2. Wird das Symptom dazu führen, daß der Jugendliche keine Objektbeziehungen eingeht (z. B. Phobien, Bettnässen)?
3. Wird das Symptom zu einer Vorstellung vom eigenen Körper bzw. von der eigenen Person als beschädigt oder unannehmbar führen (z. B. psychosomatische Störungen wie Asthma oder Akne, affektive Störungen wie Depressionen)?

V. Weitere Fragen im Zusammenhang mit der Diagnose

Es gibt noch weitere, für die Erstellung der Diagnose fundamentale Fragen, die wir bedenken müssen, weil sie unser Verständnis bestimmter klinischer Daten unmittelbar beeinflussen:
A. Wann endet die Adoleszenz?
B. Wie wirken sich Alter und Geschlecht des Jugendlichen auf die Diagnosestellung aus?
C. Welche Rolle – wenn überhaupt – schreiben wir potentiell traumatischen realen Geschehnissen in der Adoleszenz zu?
D. Wie grenzen wir eine aktuelle Störung von den diagnostischen Implikationen ab (z. B. vom »psychotischen Verhalten« oder von der »Entwicklung in Richtung einer Psychose«)?

Wann endet die Adoleszenz?
Wenn wir vom Ende der Adoleszenz sprechen, dann im Gedanken an ein ganz bestimmtes Resultat, das den Abschluß des Entwicklungsprozesses markiert, nämlich *die Festlegung der Hauptquelle der sexuellen Befriedigung.* Das heißt, wir hegen gewisse Annahmen über den Zusammenhang zwischen

der persönlichkeitsbildenden Funktion der Adoleszenz, dem Ende der Adoleszenz und der Festlegung der Hauptquelle der sexuellen Befriedigung. Das Pubertätsalter begründet den Primat der Genitalzone, von diesem Augenblick an werden im Normalfall also jene Befriedigungen, die der infantilen Sexualität zugehören, stärker verdrängt, und die genitale Sexualität wird zur Hauptquelle der Befriedigung. Auch wenn seine Entwicklung normal voranschreitet, achtet der Jugendliche auf mögliche Anzeichen sexueller Abnormität – eine Achtsamkeit, die ihm neu ist, denn die präpuberale Angst bezieht sich noch nicht auf die sexuelle Abnormität, während die mit dem Pubertätsalter aufkommende Angst in einem solchen Zusammenhang stehen muß.

Das Ende der Adoleszenz wird durch die endgültige Festlegung der sexuellen Organisation markiert oder, anders gesagt, durch die Integration des zur Reife gelangten Genitalapparats in das Körperbild. Die geschlechtliche Differenzierung nach männlich bzw. weiblich hat zwar – als Teil der Auflösung des ödipalen Konflikts – ihre Vorläufer bereits in der phallisch-ödipalen Periode, aber *letztlich* und *unumkehrbar* wird sie doch erst während der Adoleszenz im Rahmen dieses Integrationsvorganges vollzogen.

Das Suchen und Finden eines Sexualobjekts während der Adoleszenz reicht bis zu den Anfängen der sexuellen Befriedigung zurück und kann als Teil der Lösung des ödipalen Konflikts angesehen werden. Aber erst in der Adoleszenz – das heißt nach Erlangen der physisch-sexuellen Reife – wird dieses Suchen und Finden eines Sexualobjekts zum primären Vehikel der Begründung der endgültigen sexuellen Organisation. Es scheint, daß ein unwiderruflicher wechselseitiger Zusammenhang zwischen der Hauptquelle der sexuellen Befriedigung und der Wahl des Sexualobjekts erst am Ende der Adoleszenz entsteht.

Wenn wir von der Festlegung der Hauptquelle der sexuellen Befriedigung sprechen, dann im Gedanken an die Wechselbeziehung zwischen dem psychischen und dem physischen Bereich, nicht an die physisch-sexuelle Befriedigung allein. Wir betrachten die physisch-sexuelle Befriedigung ja als integrierenden Bestandteil eines umfassenden psychophysischen Prozesses, an dem die Beziehung zum Objekt, das Ausleben der primären Phantasie, die Fähigkeit zur unbewußten Identifizierung mit dem gleichgeschlechtlichen ödipalen Elternteil – ohne daß damit die Vorstellung von der Tötung dieses Elternteils verbunden sein müßte – und die Fähigkeit beteiligt sind, vermittels des Objekts zur sekundären narzißtischen Verstärkung zu gelangen. In diesem Sinne wird die Pubertät (das Vorhandensein des physisch reifen Genitalapparats) im größeren Zusammenhang der Persönlichkeitsentwicklung als Aufforderung verstanden, diesen Apparat in die narzißtische und objektbezogene Organisation zu integrieren. Präödipale Befriedigungen sind zulässig, solange sie die ödipalen und genitalen Wünsche nicht in den Hintergrund drängen. Der Gebrauch von Penis oder Vagina und der Orgasmus bedeuten die Erfüllung der zentralen Masturbationsphantasie und fördern zugleich den Impetus, die Libido objektgerichtet zu halten.

Zumindest aus den Erfahrungen, die wir in der Arbeit mit schwer gestörten Jugendlichen gewonnen haben, können wir schließen, daß das Ende der Adoleszenz im Alter von 21 Jahren erreicht ist. Spätestens zu diesem Zeitpunkt ist ein für alle Mal klar, wie ein Mensch mit regressiven Anzeichen und mit Ängsten umgeht. Die Objektwahl erfolgt jetzt in einer spezifischen und endgültigen Weise. Darin zeigt sich, welches Mittel der Jugendliche sich unbedingt erkoren hat, um sich ein bestimmtes Niveau der Befriedigung zu erhalten, die ödipalen Einschränkungen hinter sich zu lassen und zugleich ein bestimmtes Niveau der Objektbezogenheit wahren zu können.

Wir haben im Rahmen dieser Arbeit aber auch beobachtet, daß es Fälle gibt, in denen ein sogenanntes Ende der Adoleszenz sehr viel früher erreicht wird – das heißt, es kommt im Gefolge einer psychischen Störung zu einer Blockierung des Entwicklungsprozesses. In diesem Fall sind die Hauptquelle der sexuellen Befriedigung und die Richtung der Objektwahl durch eine schon lange bestehende pathologische Entwicklung bestimmt; Pubertät und Adoleszenz erscheinen in der

Hauptsache als Perioden, in denen das Moment der Genitalität zur pathologischen Organisation hinzutritt. Dann genügt entweder die Tatsache, daß es keinen Konflikt gibt, oder das Ausmaß der sexuellen Befriedigung oder schließlich die passive Unterordnung unter den Konflikt, um jeden Gedanken an eine Veränderung zum Schweigen zu bringen. Die Entwicklung hat ein vorzeitiges Ende gefunden. Und Blockierung heißt für diese Jugendlichen soviel wie vorzeitige Integration oder vorzeitige Antwort auf den Konflikt in der Persönlichkeitsentwicklung. Ihre endgültige sexuelle Organisation und ihre psychische Störung werden zum Zeitpunkt dieser Blockierung festgelegt.

Die Frage nach dem Ende der Adoleszenz ist in klinischer Hinsicht bedeutsam: Wenn man es mit Achtzehn- bis Neunzehnjährigen zu tun hat, sollte man therapeutische Maßnahmen nicht mehr hinausschieben. Wenn eine neunzehnjährige junge Frau zum Beispiel nicht mit Gleichaltrigen verkehren kann, sondern immer noch am liebsten an den Aktivitäten der Eltern teilnimmt, dann ist diese Neunzehnjährige nicht einfach »spät dran«, was ihre Unabhängigkeit angeht. In diesem Verhalten äußert sich vielmehr eine ernsthafte Entwicklungsstörung, und wir können davon ausgehen, daß diese junge Frau, wenn keine Intervention erfolgt, zwei oder drei Jahre später schwerwiegende Kompromisse schließen muß.

Solange wir es allerdings mit einer Neunzehnjährigen zu tun haben, können wir immer noch hoffen dahinterzukommen, was es mit der Störung auf sich hat, und ihr pathologisches Potential aufzuheben. Wenn ein Jugendlicher sich auf den therapeutischen Prozeß erst einmal eingelassen hat, dann ist die Zeit auf seiner Seite – es scheint, als könne dieser Prozeß, wenn er sich gut anläßt, zeitweilig dafür sorgen, daß die Konflikte der Adoleszenz »am Kochen bleiben«.

Wie wirken sich Alter und Geschlecht des Jugendlichen auf die Diagnosestellung aus?
Normalerweise gilt das primäre Interesse des Frühadoleszenten der Frage, wie er sein neues Körperbild wieder mit narzißtischer Libido anreichern kann – wie er also seinen neuen

sexuellen Körper akzeptieren lernen kann, anstatt ihn ablehnen zu müssen. Während dieser Periode sind die Beziehungen, die der Jugendliche eingeht, in erster Linie narzißtisch geprägt. Für die Diagnosestellung ergibt sich mithin die Notwendigkeit, einer exzessiven Abhängigkeit von Beziehungen zu Gleichaltrigen im Blick darauf nachzugehen, ob diese Beziehungen etwa Teil eines Abwehrprozesses sind, der mit der normalen Funktion der Masturbation interferiert, oder ob sie das einzige dem Jugendlichen zu Gebote stehende Mittel sind, sich gegen die fortgesetzte Abhängigkeit von seinen ödipalen Objekten, was Befriedigung anlangt, zur Wehr zu setzen. Wenn ein Jugendlicher sich in dieser Periode ganz und gar von seinen Altersgenossen absondert, dann müssen wir darin ein Anzeichen dafür sehen, daß es ihm nicht gelingt, seinen sexuellen Körper und dessen Bedürfnisse als akzeptabel zu erleben.

In der fortgeschrittenen Adoleszenz, nach dem sechzehnten oder siebzehnten Lebensjahr, beginnt der Jugendliche normalerweise nach Sexualobjekten zu suchen, deren Funktion darin besteht, die Integration der geschlechtlichen Differenzierung zu ermöglichen – das heißt, diese Objekte ermöglichen eine Wandlung seiner ödipalen Identifizierungen, die nun auch die Genitalität mit einschließen. In diesem Zeitraum nun kann die Entwicklungskrise, die im Pubertätsalter einsetzte, offen zutage treten – dann ist der Jugendliche entweder nicht imstande, die Qualität seiner Beziehungen zu verändern, oder seine schon früher vorhandene Tendenz, Beziehungen aus dem Weg zu gehen, verstärkt sich noch und wird zur »aktiven« Isolation. Und nun erleben wir unter Umständen, daß die anfängliche Pubertätskrise in einen Abwehrprozeß mündet, der die Außenwelt verzerrt und den Jugendlichen zwingt, sich von ihr zurückzuziehen. Dann allerdings müssen wir der Frage nachgehen, ob wir es hier schon mit einem ersten Schritt in Richtung psychotisches Verhalten zu tun haben.

Wenn ein Jugendlicher zu seiner Befriedigung weitgehend auf autoerotische Praktiken angewiesen ist, mit denen das verzerrte Körperbild einhergeht (denken wir an die anale

Masturbation, an transvestitische oder fetischistische Praktiken), dann besteht die Gefahr, daß die endgültige sexuelle Organisation eine Integration des verzerrten Körperbildes einschließt und der Jugendliche zugunsten des eigenen Körpers auf die Objektwelt verzichtet. Das Ergebnis kann nur ein ernsthaft beeinträchtigtes Verhältnis zur Außenwelt und zu den Objekten sein. Einen Hinweis darauf, daß ein solcher Ausgang immerhin möglich ist, haben wir im Fehlen äußerer Anzeichen dafür, daß der Jugendliche seinen sexuellen Körper haßt bzw. ablehnt (Selbstverletzung, Selbstmordimpulse, Vernachlässigung). Dem Diagnostiker sagt das Fehlen solcher Anzeichen, daß hier kein Kampf mehr stattfindet, der den Jugendlichen zwingen könnte, seinen sexuellen Körper zurückzuweisen oder zu bestrafen; nein, er hat sein verzerrtes Körperbild bereits akzeptiert.

Für Jugendliche, deren Realitätsbezug schwach ist, gewinnt allerdings die Fähigkeit, Befriedigung aus sublimatorischen Aktivitäten zu ziehen, eine ganz besondere Bedeutung. Ein Jugendlicher, der Anzeichen psychotischen Verhaltens zeigt, sich dabei aber sublimatorische Aktivitäten zunutze machen kann, ist gegen das Gefühl der totalen Abhängigkeit von seinem Körper, soweit es um Befriedigung geht, gefeit; das wiederum befreit ihn in einem gewissen Umfang von der Angst, die sein sexueller Körper ihm zwangsläufig bereitet.

Welche Rolle – wenn überhaupt – schreiben wir potentiell traumatischen realen Geschehnissen in der Adoleszenz zu?
Wir denken hier an besondere Geschehnisse wie Krankheit oder Tod, Trennung oder Scheidung der Eltern, Wiederverheiratung eines Elternteils, Schwangerschaft des heranwachsenden Mädchens oder lange Arbeitslosigkeit eines Elternteils oder des Jugendlichen selbst.

Eine konstante und berechenbare »Außenwelt« – die Beziehung zu beiden Eltern, zu den Geschwistern und zu den Mitgliedern der erweiterten Familie – dient dem Jugendlichen gleichsam als Hilfs-Ich und ermöglicht ihm, mit der aus den Entwicklungsschwierigkeiten herrührenden Angst fertigzuwerden. Für den Jugendlichen, der eine Entwicklungskrise erlebt hat, stellen Veränderungen in seiner Außenwelt allerdings eine besondere Gefahr dar: sie stehen für das »Versagen« eines der – oder auch beider – ödipalen Objekte.

Schaden kann ein traumatisches reales Geschehen der Entwicklung des Jugendlichen schon insofern, als er im Zuge seiner Identifizierung mit dem gleichgeschlechtlichen Elternteil vermehrte Angst empfindet. Kein Zweifel, daß Schuld- und Schamgefühle, Zorn und Depression ihre Wirkung auf den Jugendlichen nicht verfehlen, aber diese Gefühle allein können seiner Entwicklung nicht schaden, wenn sie in erster Linie Reaktionen auf ein traumatisches Geschehen sind. Wenn der Jugendliche aber Unsicherheit oder Zweifel bezüglich seiner Identifizierung mit dem gleichgeschlechtlichen Elternteil empfindet, dann kann das potentiell traumatische reale Geschehen sich auf das Ergebnis des Identifikationsprozesses und damit auch auf die sexuelle Organisation sehr schädlich auswirken.

Manche Jugendliche, die eine Entwicklungskrise durchgemacht haben, nutzen die Außenwelt als Quelle der Stabilität und als Mittel, ihre verzerrten Vorstellungen zu überprüfen. Der Schaden, den ein traumatisches reales Geschehen anrichten kann, tritt dann ein, wenn dieses die Phantasie des Jugendlichen bestätigt und damit die Funktion der Außenwelt – die ja darin bestehen sollte, dem Jugendlichen bei der Abwehr seiner psychischen Hervorbringungen zu helfen – zunichtemacht. Nehmen wir zum Beispiel an, die Phantasiewelt des Jugendlichen sei sadomasochistischer Art; wenn auch die Beziehung der Eltern sadomasochistisch ist und in einer Trennung oder Scheidung, also einem traumatischen Geschehen, endet, dann kann das die Entwicklung des Jugendlichen beeinträchtigen und sein Verhältnis zur Außenwelt verzerren. Und die physische und psychische Krankheit eines Elternteils kann ebenfalls ernsthaft mit der Entwicklung des Jugendlichen interferieren, wenn er in ihr die Bestätigung seiner Phantasie von der sadistischen oder destruktiven Natur der ödipalen Beziehung und von den Ursachen der Krankheit dieses Elternteils erkennt.

Wie grenzen wir eine aktuelle Störung von den diagnostischen Implikationen ab (z.B. vom »psychotischen Verhalten« oder von der »Entwicklung in Richtung einer Psychose«)?
Die Feststellung, daß es zu einer Entwicklungskrise gekommen ist, sagt uns allein noch nichts aus über das Ausmaß der Störung im Verhältnis des Jugendlichen zur Außenwelt oder darüber, ob diese Krise bereits zum vollständigen Bruch mit der Realität geführt hat bzw. zu einem solchen Bruch führen wird. Es mag außerordentlich schwierig sein, »psychotisches Verhalten« oder eine Entwicklung zur Psychose hin zu diagnostizieren, aber es ist auch außerordentlich wichtig, daß eine solche Abklärung vorgenommen wird. *Eine* Schwierigkeit besteht im Fall jugendlicher Patienten darin, daß wir hier nicht zwischen Neurose und Psychose, wie wir dies im Falle erwachsener Patienten tun, unterscheiden können und sollten. In der verzerrten Sicht des Jugendlichen von der äußeren Realität können die Projektionen und Externalisierungen enthalten sein, die in den Rahmen seiner augenblicklichen Bemühungen um die Integration des neuen Körperbildes gehören. Psychotisches Verhalten in der Adoleszenz kann eine defensive Bedeutung haben, die ihrerseits in Zusammenhang mit dem Entwicklungsprozeß steht. Was beim Erwachsenen möglicherweise psychotisch ist (paranoide Wahnvorstellungen, Beziehungswahn, Halluzinationen), kann – als vorübergehendes Phänomen beim Jugendlichen – ein Zeichen für die Intensität der Angst sein, die der Entwicklungskonflikt erzeugt.

Von besonderer Bedeutung im Rahmen der Abklärung psychotischen Funktionierens bzw. der Anfälligkeit für eine Psychose sind die Ausrichtung der Libido (bleibt sie objektgerichtet, oder ist sie in der Hauptsache narzißtisch orientiert?), der Grad der Verzerrung des sexuellen Körperbildes, der Grad der Akzeptanz bzw. der Zurückweisung des sexuellen Körpers und die Frage, ob die genitale Sexualität bereits aufgegeben worden ist. Bestimmte Verhaltensweisen gestatten uns den Schluß, daß ein Jugendlicher auf einer psychotischen Ebene »funktionieren« kann, aber das allein erlaubt noch nicht die Folgerung, daß er sich bereits in Richtung eines deutlicheren und permanenten Ausstiegs aus der Realität bewegt oder bewegen wird.

Manche Jugendliche glauben, daß sie durch bestimmte Handlungen oder Identifizierungen eine andere Art von Körper erhalten könnten, und *sie zweifeln nicht daran,* daß dies eine Möglichkeit ist. Einen Jugendlichen, der fest davon überzeugt ist, daß er diesen andern Körper (einen Körper von der Art, wie er ihn immer gewollt hat) nach dem Tod bekommen wird, müßte man als auf dem Weg in die Psychose oder zumindest als für eine Psychose anfällig betrachten. Das Gleiche gilt für einen Jugendlichen, der keinen Zweifel daran hegt, daß er zu innerer Ruhe und Zufriedenheit gelangen kann, wenn er nur eine neue Art von Körper hat (ein Beispiel dafür sind diejenigen Jugendlichen, die hartnäckig verkünden, sie müßten ihre Genitalien entfernen oder verändern). Was die Jugendlichen angeht, die andere Formen körperlicher Veränderung anstreben – entweder des eigenen Körpers oder des Körpers ihres Sexualpartners (z.B. größere oder kleinere Brüste, eine andere Nase) –, so müssen wir auch hier mit der Möglichkeit rechnen, daß sie sich in Richtung Psychose bewegen.

Bei manchen Jugendlichen äußert sich die Krise eher in der Weise, daß sie sich von den Objekten zurückziehen. Ihre Phantasien über den eigenen, zur sexuellen Reife gelangten Körper und den Körper anderer Personen werden insgeheim auf dem Weg über den eigenen Körper ausgelebt. So zeigt zum Beispiel ein Jugendlicher, der sich in sein Zimmer verkriecht (auch wenn er eigentlich noch zur Schule geht oder eine Arbeitsstelle hat) und sich so anzieht, als gehöre er dem anderen Geschlecht an, zumindest Anzeichen einer ernsthaften Entwicklungskrise. Wenn diese Aktivität noch von Masturbation (mit Ejakulation oder Orgasmus) oder von sexueller Erregung begleitet ist, sollten wir das als Zeichen psychotischen Verhaltens (das heißt der Entwicklung hin zur Perversion) oder als Vorstufe einer Psychose ansehen. Je nachdem, welche Rolle das Moment der Abwehr in seinem Verhalten spielt oder wie sehr der Jugendliche insgeheim an einer anderen Art von Körper interessiert ist, den er, wie er meint, haben muß, können wir zwischen »psychotischer Funktionsweise« und einer möglichen späteren Bewegung in Richtung Psychose unterscheiden (Freud 1911, 1919; Katan 1950).

Manche Jugendliche leben auch bestimmte zwanghafte Phantasien auf dem Weg über ihren Körper oder über ihre Bemühungen aus, ihr Körperbild zu verändern. Das mag ihnen intensive Befriedigung verschaffen, aber auch zu einer intensiven Verzerrung ihrer Außenwelt führen. In den Augen mancher Jugendlicher ist ein funktionierender Penis oder eine funktionierende Vagina als Teil ihres Körpers während der Pubertät und Adoleszenz gleichbedeutend mit der Zerstörung der gegen den sexuellen Körper und das zugehörige Körperbild gerichteten Abwehr. In diesen Fällen kommt es dann zu einer noch weitergehenden Verzerrung der Realität, als sie im Latenzalter und zur Zeit der Auflösung des ödipalen Konflikts bestanden haben mag. Das äußert sich jetzt in wahnhaften Konstrukten oder in Formen von Regression, welche eine in der Phantasie bestehende Beziehung zu den ödipalen Objekten aufrechthalten, in deren Rahmen perverse Phantasien befriedigt werden. Dieses Verhalten bzw. diese Verzerrung der Realität mag im Augenblick das verfügbare Mittel sein, um eine Phantasie auszuleben, in der der Körper sowohl männlich als auch weiblich erscheint.

Dem Diagnostiker präsentiert der Jugendliche sich als jemand, der entweder die Verbindung zur Realität vollkommen verloren hat oder sich so verhält, als wolle er die Realität verändern. Der Jugendliche mag sich falschen Vorstellungen hingeben oder in Gefahr sein, diesen Körper zu töten oder zu beschädigen, der ihn »verfolgt« und ihm eine heimliche Euphorie vereitelt; oder er gefährdet das ödipale Objekt (oder dessen Stellvertreter) durch eine physische Attacke, um dieses Objekt für das zu bestrafen, was ihm, wie er meint, angetan worden ist. Pubertätsalter und Adoleszenz sind für solche Jugendlichen die traumatische Konfrontation mit dem Fehlschlag ihrer früheren Abwehrbemühungen, die darauf zielten, entweder einen männlichen und weiblichen Körper in einem oder einen andersgeschlechtlichen Körper zu haben. Ein noch extremerer Bruch mit der Realität im Pubertätsalter oder während der Adoleszenz ist der weitere der Abwehr dienende Versuch der Jugendlichen, die frühen Verzerrungen aufrechtzuerhalten, in deren Rahmen der tatsächliche sexuelle Körper zurückgewiesen wurde, weil sie allein auf diese Weise an der Phantasie festhalten können, sie seien etwas anderes als das, was sie jetzt tatsächlich sind.

Solche Manifestationen während der Adoleszenz können den Eindruck einer Psychose hervorrufen. Für den Diagnostiker lautet die Frage, ob es Anzeichen für eine Entwicklungssperre gibt, wie sie an anderer Stelle beschrieben wurden, oder ob wir noch immer irgendeinen Kontakt zur Realität und irgendwelche Anzeichen eines *Zweifels* an den Lösungen ausmachen können, für die der Jugendliche sich entscheiden mußte.

Aber psychotische Manifestationen dieser Art müssen von den Schizophrenien oder anderen Psychosen des Erwachsenenalters unterschieden werden. Beim Erwachsenen haben wir es mit einem fixierten und irreversiblen sexuellen Körperbild und mit einer fixierten Art des Umgangs mit der äußeren wie mit der inneren Realität zu tun. Es wäre ein schwerer diagnostischer Irrtum, die Manifestationen in der Adoleszenz mit denjenigen im Erwachsenenalter gleichzusetzen, denn damit würde man zum einen die Verzerrungen außer acht lassen, die durch den Entwicklungsprozeß entstanden sind – das heißt durch die Angst, die der Jugendliche angesichts des sexuell reifen männlichen bzw. weiblichen Körpers empfunden hat –, und zum andern den Umstand, daß es in der Adoleszenz ja noch möglich ist, den pathologischen Prozeß umzukehren. Auf diesem speziellen Gebiet der Pathologie ist das Risiko einer Fehldiagnose außerordentlich groß.

Wir halten eine Diagnose, die auf eine ausgewachsene und irreversible Psychose bereits während der Adoleszenz lautet, nicht für möglich und nicht für zulässig. Vielmehr sollte man unserer Meinung nach bei der diagnostischen Erfassung des Schweregrades der psychischen Störung von Jugendlichen, die Anzeichen eines Ausbruchs aus der Realität zeigen, unbedingt von Kategorien ausgehen, die den Einfluß des Entwicklungsprozesses auf den Abwehrprozeß und auf die Phantasien des Jugendlichen berücksichtigen. Wir selbst arbeiten mit den folgenden Kategorien: 1. psychotische Episode, 2. psychotische Funktionsweise, 3. anhaltender psychotischer Prozeß. Im Fall des Jugendlichen, der eine *psychotische Episode* hinter sich hat (Selbstmordversuch, Selbstverstümmelung), denken wir an einen zeitweiligen Ausbruch aus der Realität. Ein solcher Jugendlicher bestreitet oder leugnet einen Teil der äußeren Realität, denn so kann er die Quelle seines inneren Unbehagens negieren. Der Jugendliche, der in bestimmten Bereichen eine *psychotische Funktionsweise* zeigt (Anorexie, Obesitas, Drogenkonsum oder Drogensucht, schwere Depression), verzerrt die Realität durch Projektion, aber die internalisierten ödipalen Objekte selbst gelten ihm als die Verfolger, die jetzt unter Kontrolle sind, weil er die Gefühle und Phantasien kontrolliert, die von seinem Körper kommen. Die Kategorie des *anhaltenden psychotischen Prozesses* sollten wir für eine besondere Form der Störung in der Adoleszenz reservieren. Es ist zwar denkbar, daß der psychotische Prozeß am Ende der Adoleszenz als etabliert erscheint, aber wir sind nicht der Meinung, daß dieses Ergebnis unvermeidlich ist. Ein solcher Prozeß kann seinen Anfang mit der Pubertätskrise nehmen, und den bösartigen Prozeß können dann Faktoren fördern, die zur ständigen Verzerrung der Realität aufrufen und als konstante Kraft gegen jede Veränderung auftreten, die im Verhältnis des Jugendlichen zu seinem sexuellen Körper eintritt. Wenn er zum Erwachsenen wird, das heißt in dem Augenblick, in dem seine endgültige sexuelle Organisation festliegt, können die verschiedenen Verzerrungen (seine Realitätswahrnehmung, sein Bild des eigenen Körpers) sich zur psychotischen Krankheit organisieren.

13 Das diagnostische Vorgehen

Von Wichtigkeit für den Erfolg oder Mißerfolg des diagnostischen Prozesses ist, was der Analytiker von der Funktion der Diagnose und von seiner eigenen Rolle denkt – von der Rolle dessen, der dem Jugendlichen verständlich machen soll, was nicht in Ordnung ist. Diagnose heißt Beurteilung und Voraussage. Dazu gehört, daß man weiß, was man ernstnehmen muß, wann man sich engagieren und wie man dem, was der Jugendliche sagt, zuhören muß. Wie der Jugendliche die Diagnose erlebt, das muß nichts mit dem besonderem Geschick des einen oder anderen Analytikers zu tun haben, ihn für die Arbeit zu motivieren: Wenn wir nur das anwenden, was wir über Störungen im Jugendalter und die begleitenden Ängste wissen, können wir den Jugendlichen damit unter Umständen schon dazu bewegen, sich aktiv am diagnostischen Prozeß zu beteiligen, ohne das Gefühl zu haben, daß wir ihm vielleicht schaden, wenn wir ihn wissen lassen, was vorgeht. Es ist ein ganz großer Unterschied, ob man sich des diagnostischen Vorgehens bedient oder aber erwartet bzw. fordert, der Jugendliche solle »alles erzählen«. Wir haben die Erfahrung gemacht, daß die meisten Jugendlichen, die zu uns geschickt werden oder die sich mit der Bitte um Hilfe an uns wenden, erleichtert sind, wenn man ihre emotionale Verfassung ernstnimmt, selbst wenn das ihre Angst wegen des Ausmaßes ihrer Abnormität noch vergrößert. Für sie ist das Gefühl wichtig, daß ihre Ängste und Befürchtungen akzeptiert und verstanden werden und man sie nicht einfach abtut oder mißversteht.

Ziel und Aufgabe der Diagnose

Wenn man das primäre Ziel der Diagnose auch als die Feststellung dessen bezeichnen kann, was nicht in Ordnung ist, so kann doch die Prozedur insgesamt – der Umstand, daß der Jugendliche befragt und aufgefordert wird, von sich selbst zu sprechen – für ihn eine sehr bedeutsame Erfahrung sein. Jeder Jugendliche, den wir in diagnostischer Absicht befragt haben, ist mit der Befürchtung zu uns gekommen, daß etwas mit ihm nicht in Ordnung sei. Für sein Verhältnis zu sich selbst und für seine Hoffnungen bezüglich dessen, was man zu seiner Hilfe unternehmen kann, ist es wichtig, daß wir seine Verwirrung zu beseitigen versuchen und uns bemühen, der Diagnose ihre erschreckende »Magie« zu nehmen.

So empfiehlt es sich beispielsweise, ihm zu erklären, warum man eine bestimmte Frage gestellt hat und was man mit der Antwort anfangen wird. Der Jugendliche sollte – dank unserer Erklärung, was wir tun und warum wir es tun – mit der Zeit auch begreifen, wie wir zu einer Feststellung darüber gelangen, was vielleicht nicht in Ordnung ist und was man tun kann, um Abhilfe zu schaffen. Dieses Vorgehen mag verführerisch klingen, muß es aber nicht sein, wenn der Interviewer erkennen läßt, daß er sich der Angst des Jugendlichen bewußt ist. Viele Jugendliche, die Hilfe suchen, haben vorher noch nie mit irgend jemandem über ihre Schwierigkeiten gesprochen und sich niemals bewußt eingestanden, wie sehr sie unter ihren Schwierigkeiten gelitten haben und leiden. Wenn der Interviewer und der Jugendliche dann gemeinsam formulieren, was nicht in Ordnung ist, dann verliert dieses erschreckende Unbekannte ein wenig von seiner Macht, und zugleich kann der Jugendliche vielleicht wieder Hoffnung schöpfen, daß ihn jemand verstehen wird und ihm helfen kann.

Wenn der Jugendliche nicht allzusehr von Angst gelähmt ist, die er in die ersten Gespräche mitbringt, dann ist es für die Diagnose von großem Nutzen, sein ganzes gegenwärtiges Leben genau unter die Lupe zu nehmen – also seine sozialen Beziehungen, seine schulische oder berufliche Situation, das Verhältnis zu seinen Eltern, seine Zukunftspläne. Die primäre Funktion der Diagnose besteht darin, den Schweregrad der gegenwärtigen Krise festzustellen, die den Jugendlichen veranlaßt hat, um Hilfe zu bitten, und sich darüber klarzuwerden, wie weit sie sich störend auf den Entwicklungsprozeß auswirkt. Das hilft uns bei der Beantwortung der Frage, ob es im Pubertätsalter zu einer Krise gekommen ist, und bei der Verknüpfung der gegenwärtigen Krise mit der Störung, die die damalige Krise im Prozeß der Persönlichkeitsentwicklung des Jugendlichen bewirkte. Eine Schwierigkeit mag hierbei sein, daß gerade die Information, die wir zur Herstellung dieses Zusammenhanges brauchen, uns oder dem Jugendlichen erst durch eine Behandlung überhaupt zugänglich wird. Dennoch können sich uns im Laufe der diagnostischen Phase immer noch Möglichkeiten bieten, von dem Jugendlichen zu erfahren, was damals im Pubertätsalter eigentlich geschehen ist.

Uns geht es bei unseren diagnostischen Bemühungen vor allem darum, das Verhältnis des Jugendlichen zu seinem Körper zu ergründen und uns ein Bild von Art und Richtung seiner wichtigsten sexuellen Identifizierungen zu machen. Wir möchten in Erfahrung bringen, wie er auf den Umstand reagiert, daß sein Körper jetzt zur Reife gelangt ist. Unter optimalen Umständen kann es geschehen, daß wir diese Informationen aus der Schilderung seiner Beziehungen zu Personen des gleichen oder anderen Geschlechts, aus einer Beschreibung seiner masturbatorischen Aktivitäten (einschließlich seiner Masturbationphantasien) und ganz allgemein aus der Art seines Umgangs mit seinem Körper gewinnen. Die Einzelheiten seines Verhältnisses zu seinem sexuellen Körper sagen auch etwas über die gegen den Körper gerichtete Aggression aus, und diese Aussage gehört zu den wichtigsten Informationsquellen, wenn es darum geht festzustellen, wie sehr der Entwicklungsprozeß gestört worden ist. Sie hilft uns daneben auch, uns ein Bild vom Schweregrad der im Pubertätsalter eingetretenen Krise und von ihrer verstärkenden Wirkung auf das gegenwärtige Leben des Jugendlichen zu machen – insbesondere was die Frage angeht, ob die Krise Elemente enthält, die eine Gefahr für sein Leben darstellen oder psychotische Episoden hervorrufen könnten.

Bob zum Beispiel, ein Neunzehnjähriger, sagte, er sei schon lange Zeit stark beunruhigt gewesen, habe sich aber nicht aufraffen können, Hilfe zu suchen, aus Furcht, diese Prozedur werde quälend und unangenehm sein, und weil er sich ohnehin nicht sicher sei, ob sie »etwas bringen« würde. Vor kurzem allerdings war er sehr erschrocken gewesen, als er feststellen mußte, daß sein Spaziergang ihn an einen nahegelegenen Bahnhof geführt hatte und ihm der Gedanke gekommen war, sich umzubringen. Aber dann hatte er diesen Gedanken wieder verworfen, denn er hatte seinen Eltern einmal gesagt, so etwas würde er niemals tun. Er war schäbig gekleidet, blickte ständig zur Seite und kicherte und errötete, während er diesen Vorfall berichtete. Der Analytiker hatte zunächst den Eindruck, es mit einem sehr gestörten Menschen zu tun zu haben. Er begann das Gespräch mit den Worten, Bob habe beim Hereinkommen sehr besorgt ausgesehen. Vielleicht habe ihn die Frage umgetrieben, was der Analytiker wohl alles mit ihm besprechen wolle? Aus Bobs Reaktion war sogleich ersichtlich, daß seine Pathologie zwar erheblich, aber doch nicht so bedrohlich war, wie der Analytiker dies nach seinem Aussehen zunächst angenommen hatte. Bob sagte, er habe schon seit Jahren Schwierigkeiten; er habe es eigentlich schon fast aufgegeben, sei aber nun doch in der Hoffnung gekommen, der Analytiker werde vielleicht etwas für ihn tun können. Er sei einsam, finde nur schwer eine Freundin, habe in der Schule plötzlich versagt, nachdem er lange Zeit zu den besten Schülern gehört hatte, und habe überhaupt das Gefühl, ein Versager zu sein, denn er arbeite als Angestellter, nachdem doch er selbst, seine Familie und die Lehrer immer angenommen hatten, er würde einmal an einer der großen Universitäten studieren. Der Analytiker sagte, es sei ihm schon klar, daß Bob die ganze Zeit mit diesem Gefühl des Versagens lebe, daß er sich schäme, ärgerlich auf sich selbst sei und keine rechte Hoffnung habe.

Jetzt konnte Bob von seiner masturbatorischen Betätigung sprechen, und jetzt wurde auch eher verständlich, warum er ein so desorganisiertes und schäbiges Bild seiner selbst präsentierte. Es stellte sich auch heraus, daß es sich nicht um einen psychotischen Prozeß handelte, auch wenn eine schwere Verhaltensstörung erkennbar war. Bob sagte, er habe es lange Zeit nicht fertiggebracht, seinen Penis zu berühren, er habe es immer als demütigend empfunden, nur mit Hilfe eines Vibrators masturbieren zu können, und er sei ja wohl unheilbar abnorm. Er konnte deutlich machen, wie sehr ihn das quälte. Nichts sprach dafür, daß er etwa an ominöse körperliche Veränderungen glaubte bzw. solche Veränderungen fürchtete, oder daß er etwa irgendwelche seltsamen Körperempfindungen hatte, die auf einen eher psychotischen Prozeß gedeutet hätten. Während er dies alles erzählte, starrte Bob den Analytiker an, um zu sehen, wie dieser reagieren würde. Mit einiger Hilfe von dessen Seite konnte Bob dann auch die Vermutung äußern, der Analytiker sei nun vielleicht angewidert und halte ihn für pervers.

Bob war sich seiner Angst und seiner ausgeprägten Isolation sehr deutlich bewußt. Daß es sich um ein inneres Problem handelte, war ihm längst klar gewesen, bevor er sich um Hilfe bemühte, und es war nicht schwierig, mit ihm darüber zu sprechen, daß er Hilfe brauchte. Aber zunächst mußte der Analytiker sich Gewißheit darüber verschaffen, daß Bob das, was er erzählte, für wahr hielt und daß er nicht etwa Fakten oder Gefühle vor dem Analytiker geheimhielt, die die Diagnose verändert oder dem Gesamtbild ein Element der Dringlichkeit oder der Gefahr hinzugefügt hätten. Bob sprach von der Hoffnungslosigkeit, die ihn erfüllt hatte, und davon, daß er Selbstmordabsichten gehegt hatte, sich dann aber gesagt habe, das könne er seinen Eltern nicht antun. Der Analytiker konnte dies als Mitteilung verstehen, daß die Beziehung zu den inneren Eltern nicht zerstört war und daß Bob, wenn er sich bemühte, irgend etwas für sich zu tun, damit auch seinen Wunsch anzeigte, das Verhältnis zu ihnen wiederherzustellen. Dieser Umstand schien zumindest für eine Weile eine unmittelbare Gefahr für sein Leben auszuschließen. Obwohl eine Entwicklungskrise bestanden haben mußte und diese Krise sich jetzt in Form von Isolation, Schulversagen und als spezifisches Sexualverhalten zeigte – die Zuhilfenahme eines Vibrators konnte mit dem Wunsch erklärt werden, bei seinen masturbatorischen Aktivitäten passiv zu bleiben –, schien doch nichts auf einen Ausbruch aus der Realität oder auf eine permanente Verzerrung seines Körperbildes zu deuten.

Der Analytiker redete Bob zu, seine Störung ernstzunehmen, auch wenn sie nicht bedeute, daß er pervers sei, wie er befürchtet habe. Er konnte ihm sagen, ohne Hilfe werde Bob sehr wahrscheinlich anfangen, seinen Körper zu hassen, weil er das Gefühl habe, sexuell nichts zustandezubringen; er konnte auch den Zusammenhang mit Bobs gegenwärtiger schwerer Depression herstellen. Sie unbehandelt zu lassen, bedeutete das Risiko eines endgültigen Rückzugs, zunehmenden Mißtrauens und einer fester gefügten paranoiden Struktur im frühen Erwachsenenalter. Zwar gab es keine Schuldzuweisung an andere und kein Anzeichen einer fixen paranoiden Idee, aber Bobs gegenwärtiges Sexualleben barg die immer neue Zerstörung seiner selbst als eines potenten männlichen Wesens.

Die dringlichen verborgenen Probleme

Es gibt Jugendliche, deren Diagnose besondere Probleme aufwirft. Sie sind auf irgendeine Art der Hilfe dringend angewiesen, aber ihre Depression macht es sehr schwierig, an die Dringlichkeit ihres Problems überhaupt erst heranzukommen. Diese Jugendlichen fühlen sich ebenfalls beunruhigt, aber sie wissen nicht so recht warum. Sie haben keineswegs das Gefühl, in einer Krise zu stecken. Wenn sie ihr tägliches Leben und ihre jüngste Vergangenheit beschreiben, entwerfen sie ein Bild des Leidens oder der Verzweiflung, in dem das Gefühl mitschwingt, daß doch alles sinnlos ist und es keine Hoffnung gibt. Das gilt nicht allein für schwer depressive Jugendliche, sondern gerade für diejenigen, die der Meinung sind, daß sich seit Jahren überhaupt nichts verändert hat und daß nichts sich jemals verändern kann. Die Depression dieser Jugendlichen steht unter dem Vorzeichen, daß eine Änderung nicht möglich ist. Dennoch haben sie nicht vollständig aufgegeben, sondern kommen vielfach in der Überlegung zu einem Gespräch, daß dies der letzte Versuch ist. Die Probleme, die diese Jugendlichen präsentieren, sind ihnen selbst verborgen, und die Dringlichkeit ist etwas, dessen sie sich überhaupt nicht bewußt sind, wenn sie schließlich um Hilfe bitten. Es kann vorkommen, daß dem Analytiker die Schwere der Pathologie oder die drohende Lebensgefahr – zumal wenn ein solcher Patient der Meinung ist, daß sein »letzter Versuch« wieder zu nichts geführt hat – entgeht. Es ist aber sehr wichtig, daß er einem solchen Jugendlichen das Ausmaß der Verzweiflung und die Gefahr bewußt macht, in der dieser nun, da er meint, daß alles fehlgeschlagen sei, schwebt.

Krise

Das Gefühl der Nutzlosigkeit und der Hoffnungslosigkeit geht auf ein Erlebnis zurück, das zu einem früheren Zeitpunkt in der Adoleszenz gehört und gewöhnlich verdrängt worden ist – ein Erlebnis, das den Jugendlichen damals bestürzt und sehr erschreckt hat. Er glaubte, verrückt zu sein oder verrückt zu werden; er fühlte sich angesichts seiner unbeherrschbaren regressiven Gedanken oder zwanghaften Handlungen desorganisiert – Gedanken oder Handlungen, die in einem direkten Zusammenhang mit den Gefühlen standen, die von seinem sexuell reifen Körper kamen. Wenn ein solcher Jugendlicher zum diagnostischen Gespräch kommt, beschreibt er sich manchmal als tot, als völlig indifferent und ohne Hoffnung, als einen Menschen, der sich selbst haßt und nicht weiß, was er mit sich anfangen soll; aber es ist ihm nicht klar, daß er es bereits aufgegeben hat, sich als abnorm oder als Versager zu betrachten.

In solchen Fällen geht die Funktion der Diagnose über das Zusammentragen von Informationen zum besseren Verständnis der Schwere der Pathologie hinaus. Die Gespräche können bewirken, daß der Jugendliche erneut den Versuch macht, in Kontakt mit der Angst zu kommen, die ihn zu einem bestimmten Zeitpunkt in seinem Leben überwältigt hat. Anders gesagt, schon die verbale Wiedergabe seiner Verzweiflung, seiner Scham, seines Gefühls, für seine Gedanken oder Handlungen verantwortlich zu sein, sowie seines Wunsches, ganz einfach aufzugeben, kann ein bedeutsamer Schritt in die richtige Richtung sein. Aus dem diagnostischen Gespräch können wir oft nicht entnehmen, worum die Gedanken wirklich kreisen oder wie weit die vorhandene Störung sekundärer Natur ist. Aber es ist von allergrößter Bedeutung, daß wir herausfinden, ob es im Pubertätsalter zu einer Entwicklungskrise gekommen ist – das heißt, ob der Jugendliche damals überzeugt war, die Kontrolle über seine Gefühle oder Handlungen verloren zu haben. Einem solchen Jugendlichen ist seine Krise als eine Zeit in Erinnerung, zu der er vorübergehend den Kontakt mit der Realität verloren hatte, *und das ist es, was ihn so sehr erschreckt hat.*

Wir haben an anderer Stelle erklärt, warum wir der Meinung sind, daß Jugendliche, die einen Selbstmordversuch unternehmen, im Pubertätsalter in aller Regel eine Krise erlebt haben und es in ihrer Entwicklung zu einem Stillstand gekommen ist.* Jugendliche, die einen Selbstmordversuch unternommen haben, präsentieren besondere diagnostische und behandlungstechnische Probleme – darauf werden wir noch zurückkommen. Weniger deutliche Anzeichen für eine Krise finden wir bei solchen Jugendlichen, die sich langsam aus der Außenwelt zurückziehen, die in den Drogenkonsum hineinschlittern, dann in die Abhängigkeit geraten und es nicht mehr riskieren können, die Droge wieder aufzugeben (»Warum verrückt und leer sein, wenn ich das Gefühl haben kann, Freunde zu haben?« oder »Es ist toll, der Penis schrumpft, und es ist fast unmöglich, eine Erektion zu kriegen – aber das macht nichts; in solchen Augenblicken braucht man keinen Penis.«), oder die Überzeugungen oder Verhaltensweisen annehmen, die sie ganz und gar asketisch machen.** Von solchen Jugendlichen wird unter Umständen fälschlicherweise angenommen, sie machten Gebrauch von ganz normalen, für ihr Alter typischen Abwehrmanövern; oft heißt es, sie seien neurotisch oder exzentrisch. Aber solche Kategorisierungen tragen nur dazu bei, die Schwere der Störung zu verschleiern, die hier am Werk ist, und den Umstand vergessen zu machen, daß sich im Leben dieser jungen Menschen seit der frühen Adoleszenz nichts geändert hat.

---
* Siehe Kapitel 8.
** Siehe Kapitel 1.

Die neunzehnjährige Helen berichtete, daß sie sich nicht konzentrieren könne. Sie hatte schon eine Zeitlang daran gedacht, sich um Hilfe zu bemühen. Den Entschluß, nun wirklich etwas gegen ihre Schwierigkeiten zu unternehmen, hatte sie aber erst gefaßt, als ihr klar wurde, daß sie alle Einladungen von Jungen, sie auf eine Party zu begleiten, ausschlug. Statt dessen verbrachte sie ihre Samstagabende mit Lesen und Schallplattenhören und ging anschließend schlafen. Als sie einmal doch mit einem Jungen ausgegangen war und dieser versucht hatte, sie zu küssen, war ihr das sehr zuwider gewesen, und sie hatte zu Hause lange ihr Gesicht gewaschen und immer wieder in den Spiegel geschaut, um sich zu vergewissern, daß sie nicht anders aussah als sonst. Es war ihr klar, wie lächerlich dies alles war, aber sie mußte es tun. Im Augenblick hatte sie nicht viele Freunde; lieber verbrachte sie ihre Zeit allein.

Auf Befragen erzählte sie, daß sie sich selbst zuwider gewesen war, als sie die erste Menstruation hatte, daß sie geweint und sich gesagt hatte, ihr Vater werde sie niemals wieder so lieben wie bisher. Anstatt etwas zu sagen, was ihr geholfen hätte zu erkennen, worum es bei ihrem Konflikt ging, meinte der Analytiker nur, das müsse eine schlimme Zeit für sie gewesen sein, und dann wollte er wissen, ob sie denn mit der Menstruation auch weiterhin Schwierigkeiten habe. Sehr peinlich berührt sagte sie, ihre Periode sei vier oder auch fünf Jahre lang unregelmäßig gewesen, aber jetzt sei sie in Ordnung. Der Analytiker erklärte, warum er nach diesen Dingen gefragt hatte, und Helen erzählte weiter – von ihrer Isolation, den Selbstmordgedanken, die sie seit Jahren verfolgten, und ihrem Gefühl, daß irgend etwas mit ihr geschehen sei und sie seither den Gedanken nicht loswerde, daß ein Teil ihres Inneren von ihr abgespalten sei.

Sie hatte dem Analytiker schon mehr als einmal signalisiert, daß zu einem früheren Zeitpunkt in der Adoleszenz tatsächlich etwas schiefgelaufen war, und auf die Aufforderung hin, doch noch einmal genauer zu erzählen, warum sie sich geekelt hatte, als der Junge sie küssen wollte, erwähnte sie beiläufig, daß sie früher einmal Eßschwierigkeiten gehabt hatte. Diese entpuppten sich schließlich als Anorexia nervosa oder, was in diesem Fall vielleicht zutreffender wäre, als zwanghaftes Fasten. Mit 17 Jahren hatte sie statt der einstigen 115 nur noch 70 Pfund gewogen; damals hatte sie sich sehr wohl gefühlt, denn ihr Körper war tot, und sie wußte, daß sie schwach und häßlich war. Sie hatte kaum Gefühle, und so gab es auch nichts, worum man sich Sorgen machen mußte. Auf all das antwortete der Analytiker: »Es war sehr richtig, daß du hergekommen bist. Du bist lange Zeit sehr unglücklich gewesen, aber bisher konntest du nichts dagegen tun, weil du dich zu sehr geschämt hast. Aber jetzt, nachdem du um Hilfe gebeten hast, *mußt* du etwas für dich tun.« Dieses Erlebnis war sehr wichtig für Helen. Nicht nur, daß der Analytiker erkannte, daß ihre bisherigen Schwierigkeiten in Wahrheit eine Krankheit waren – er konnte ihr auch den Gedanken nahebringen, daß Hilfe und gewisse Veränderungen möglich waren. Es war, als hätte sie jetzt einen Bundesgenossen in ihrem Kampf gegen etwas, das bisher einfach nur erschreckend für sie gewesen war.

Lebensgefahr

Die andere Gruppe von Jugendlichen mit dringlichen, aber verborgenen Problemen sind diejenigen, die einen Selbstmordversuch unternommen haben oder deren Selbsthaß und Depression so ausgeprägt sind, daß sie inzwischen keine Lösung für ihre schreckliche Situation mehr sehen, weil sie sich nicht vorstellen können, daß sie zu leben verdienen.

Es ist keineswegs die Ausnahme, daß der Selbstmordversuch schon eine Weile zurückliegt, wenn sie um Hilfe bitten, und häufig erfahren wir nur aus den Antworten auf unsere Fragen davon und nicht etwa deshalb, weil der Jugendliche uns freimütig darüber berichtet. Auffällig ist auch, daß wir oft weder von den Eltern noch von irgendwelchen zunächst zugezogenen Fachleuten darüber informiert werden. Man sagt uns vielleicht, daß der Jugendliche deprimiert ist, nicht arbeiten will oder sich seltsam benimmt, aber sehr häufig ist von einem Selbstmordversuch nicht die Rede.

Auch wenn der Jugendliche sagt, daß jetzt alles in Ordnung sei und das, was ihn beunruhige, mit seiner Arbeit, mit der Tatsache, daß er keine Freundin hat, oder mit dem Gefühl zusammenhänge, daß er vielleicht sexuell abnorm sei, reagieren wir auf die Nachricht von dem versuchten Selbstmord so, als handelte es sich um eine akute Krise, *gleichgültig, wann der Selbstmordversuch erfolgt ist.* Wenn ein Jugendlicher versucht hat, sich umzubringen, dann bedeutet das, daß ein Teil seiner selbst in seiner Phantasie tot ist und daß er eine Beziehung zu diesem Teil unterhält. Wir machen dem Jugendlichen klar, daß und warum sein Selbstmordversuch in unseren Augen ein Zeichen für eine zurückliegende oder akute Krankheit ist. Wir lassen ihn immer wissen, daß er unserer Meinung nach in Gefahr ist, den Versuch zu wiederholen.

Aus praktischen Gründen beziehen wir immer auch die Eltern des Jugendlichen ein, der einen Selbstmordversuch unternommen hat, und machen auch ihnen gegenüber deutlich, daß wir die Situation für ernst halten. Selbstverständlich gibt es Jugendliche und Eltern, die dann der Meinung sind, das sei viel Lärm um nichts, und die unsere Worte am liebsten vom Tisch fegen würden. Aber aufgrund unserer Erfahrungen mit der psychoanalytischen Behandlung von Jugendlichen, die einen Selbstmordversuch unternommen haben, und aufgrund der Erfahrungen von Kollegen sind wir überzeugt, daß es richtig ist, ein solches Geschehen als schwere Krise zu betrachten und es zu einer Familienkrise zu machen.* Weniger tun hieße, die Wirkung ihrer Allmachtsphantasie zu leugnen, die zwar vorübergehend unter Kontrolle sein mag, aber unter bestimmten Umständen eine ernsthafte Beeinträchtigung der Realitätsprüfung des Jugendlichen darstellen und zu einem neuerlichen Selbstmordversuch führen kann.

Es gibt auch Jugendliche, deren Leben zwar gleichfalls in großer Gefahr ist, die aber noch keinen Selbstmordversuch unternommen haben. Es ist keineswegs ungewöhnlich, daß diese wie unter einem *Zwang* bestimmte Handlungen ausfüh-

---

* Siehe Kapitel 8 und 9.

ren, die ihrem Körper Schaden zufügen oder ihr Leben bedrohen können. Solche Handlungen sind oft nicht von bewußten Phantasien begleitet, aber der Jugendliche erfährt ihre Macht und Durchschlagskraft. Wir denken hier etwa an Selbstverstümmelungen oder andere gefährliche Aktivitäten, wie z. B. den häufigen Aufenthalt ohne Begleitung an bestimmten gefährlichen Schauplätzen. (Es geht bei der Diagnose nicht nur darum, ob das zwanghafte Bedürfnis, bestimmte Gedanken in die Tat umzusetzen, vorhanden ist. Entscheidend ist, daß man herauszufinden versucht, ob der »Zwang« auf einen in der Phantasie bestehenden Haß, auf ein Strafbedürfnis oder das Streben nach bestimmten Formen sexueller Befriedigung zurückgeht, oder ob diese Zwangsqualität so etwas wie die Vorstufe von Halluzinationen oder Delusionen enthält – das heißt das Gefühl, zum Handeln aufgefordert zu sein oder etwas tun zu müssen, weil man die Stimme des inneren Verfolgers vernimmt.)

Die Gespräche mit der siebzehnjährigen Rebecca zogen sich sehr lange hin, weil sie bei den ersten drei Zusammenkünften völlig schwieg und auch später nur wenig sagte und sich sehr vorsichtig verhielt. Immerhin aber lieferte sie eine Reihe von Hinweisen und machte es der Analytikerin auf diese Weise möglich, sie anzusprechen und so gegen Rebeccas Mißtrauen und ihre übergroße Verlegenheit anzugehen. Die Analytikerin sprach davon, daß Rebecca sehr traurig sei, daß es sie große Mühe koste, ihr, der Analytikerin, ins Gesicht zu sehen, und daß sie der Meinung sei, daß es sich kaum lohne zu leben. Erst als die Analytikerin versprach, ihr nach Möglichkeit zu helfen, was immer Rebecca ihr auch erzählen würde, begann Rebecca zu weinen und schließlich zu sprechen.

Sie wollte am liebsten tot sein, weil sie sich für sexuell abnorm hielt und wußte, daß keine Hoffnung für sie bestand. Sie verbrachte ihre Zeit mit Essen (sie war stark übergewichtig) und mit Lesen. Jeden Tag packte sie spätabends das dringende Verlangen, mit hoher Geschwindigkeit mit ihrem Motorrad herumzufahren, und in letzter Zeit war sie mehrfach mit knapper Not einem Zusammenstoß entgangen. Manchmal schnitt sie sich mit einer Rasierklinge in den Arm. Sie hörte keine Stimmen und hatte auch nicht das Gefühl, daß ihr Aufträge erteilt wurden; ihrer Meinung nach war es eher so, daß sie solche Dinge tun mußte, wenn sie zuviel aß. Sie war nicht mehr bereit, irgend jemandem zu vertrauen – ein Mädchen, das sie gern gehabt hatte, war aus ihrem Leben verschwunden, und ein Mann, der ihr sympathisch gewesen war, hatte sie zunächst so weit gebracht, daß sie mit ihm schlief, und sich dann nie wieder gemeldet. Wenn sie sich vorstellte, tot zu sein, dann fiel ihr auf, daß sie an keinen anderen Menschen dachte – es war, als hätte sie diejenigen, denen ihr Tod etwas ausgemacht hätte, bereits getötet –, und dann fühlte sie sich leer und zu rein gar nichts nütze. Rebecca sagte, sie sei wieder eine Spur hoffnungsvoller, seit sie diese Dinge zum ersten Mal habe aussprechen können. Aber sie rannte aus dem Zimmer, als die Analytikerin beim nächsten Gespräch etwas sagte, das sie erschreckte. Die Analytikerin forderte sie schriftlich auf, wiederzukommen, denn sie brauche das, und erinnerte zugleich an ihr eigenes Versprechen, Rebecca nach Möglichkeit zu helfen. Rebecca erschien wieder und sagte, mit diesem Brief habe die Analytikerin etwas getan, von dem sie, Rebecca, nie geglaubt hätte, daß jemand es für sie tun würde.

In diesem Fall mußte die Analytikerin vorübergehend so tun, als spreche sie an Rebeccas Stelle, und zwar mit Worten, die Rebecca selbst sich nicht gestatten konnte. Rebecca hatte große Angst vor etwas Unbekanntem, aber es gab genügend Anhaltspunkte dafür, daß ihr Haß auf sich selbst und ihre Überzeugung von der eigenen Wertlosigkeit ihr niemals gestatten würden, sich irgendeine Erleichterung zu verschaffen. Daß Rebecca bestimmte Handlungen wie unter Zwang ausführte, machte es der Analytikerin möglich, in gewissem Umfang auf die Bedeutung von Rebeccas Angst, verrückt zu sein und nicht mehr hoffen zu dürfen, zu sprechen zu kommen. Zugleich machte dieses zwanghafte Verhalten auch deutlich, für wie machtlos Rebecca sich zu diesem Zeitpunkt hielt und warum sie so oft lieber tot gewesen wäre. Die Konzentration auf das, was Rebecca im Augenblick empfand – auf ihren Selbsthaß, auf die Furcht, lesbisch zu werden, auf das gnadenlose Bestreben, ihren Körper zu attackieren, und auf ihre Fähigkeit, ihrem »verrückten Verhalten« auch ihrerseits neue Bedeutungen beizulegen –, ermöglichten den Fortgang des diagnostischen Prozesses. Hilfe zu erfahren bedeutete für Rebecca anfangs, daß sie mit der Analytikerin sprechen und wieder ein wenig Hoffnung schöpfen konnte. Indem die Analytikerin die Interviews auch therapeutisch nutzte und ihre Betroffenheit angesichts von Rebeccas Verletzlichkeit zeigte, konnte sie die notwendigen diagnostischen Daten erheben und Rebecca gleichzeitig auf die dringend erforderliche Behandlung vorbereiten.

Das Abstecken des therapeutischen Rahmens

Wir wenden uns jetzt dem therapeutischen Rahmen zu – also den Plänen, Arrangements, Vorbereitungen, Maßnahmen –, denn wir müssen damit rechnen, daß es zu allen möglichen Krisen kommt, die sich auf das tägliche Leben des Jugendlichen auswirken und die, wenn sie unbeachtet bleiben, den weiteren Fortgang der Behandlung gefährden können. Es mag Analytiker geben, die eine Behandlung in der Annahme aufnehmen, daß sich der Rahmen mit dem Fortschreiten der Behandlung schon entfalten werde. Das ist aber häufig nicht der Fall. Das Abstecken des therapeutischen Rahmens kann als Teil des diagnostischen Prozesses angesehen werden, und man sollte sich die notwendige Zeit lassen, um dem Jugendlichen und, wenn nötig, auch seinen Eltern den Zweck dieser Übung verständlich zu machen.

Im Verlauf des diagnostischen Prozesses kann man die Interviews dazu nutzen, dem Jugendlichen eine genaue Vorstellung davon zu vermitteln, was die Behandlung bedeutet und welche Erwartungen man an sie richten kann. Es kommt vor, daß Jugendliche sich auf die Behandlung einlassen, ohne zu wissen oder zu fragen, was denn eigentlich los ist und wozu die Behandlung gut sein soll, und daß sie sich statt dessen insgeheim sagen, daß der Analytiker sie entweder »heilen« oder aber ihnen bestätigen wird, daß es keine Hilfe für sie gibt. Die Unterordnung unter die Autorität des Analytikers und das passive Akzeptieren der Behandlung können die Dinge anfangs sehr erleichtern, aber sie können auch einen entscheidenden Anteil am schließlichen Mißerfolg der Behandlung haben.

Welchen Umfang der Rahmen haben muß, das bestimmen in erster Linie der vom Analytiker ermittelte Schweregrad der Pubertätskrise und die aus dem Abwehrverhalten oder dem Entwicklungsstillstand erschlossenen Anhaltspunkte, ob der Jugendliche auch in diesem Augenblick in einer Krise steckt. Zu den Faktoren, die wir in Betracht ziehen müssen, gehören die gegenwärtige »Funktionstüchtigkeit« des Jugendlichen – die Frage also, ob er in die Schule geht oder seine Arbeit weiter tut –, die möglicherweise vorausgegangenen selbstzerstörerischen Handlungen und – wenn es sie gab – die Überlegung, ob das Leben des Jugendlichen im Augenblick gefährdet ist. Das sind dringende Fragen, die während der Vorbereitungsphase der Behandlung erörtert und berücksichtigt werden sollten. Es kann sogar notwendig werden, den Jugendlichen noch eine Zeitlang zu einer Art verlängerter Diagnosestellung kommen zu lassen, damit die aktuelle Krise durchgearbeitet werden kann, bevor man sich ganz der eigentlichen Behandlung zuwendet. Aber über diese Fragen hinaus brauchen der Jugendliche oder seine Eltern keine weiteren Vorkehrungen oder Verpflichtungen zu bedenken.

Der Analytiker, der sich über den Stillstand in der Entwicklung bzw. über die Krankheit im klaren ist, muß dann auch bereit sein, sich mit den Konsequenzen seiner Entscheidung und seiner Empfehlungen auseinanderzusetzen. Es kommt nicht selten vor, daß ein Analytiker am liebsten einen Kompromiß schließen, nämlich zunächst das tun würde, was er für wesentlich hält, um dann erst einmal abzuwarten. Es kommt hin und wieder vor, daß die Pläne des Jugendlichen über den Haufen geworfen werden und sein gegenwärtiges Leben durch die Anforderungen und Bedingungen der Behandlung erschwert wird. Wir raten nicht zu strengen oder extremen Maßnahmen oder Vorkehrungen, aber wenn die Entwicklungskrise ernste Konsequenzen nach sich zieht und das Leben oder die psychische Zukunft des Jugendlichen gefährdet sind, dann muß man unter Umständen gewisse definitive Schritte mit ihm und seinen Eltern besprechen, selbst wenn diese seine schulischen oder beruflichen Pläne ernsthaft beeinträchtigen.

Der Jugendliche muß an den Entscheidungen über die einzelnen Schritte teilnehmen können – das heißt, er muß verstehen, worüber und warum über etwas gesprochen wird, und er muß wissen, was bestimmte Anordnungen oder Aufgaben bedeuten. Er muß einsehen, daß er Behandlung braucht, daß die Anordnungen bereits Teil der Erkenntnis des Analytikers sind, daß er gefährdet oder krank ist, und daß das Vorhaben des Analytikers, ihm bei seinen Bemühungen um eine Veränderung zu helfen, sich nur innerhalb eines ganz bestimmten Kontextes durchführen läßt. Wichtig ist weiter, daß man dem Jugendlichen und seinen Angehörigen klar macht, daß die empfohlene und von einer bestimmten Person durchzuführende Behandlung nach einem bestimmten Rahmen verlangt und daß die Krankheit in kritischen Situationen ohne weiteres stärker sein kann als der Analytiker. Vor Behandlungsbeginn müssen sich zudem die Person, die die äußeren Anordnungen trifft, und diejenige, die die Behandlung durchführt (wenn es sich um zwei verschiedene Personen handelt) genau im klaren darüber sein, was notwendig ist. Mit anderen Worten, der Analytiker sollte deutlich machen, daß die Durchführung der Behandlung Sache des Analytikers ist und daß er dafür auf einen bestimmten Rahmen angewiesen ist.

Zum Rahmen der Behandlung sollte folgendes gehören:
1. *Empfehlung einer bestimmten Behandlung*
    Der Jugendliche sollte wissen, warum die eine oder die andere Form der Behandlung empfohlen worden ist, was das in bezug auf seine Beteiligung und die Zahl der Stunden bedeutet, und warum man dieser Form der Behandlung den Vorzug vor anderen gegeben hat. Wenn darunter sein Schulbesuch oder seine Tätigkeit am Arbeitsplatz leiden, oder wenn sich eine Gefahr für sein Leben abzeichnet, dann müssen die Eltern zu diesen Gesprächen und Vorkehrungen hinzugezogen werden und um ihre Zustimmung zu

den Entscheidungen gebeten werden, bevor die Behandlung beginnt.
2. *Schule, Arbeit, Freizeit*
Wenn der Jugendliche nicht in die Schule oder zur Arbeit gehen kann, dann sollte festgelegt werden, was er tagsüber tut, wen er erreichen kann und wie er seine Zeit verbringt. Es ist in aller Regel dem Fortschritt der Behandlung abträglich, wenn der Jugendliche tagsüber nicht beschäftigt ist.
3. *Leben und Wohnen*
In den meisten Fällen ist das keine besonders wichtige Frage. Sie wird aber in solchen Fällen interessant, in denen es zu selbstzerstörerischen Handlungen gekommen ist, in denen das Leben des Jugendlichen in Gefahr war oder ist oder in denen er in der Vergangenheit psychotische Verhaltensweisen gezeigt hat. Man sollte dann mit den Eltern besprechen, daß der Jugendliche nicht längere Zeit allein bleibt – etwa am Wochenende oder in den Ferien. Das heißt, er sollte nicht allein wohnen, und jede Veränderung seiner Wohnverhältnisse sollte mit dem Analytiker besprochen werden.
4. *Stationär aufgenommene Jugendliche*
Wenn der Jugendliche im Krankenhaus ist oder ins Krankenhaus kommen soll, dann sollte man mit der Verwaltung festlegen, daß er nur entlassen werden darf, wenn der behandelnde Analytiker der Entlassung zugestimmt hat. Auch sollten Absprachen für den Fall einer Wiederaufnahme getroffen werden, wenn diese während der Zeit der Behandlung notwendig werden sollte. Es ist zwar nicht immer einfach, mit den Krankenhausverwaltungen zu solchen Absprachen zu kommen, aber man sollte sich jedenfalls darauf vorbereiten.

Es ist uns klar, daß der therapeutische Rahmen allein uns dem Verständnis der Störung eines Jugendlichen noch keinen Schritt näher bringt. Aber mit dem allmählichen Zustandekommen der Übertragung und zumal mit der Übertragungskrise, wie sie sich im Zuge der Aufhebung der Störung einstellt, sehen wir uns oft ernsthaften Krisen gegenüber, denen wir nur durch Verständnis, gekoppelt mit der Einsicht in die praktischen und unmittelbar anstehenden Probleme im Leben des Jugendlichen, begegnen können.* Der therapeutische Rahmen kann ein sehr wichtiger Bundesgenosse und sollte fester Bestandteil des gesamten Kontaktes mit dem Jugendlichen sein.

---

* Siehe Kapitel 6.

Bibliographie

Abraham K. (1924): Versuch einer Entwicklungsgeschichte der Libido aufgrund der Psychoanalyse seelischer Störungen. In *Psychoanalytische Studien zur Charakterbildung* 1. Frankfurt (Fischer) 1969, S. 113–183.
Adatto, C. P. (1966): On the metamorphosis from adolescence into adulthood. *J. Amer. Psychoanal. Assn.* 14, S. 485–509.
Aichhorn, A. ⁴(1957): Verwahrloste Jugend. Bern und Stuttgart (Huber).
Arlow, J. A. (1953): Masturbation and symptom formation. *J. Amer. Psychoanal. Assn.* 1, S. 45–58.
Bak, R. C. (1939): Regression of ego-orientation and libido in schizophrenia. *Int. J. Psychoanal.* 20, S. 64–71.
Bender, L. (1959): The concept of pseudopsychopathic schizophrenia in adolescents. *Am. J. Orthopsychiat.* 29, S. 491–509.
Beres, D. (1956): Ego deviation and the concept of schizophrenia. *Psychoanal. Study Child* 11, S. 164–235.
– und Obers, S. J. (1950): The effects of extreme deprivation in infancy on psychic structure in adolescence: a study in ego development. *Psychoanal. Study Child* 5, S. 212–235.
Bernfeld, S. (1923): Über eine typische Form der männlichen Pubertät. *Imago* 9, S. 169–188.
Bibring, G. L. (1959): Some considerations of the psychological processes in pregnancy. *Psychoanal Study Child* 14, S. 113–121.
Blos, P. (1954): Prolonged adolescence. *Am. J. Orthopsychiat.* 24, S. 733–742.
– (1962): On Adolescence. New York (Free Press). Dt.: Adoleszenz. Eine psychoanalytische Interpretation. Stuttgart (Klett-Cotta) ³1983.
– (1966): The concept of acting out in relation to the adolescent process. In *A Developmental Approach to Problems of Acting Out,* hg. von E. Rexford. New York (Int. Univ. Press), S. 153–182.
– (1967): The second individuation process of adolescence. *Psychoanal. Study Child* 22, S. 162–186.
– (1972): The epigenesis of the adult neurosis. *Psychoanal. Study Child* 27, S. 106–135.
– (1977): When and how does adolescence end: structural criteria for adolescent closure. *Adolescent Psychiatry* 5, S. 5–17.
Bruch, H. (1977): Anorexia Nervosa. *Adolescent Psychiatry* 5, S. 293–303.
Brunswick, R. M. (1940): The pre-oedipal phase of the libido development. *Psychoanal. Q.* 9, S. 293–319.
Buxbaum, E. (1958): Panel report: the psychology of adolescence. *J. Amer. Psychoanal. Assn.* 6, S. 111–120.
Chasseguet-Smirgel, J. (1981): Loss of reality in perversions – with special reference to fetishism. *J. Amer. Psychoanal. Assn.* 29, S. 511–534.

Clower, V. L. (1975): Significance of masturbation in female sexual development and function. In *Masturbation,* hg. von I. M. Marcus und J. J. Francis. New York (Int. Univ. Press), S. 107–144.
Dewald, P. A. (1978): The psychoanalytic process in adult patients. *Psychoanal. Study Child* 33, S. 323–332.
Deutsch, H. (1932): On female homosexuality. *Psychoanal. Q.* 1, S. 484–510.
- (1942): Some forms of emotional disturbance and their relationship to schizophrenia. *Psychoanal. Q.* 11, S. 301–321.
- (1944): The Psychology of Women, Band I. New York (Grune & Stratton). Dt.: Psychologie der Frau. Bern (Huber) 1948.
- (1945): The Psychology of Women, Band 2. New York (Grune & Stratton). Dt.: Psychologie der Frau. Bern (Huber) 1948.
- (1968): Selected Problems of Adolescence. New York (Int. Univ. Press).
Dibble, E. D., und Cohen, D. J. (1981): Personality development in identical twins: the first decade of life. *Psychoanal. Study Child* 36, S. 45–70.
Eissler, K. R. (1958): Notes on problems of technique in the psychoanalytic treatment of adolescents: with special remarks on perversions. *Psychoanal. Study Child* 13, S. 223–254.
Ekstein, R. (1978): The process of termination and its relation to outcome in the treatment of psychotic disorders in adolescence. *Adolescent Psychiatry* 6, S. 448–460.
Erikson, E. H. (1956): The problem of ego identity. *J. Amer. Psychoanal. Assn.* 4, S. 56–121.
- (1959): Identity and the Life Cycle. New York (Int. Univ. Press). Dt.: Identität und Lebenszyklus. Frankfurt am Main (Suhrkamp) 1970.
Erlich, H. S. (1978): Adolescent suicide: maternal longing and cognitive development. *Psychoanal. Study Child* 33, S. 261–277.
Esman, A. H. (1973): The primal scene: a review and a reconsideration. *Psychoanal. Study Child* 28, S. 49–81.
Federn, P. (1952): Ego Psychology and the Psychoses. New York (Basic Books). Dt.: Ichpsychologie und die Psychosen. Stuttgart und Bern (Huber) 1956.
Feigelson, C. I. (1976): Reconstruction of adolescence (and early latency) in the analysis of an adult woman. *Psychoanal. Study Child* 31, S. 225–236.
Ferenczi, S. (1911): On the part played by homosexuality in the pathogenesis of paranoia. In *Sex in Psychoanalysis.* New York (Basic Books) 1950, S. 154–186. Dt.: Über die Rolle der Homosexualität in der Pathogenese der Paranoia. In *Schriften zur Psychoanalyse,* Band I. Frankfurt am Main (Fischer) 1970, S. 73.
- (1913): Stages in the development of the sense of reality. In *First Contributions to Psycho-Analysis.* London (Hogarth Press) 1952, S. 213–39. Dt.: Entwicklungsstufen des Wirklichkeitssinnes. In *Schriften zur Psychoanalyse,* Band I. Frankfurt am Main (Fischer) 1970, S. 148.
Francis, J. J. (1968): Panel report: masturbation. *J. Amer. Psychoanal. Assn.* 16, S. 95–112.

- und Marcus, I. M. (1975): Masturbation: a developmental view. In *Masturbation,* hg. I. M. Marcus und J. J. Francis. New York (Int. Univ. Press), S. 9–52.
Freud, Anna (1936): Das Ich und die Abwehrmechanismen. Wien.
- (1949): Aggression in relation to emotional development: normal and pathological. *Psychoanal. Study Child* 3/4, S. 37–48.
- (1952): A connection between the states of negativism and of emotional surrender. *Int. J. Psychoanal.* 33, S. 265. Dt.: Bemerkungen über eine Verbindung zwischen affektivem Negativismus und Hörigkeit. Teil II von Kap. 10 in *Die Schriften der Anna Freud,* Band IV, München (Kindler) 1980.
- (1958): Adolescence. *Psychoanal. Study Child* 13, S. 255–278. Dt.: Probleme der Pubertät. *Psyche* 14, 1960, S. 1–24 und Kap. 8 in *Schriften,* Band VI, München (Kindler) 1980.
- (1965): Normality and Pathology in Childhood. New York (Int. Univ. Press). Dt.: Wege und Irrwege in der Kinderentwicklung. Bern–Stuttgart (Huber/Klett) [4]1988, und in *Schriften,* Band VIII, München (Kindler) 1980.
- (1968): Acting out. *Int. J. Psychoanal.* 49, S. 165–170. Dt.: Über Agieren. Kap. 7 in *Schriften,* Band IX, München (Kindler) 1980.
Freud, S. (1892–1899): Extracts from the Fliess letters. Band 1 der Standard Edition, S. 173–280.
- (1905): Bruchstück einer Hysterie-Analyse. Band IV der Studienausgabe. Frankfurt am Main (Fischer) 1969.
- (1905): Drei Abhandlungen zur Sexualtheorie. Gesammelte Werke, Band V. Frankfurt (Fischer) 1960 ff.
- (1906): Meine Ansichten über die Rolle der Sexualität in der Ätiologie der Neurosen. Band V der Studienausgabe.
- (1910): Zur Einleitung der Selbstmord-Diskussion. Gesammelte Werke, Band VIII.
- (1911): Psychoanalytische Bemerkungen über einen autobiographisch beschriebenen Fall von Paranoia. Band VII der Studienausgabe.
- (1914): Zur Einführung des Narzißmus. Band III der Studienausgabe.
- (1914): Erinnern, Wiederholen und Durcharbeiten. Ergänzungsband der Studienausgabe.
- (1917): Trauer und Melancholie. Band III der Studienausgabe.
- (1919): »Ein Kind wird geschlagen«. Band VII der Studienausgabe.
- (1920): Jenseits des Lustprinzips. Band III der Studienausgabe.
- (1923): Das Ich und das Es. Band III der Studienausgabe.
- (1924): Neurose und Psychose. Band III der Studienausgabe.
- (1924): Der Untergang des Ödipuskomplexes. Band V der Studienausgabe.
- (1924): Der Realitätsverlust bei Neurose und Psychose. Band III der Studienausgabe.
- (1931): Über die weibliche Sexualität. Band V der Studienausgabe
- (1937): Konstruktion in der Analyse. Erg.band der Studienausgabe.
Friedman, M., Glasser, M., Laufer, E., Laufer, M. und Wohl, M. (1972): At-

tempted suicide and self-mutilation in adolescence: some observations from a psychoanalytic research project. *Int. J. Psychoanal.* 53, S. 179–183.

Galenson, E., und Roiphe, H. (1980): The preoedipal development of the boy. *J. Amer. Psychoanal. Assn.* 28, S. 805–827.

Geleerd, E. R. (1957): Some aspects of psychoanalytic technique in adolescence. *Psychoanal. Study Child* 12, S. 263–283.

– (1961): Some aspects of ego vicissitudes in adolescence. *J. Amer. Psychoanal. Assn.* 9, S. 394–405.

Gillespie, W. H. (1964): Symposium on homosexuality. *Int. J. Psychoanal.* 45, S. 203–209.

Glover, E. (1933): The relation of perversion formation to the development of reality sense. *Int. J. Psychoanal.* 14, S. 486–497.

Greenacre, P. (1953): Certain relationships between fetishism and the faulty development of the body image. *Psychoanal. Study Child* 8, S. 79–98.

– (1958): Early physical determinants in the development of the sense of identity. *J. Amer. Psychoanal. Assn.* 6, S. 612–627.

– (1960): Further notes on fetishism. *Psychoanal. Study Child* 15, S. 191–207.

– (1969): The fetish and the transitional object. *Psychoanal. Study Child* 24, S. 144–164.

– (1975): On reconstruction. *J. Amer. Psychoanal. Assn.* 23, S. 693–712.

Greenson, R. R. (1968): Dis-identifying from mother. *Int. J. Psychoanal.* 49, S. 370–374.

Gurwitt, A. R. (1976): Aspects of prospective fatherhood: a case report. *Psychoanal. Study Child* 31, S. 237–271.

Hall, G. S. (1916): Adolescence. 2 Bände. New York (Appleton).

Harley, M. (1961): Some observations on the relationship between genitality and structural development at adolescence. *J. Amer. Psychoanal. Assn.* 9, S. 434–460.

– (1970): On some problems of technique in the analysis of early adolescents. *Psychoanal. Study Child* 25, S. 99–121.

Hartmann, H. (1953): Contribution to the metapsychology of schizophrenia. *Psychoanal. Study Child* 8, S. 177–198.

Hoffer, W. (1949): Mouth, hand and ego-integration. *Psychoanal. Study Child* 3/4, S. 49–56. Dt.: Mund, Hand und Ich-Integration. *Psyche* 18, 1964, S. 81–88.

– (1950): Development of the body ego. *Psychoanal. Study Child* 5, S. 18–24.

Hollender, M. H. (1975): Women's use of fantasy during sexual intercourse. In *Masturbation*, hg. von I. M. Marcus und J. J. Francis. New York (Int. Univ. Press), S. 315–328.

Horney, K. (1933): The denial of the vagina: a contribution to the problem of the genital anxieties specific to women. *Int. J. Psychoanal.* 14, S. 57–70.

Jacobson, E. (1954): Contribution to the metapsychology of psychotic identifications. *J. Amer. Psychoanal Assn.* 2, S. 239–262.

- (1961): Adolescent moods and the remodeling of psychic structures in adolescence. *Psychoanal. Study Child* 16, S. 164–183.
- (1964): The Self and the Object World. New York (Int. Univ. Press). Dt.: Das Selbst und die Welt der Objekte. Frankfurt am Main (Suhrkamp) 1973.
- (1971): Depression. New York (Int. Univ. Press). Dt.: Depression. Frankfurt am Main (Suhrkamp) 1977.

Jones, E. (1922): Some problems of adolescence. In *Papers on Psycho-Analysis*. London (Ballière, Tindall & Cox) 1948, S. 389–406.
- (1927): The early development of female sexuality. A.a.O., S, 438–451.
- (1932): The phallic phase. A.a.O., S. 452–484.
- (1954, 1955, 1957): Sigmund Freud – Life and Work. 3 Bände. London (Hogarth Press). Dt.: Das Leben und Werk Sigmund Freuds. Bern (Huber) 1961–62.

Katan, M. (1950): Structural aspects of a case of schizophrenia. *Psychoanal. Study Child* 5, S. 175–211.
- (1954): The importance of the non-psychotic part of the personality in schizophrenia. *Int. J. Psychoanal.* 35, S. 119–128.
- (1969): A psychoanalytic approach to the diagnosis of paranoia. *Psychoanal. Study Child* 24, S. 328–357.
- (1975): Childhood memories as contents of schizophrenic hallucinations and delusions. *Psychoanal. Study Child* 30, S. 357–374.

Kernberg, O. F. (1979): The contributions of Edith Jacobson: an overview. *J. Amer. Psychoanal. Assn.* 27, S. 793–819.
- (1980): Developmental theory, structural organization and psychoanalytic technique. In *Rapprochement*, hg. von R. Lax, S. Bach und J. A. Burland. New York (Aronson), S. 23–38.

Klein, M. (1928): Early stages of the Oedipus complex. In *Contributions to Psycho-Analysis 1921–1945*. London (Hogarth Press) 1948, S. 202–214. Dt.: Frühstadien des Ödipuskomplexes. Frankfurt am Main (Fischer) 1985.
- (1945): The Oedipus complex in the light of early anxieties. In *Contributions to Psycho-Analysis 1921–1945*. London (Hogarth Press) 1948, S. 339–390.
- (1958): On the development of mental functioning. *Int. J. Psychoanal.* 39, S. 84–90.

Klumpner, G. H. (1978): A review of Freud's writings on adolescence. *Adolescent Psychiatry* 6, S. 59–74.

Kramer, P. (1954): Early capacity for orgastic discharge and character formation. *Psychoanal. Study Child* 9, S. 128–141.

Kris, E. (191): Some comments and observations on early autoerotic activities. *Psychoanal. Study Child* 6, S. 95–116.
- (1956): The personal myth. *J. Amer. Psychoanal. Assn.* 4, S. 653–681.

Lampl-de-Groot, J. (1950): On masturbation and its influence on general development. *Psychoanal. Study Child* 5, S. 153–174.

- (1960): On adolescence. *Psychoanal. Study Child* 15, S. 95–103. Dt.: Zur Adoleszenz. *Psyche* 19, 1965, S. 477–485.
- (1962): Ego ideal and superego. *Psychoanal. Study Child* 17, S. 94–106.

Laufer, M. (1964): Ego ideal and pseudo ego ideal in adolescence. *Psychoanal. Study Child* 19, S. 196–221.
- (1968): The body image, the function of masturbation, and adolescence: Problems of the ownership of the body. *Psychoanal. Study Child* 23, S. 114–137.
- (1976): The central masturbation fantasy, the final sexual organization, and adolescence. *Psychoanal. Study Child* 31, S. 297–316.
- (1978): The nature of the adolescent pathology and the psychoanalytic process. *Psychoanal. Study Child* 33, S. 307–322.
- (1981): Adolescent breakdown and the transference neurosis. *Int. J. Psychoanal.* 62, S. 51–59.
- (1982): The formation and shaping of the Oedipus complex: clinical observations and assumptions. *Int. J. Psychoanal.* 63, S. 217–227.

Laufer, M. E. (1981): The adolescent's use of the body in object relationships and in the transference: a comparison of borderline and narcissistic modes of functioning. *Psychoanal. Study Child* 36, S. 163–180.
- (1982): Female masturbation in adolescence and the development of the relationship to the body. *Int. J. Psychoanal.* 63, S. 295–302.

Lewin, B. D. (1933): The body as phallus. *Psychoanal. Q.* 2, S. 24–47.
- (1950): The Psychoanalysis of Elation. New York (Norton). Dt.: Das Hochgefühl. Frankfurt am Main (Suhrkamp) 1982.

Lichtenstein, H. (1961): Identity and Sexuality. *J. Amer. Psychoanal. Assn.* 9, S. 179–260.

Limentani, A. (1966): A re-evaluation of acting out in relation to working through. *Int. J. Psychoanal.* 47, S. 274–282.
- (1977): The differential diagnosis of homosexuality. *Brit. J. Med. Psychol.* 50, S. 209–216.

Lindner, S. (1879): Das Saugen an den Fingern, Lippen etc. bei den Kindern (Ludeln). *Jb. Kinderheilk.*

Little, M. (1958): On delusional transference (transference psychosis). *Int. J. Psychoanal.* 39, S. 134–138.

Loewald, H. W. (1971): The transference neurosis: comments on the concept and the phenomenon. *J. Amer. Psychoanal. Assn.* 19, S. 54–66. Dt.: Die Übertragungsneurose, Anmerkungen zum Begriff und zum Phänomen. In *Psychoanalyse. Aufsätze aus den Jahren 1951–1979*. Stuttgart (Klett-Cotta) 1986, S. 297.
- (1979): The waning of the Oedipus complex. *J. Amer. Psychoanal. Assn.* 27, S. 751–775. Dt.: Das Dahinschwinden des Ödipuskomplexes. A.a.O., S. 377.

Loewenstein, R. M. (1935): Phallic passivity in men. *Int. J. Psychoanal.* 16, S. 334–340.

Mahler, M. S. (1963): Thoughts about development and individuation. *Psychoanal. Study Child* 18, S. 307–324.

- (1974): Symbiosis and individuation: the psychological birth of the human infant. *Psychoanal. Study Child* 29, S. 89–106.
- –, Pine, F., und Bergman, A. (1975): The Psychological Birth of the Human Infant. London (Hutchinson). Dt.: Die psychische Geburt des Menschen. Frankfurt am Main (Fischer) 1978.
- Marcus, I. M. (1980): Countertransference and the psychoanalytic process in children and adolescents. *Psychoanal. Study Child* 35, S. 285–298.
- Masterson, J. F. (1978): The borderline adolescent: an object relations view. *Adolescent Psychiatry* 6, S. 344–359.
- Milrod, D. (1982): The wished-for self image. *Psychoanal. Study Child* 37, S. 95–120.
- Modell, A. H. (1968): Object Love and Reality. New York (Int. Univ. Press).
- Mogul, S. L. (1980): Asceticism in adolescence and anorexia nervosa. *Psychoanal. Study Child* 35, S. 155–175.
- Moore, W. T. (1975): Some economic functions of genital masturbation during adolescent development. In *Masturbation,* hg. von I. M. Marcus und J. J. Francis. New York (Int. Univ. Press), S. 231–276.
- Peto, A. (1959): Body image and archaic thinking. *Int. J. Psychoanal.* 40, S. 223–231.
- Reich, A. (1951): The discussion of 1912 on masturbation and our present-day views. *Psychoanal. Study Child* 6, S. 80–94.
- – (1960): Pathologic forms of self-esteem regulation. *Psychoanal. Study Child* 15, S. 215–232.
- Rinsley, D. B. (1981): Borderline Psychopathology: the concepts of Masterson and Rinsley and beyond. *Adolescent Psychiatry* 9, S. 259–274.
- Ritvo, S. (1971): Late adolescence: developmental and clinical considerations. *Psychoanal. Study Child* 26, S. 241–263.
- – (1976): Adolescent to woman. *J. Amer. Psychoanal. Assn.* (Suppl. 24) 5, S. 127–138.
- – (1978): The psychoanalytic process in childhood. *Psychoanal. Study Child* 33, S. 295–305.
- – (1981): Anxiety, symptom formation and ego autonomy. *Psychoanal. Study Child* 36, S. 339–364.
- – und Solnit, A. J. (1958): Influences of early mother-child interaction on identification processes. *Psychoanal. Study Child* 13, S. 64–85. Dt.: Auswirkungen früher Mutter-Kind-Beziehungen auf die Identifizierungsvorgänge. *Psyche* 16, 1962, S. 176–196.
- Roiphe, H. (1973): Some thoughts on childhood psychoses, self and object. *Psychoanal. Study Child* 28, S. 131–145.
- Rosenfeld, H. (1964): An investigation into the need of neurotic and psychotic patients to act out during analysis. In *Psychotic States*. New York (Int. Univ. Press) 1966, S. 200–216. Dt.: Über das Bedürfnis neurotischer und psychotischer Patienten, während der Analyse zu agieren. In *Zur Psychoanalyse psychotischer Zustände*. Frankfurt am Main (Suhrkamp) 1981, S. 234.

Sandler, J. (1960): On the concept of superego. *Psychoanal. Study Child* 15, S. 128–162. Dt.: Zum Begriff des Über-Ichs. *Psyche* 18, 1964, S. 721–743 und 812–828.

Sands, D. E. (1956): The psychoses of adolescence. In *The Psychology of Adolescence,* hg. von A. H. Esman. New York (Int. Univ. Press) 1975, S. 402–413.

Sarnoff, C. A. (1975): Narcissism, adolescent masturbation fantasies, and the search for reality. In *Masturbation,* hg. von I. M. Marcus and J. J. Francis. New York (Int. Univ. Press), S. 227–304.

Schafer, R. (1960): The loving and beloved superego in Freud's structured theory. *Psychoanal. Study Child* 15, S. 163–188.

Schilder, P. (1935): The Image and Appearance of the Human Body. New York (Int. Univ. Press) 1950.

Schur, M. (1955): Comments on the metapsychology of somatization. *Psychoanal. Study Child* 10, S. 119–164.

Segal, H. (1964): Introduction to the Work of Melanie Klein. London (W. Heinemann). Dt.: Melanie Klein. Eine Einführung in ihr Werk. München (Kindler) 1974.

– (1977): Psychoanalytic dialogue: Kleinian theory today. *J. Amer. Psychoanal. Assn.* 25, S. 363–370.

Sherfey, M. J. (1966): The evolution and nature of female sexuality in relation to psychoanalytic theory. *J. Amer. Psychoanal. Assn.* 14, S. 28–128.

Sklansky, M. (1972): Panel report: indications and contraindications for the psychoanalysis of the adolescent. *J. Amer. Psychoanal. Assn.* 20, S. 134–144.

Solnit, A. J. (1959): Panel report: the vicissitudes of ego development in adolescence. *J. Amer. Psychoanal. Assn.* 7, S. 523–536.

Spiegel, L. A. (1958): Comments on the psychoanalytic psychology of adolescence. *Psychoanal. Study Child* 13, S. 296–308.

Stewart, W. A. (1963): An inquiry into the concept of working through. *J. Amer. Psychoanal. Assn.* 11, S. 474–499.

Stoller, R. S. (1969): Sex and Gender. London (Hogarth Press).

Strachey, J. (1934): The nature of the therapeutic action of psychoanalysis. *Int. J. Psychoanal.* 15, S. 127–159.

Sugar, M. (1979): Therapeutic approaches to the borderline adolescent. *Adolescent Psychiatry* 7, S. 343–361.

Tanner, J. M. (1962): Growth at Adolescence. Oxford (Oxford University Press). Dt.: Wachstum und Reifung des Menschen. Stuttgart (Thieme) 1962.

Tausk, V. (1912): On masturbation. *Psychoanal. Study Child* 6, 1951, S. 61–79.

– (1919): Über die Entstehung des »Beeinflussungsapparates« in der Schizophrenie. *Int. Zeitschrift f. Psychoanalyse* 5, S. 1–33; Neuabdruck (1969) *Psyche* 5, S. 354–384.

Tylim, I. (1978): Narcissistic transference and countertransference in adolescent treatment. *Psychoanal. Study Child* 33, S. 279–292.

Wexler, M. (1965): Working through in the therapy of schizophrenia. *Int. J. Psychoanal.* 46, S. 279–286.

Winnicott, D. W. (1953): Transitional objects and transitional phenomena: a study of the first not-me possession. *Int. J. Psychoanal* 34, S. 89–97. Dt.: Übergangsobjekte und Übergangsphänomene. *Psyche* 23, 1969, S. 666–682. Auch in *Vom Spiel zur Kreativität.* Stuttgart (Klett-Cotta) ⁴1987, S. 10.

– (1958): The capacity to be alone. *Int. J. Psychoanal.* 39, S. 416–420. Dt.: Die Fähigkeit, allein zu sein. *Psyche* 12, 1958, S. 344.

Register

Abraham, K. 48, 53
Abwehr/-system/-mechanismen 23, 27f., 44f., 47f., 62ff., 71ff., 81f., 90, 94, 102f., 113, 121ff., 128, 139, 141f., 164, 229, 231ff., 236–239, 244, 246, 248ff., 259, 266
Affektverleugnung 237
Aggression 24, 57, 64, 71–74, 86, 119, 123f., 129, 132, 136, 145, 148f., 167, 172
–, Fallbeispiel (Frank) 155f.
Aichhorn, A. 12
Akne 240
Aktivität 90f.
Allmachtsgefühl/-phantasie 53, 139, 157, 262
Angst/Ängste 40, 44, 47f., 79, 81, 83f., 87f., 90f., 210, 213, 235, 237, 239, 241, 246f., 250, 252f., 258, 264
Anorexie 9f., 42, 45, 151, 251, 261
Assoziationen 119, 132, 203
Asthma 240
Autoaggression 9, 83, 103ff., 151, 154, 164, 166, 175, 179, 182, 239, 245, 251, 254, 263–266, 268
–, Fallbeispiel (Rebecca) 263ff.
autoerotische Aktivität, s. Masturbation

Bak, R. C. 59, 147
Beres, D. 104
Bergman, A. 53, 95
Bernfeld, S. 12, 40
Bettnässen 239f.
Bewältigung 49f.
Beziehungswahn 247
Blos, P. 12, 26, 40, 101, 148, 182, 217
Borderline-Störung 54, 130–137, 149f.

–, Fallbeispiel (Doris) 130ff., 144ff.
Breuer, J. 53
Brunswick, R. M. 80, 90

Chasseguet-Smirgel, J. 213, 219
Clower, V. L. 83
Cohen, D. J. 95

Daumenlutschen 76f.
Delinquenz 239
Delusion 263
Depersonalisation 156
Depression 41, 45, 55, 119ff., 136, 145, 183f., 197, 212f., 235f., 239f., 246, 251, 257, 261
Desintegration 191
Desorganisation/desorganisiert 180, 190, 203, 255
Destruktivität, s. Aggression
Deutsch, H. 12, 27, 48, 59, 91, 159, 213
Dewald, P. A. 114
Diagnose 231–269
–, Fallbeispiel (Bob) 254–257
–, Fallbeispiel (Helen) 260f.
–, Fallbeispiel (Rebecca) 263ff.
–, Ziel der 252–258
Dibble, E. D. 95
Drogenkonsum/-sucht/-abhängigkeit 9, 29ff., 38, 45, 63, 103, 151, 179, 182, 239, 251, 259

Eissler, K. R. 59, 180
Entwicklung der Persönlichkeit, s. Persönlichkeitsentwicklung
Entwicklungsblockierung 242f.
Entwicklungskrise 14f., 41–58, 59, 179, 205f., 214, 216–219, 222, 229ff., 234, 236f., 239, 244, 246f., 248, 256, 259, 266

–, Auswirkungen der 44
–, Definition der 43
–, Fallbeispiel (John) 119–128
– und Ödipuskomplex 51–54
– und Selbstmordversuch 152 ff.
– vs. Psychose 14
–, Zeitpunkt der 42 ff.
Entwicklungssperre 206–215, 231, 233, 250
–, Fallbeispiel (David) 206–215
Entwicklungsstillstand 231 ff., 259, 266
Erikson, E. 12
Erlich, H. S. 149
Es 50, 106
Eßstörung 63, 148, 166, 171 f., 239 f., 261
Externalisierung 247
exzentrisch 259

Fallbeispiele
– Alan 67 ff., 71 ff.
– Bob 254–257
– David 206–215
– Doris 130–137, 144 ff.
– Frank 155 f.
– Gloria 83 ff.
– Harriet 87 ff.
– Helen 260 f.
– Jane 54–58, 183–205
– John 119–128
– Mark 29–33
– Mary 138–150, 163–175
– Paul 33–39
– Rebecca 263 ff.
– Selma 85 ff.
– Susan 69–74
Fasten 239 f., 261, s. a. Magersucht
Federn, P. 59
Ferenczi, S. 48, 53, 148, 213
Fetischismus 106, 216, 218, 245
Fettsucht 42
Fixierung 54
Freud, A. 23, 59, 72, 93, 180, 182, 212

Freud, S. 12, 15, 19 f., 22, 49, 51–54, 59 f., 63, 75 f., 78, 81, 103, 106, 111 f., 116, 121, 147, 161, 205, 217
Frustrationstoleranz 236

Gegenübertragung 104, 220 ff.
Geleerd, E. R. 180
genitale Wünsche 27
Genitalität 27 f., 30, 39, 62, 96, 217 ff., 235, 243 f., s. a. Primat der geschlechtlichen Differenzierung 41, 46 ff., 54, 98, 214, 231, 235, 241, 244
–, Fallbeispiel (Jane) 54–58
Gillespie, W. H. 212
Glover, E. 212
Greenacre, P. 59, 73, 116, 217
Greenson, R. R. 214

Hall, G. S. 12
Harley, M. 27, 180, 220
Haß auf den eigenen Körper 64, 71, 82, 84, 86, 95, 103 ff., 113, 137 f., 142, 155, 158, 232, 245, 254, s. a. Selbsthaß
Hemmung 235
Hilfs-Ich 181, 245
Hilfs-Überich 181
Hoffer, W. 59, 72
Homosexualität 35, 45, 48, 81 f., 184, 188 f., 207–216, 218, 220, 222 f., 233, 265
–, Fallbeispiel (David) 206–215
Horney, K. 79

Ich 50, 53, 64, 93, 106
– -entwicklung 52
– -fremd 61
– -funktionen 52, 59
– -ideal 26, 93, 99 ff., 105
– –, Pseudo- 100
– -Organisation 15
Idealisierung 80, 120, 128, 214, 223
Identifizierung 77 ff., 81 ff., 88, 91, 93, 100, 103, 106, 124, 152, 234 f., 248

– mit einem Elternteil 30, 33, 48f., 52, 56f., 73f., 89f., 95f., 114, 219f., 242, 246
Integration 43, 48, 50, 61, 67, 101, 110, 206, 217ff., 232f., 237f., 241–245, 247
Internalisierung 23, 50, 80, 95, 103, 105, 106
Intervention 181ff., 230
Inzest 64
– -barriere 152
inzestuös 153
– -er Elternteil 11
– -er Wunsch 44ff., 49, 57, 112, 198, 237
– -es Objekt 45f., 93

Jacobson, E. 12, 53, 59, 93f., 98, 102, 149
Jones, E. 53, 79
Jung, C. G. 53

Kastrationsfurcht 30, 52, 73
Kastrationswunsch 30
Katan, M. 149, 159, 205
Kernberg, O. 53, 147
Klein, M. 53, 79, 147
Kompensation 150
Kontrollverlust 180
Körperbild 9, 14, 21, 25, 41ff., 46f., 52, 59–74, 150, 189, 206, 217, 231ff., 237f., 241, 243, 247, 249ff.
–, Fallbeispiel (Alan) 67ff., 71ff.
–, Fallbeispiel (Susan) 69–74
–, idealisiertes 93–106
–, – und Masturbation 94–99
–, ödipales 54
–, sexuelles 49ff., 54, 59, 214, 232ff., 236ff., 240, 244f., 247
–, verzerrtes 106, 110, 113, 119, 213, 220, 233, 238, 244f., 247, 256
–, zweigeteiltes 77
Körper-Ich 15
Körperlichkeit 75–92, 129–150, 248f., 254

–, Fallbeispiel (Doris) 130–137, 144ff.
–, Fallbeispiel (Mary) 138–150
Körperrepräsentation 45, 50
Kris, E. 77

Lampl-de-Groot, J. 59, 220
Laufer, M. 100, 114
Lernversagen 45
Lewin, B. D. 96
Libido/libidinös 27, 93f., 234, 242f., 247
Limentani, A. 182, 218
Lindner, S. 76
Loewald, H. W. 50, 104, 112, 217

Magersucht 103
Mahler, M. 22, 53, 59, 95
manische Reaktion 235
Masochismus/masochistisch 86
Masturbation 23, 29, 35–38, 44, 46, 48, 56, 59–74, 76, 78, 120–123, 125, 127, 131, 134–137, 147, 156, 184f., 187ff., 193f., 197, 200–204, 208, 212, 234, 236, 239, 244f., 248, 254ff.
– als Probehandeln 61f., s. a. dort
–, Bedeutung der Hand 76–83
– bei Jungen 59–74
– –, Fallbeispiel (Alan) 67ff., 71ff.
– bei Mädchen 75–92
– –, Fallbeispiel (Gloria) 83ff.
– –, Fallbeispiel (Harriet) 87ff.
– –, Fallbeispiel (Selma) 85ff.
– –, Fallbeispiel (Susan) 69–74
–, dualer Charakter der 77
– –, Fallbeispiel (Mark) 29–33
–, infantile 53
– -skonflikt 81ff., 94
– -sphantasie 60–63, 67, 72f., 119, 122, 125, 254
– –, perverse 70f.
– –, zentrale 22–33, 38f., 49f., 56, 109f., 114f., 120, 179–205, 211f., 218, 242

– –, –, Fallbeispiel (Jane) 183–205
– und idealisiertes Körperbild
  94–99
melancholische Reaktion 214
mentale Repräsentation 47 f.
Mutter-(Kleinst-)Kind-Beziehung
  53, 65
Mutterbrust 53, 77, 147

narzißtische Persönlichkeitsstörung
  138–150
–, Fallbeispiel (Mary) 138–150
Neurose 19, 54, 106, 112, 247, 259
Neutralität des Analytikers/der
  Analytikerin 222f., 225
Normalität und Abnormität 12f.,
  s. v. a. sexuelle

Obers, S. J. 104
Obesitas 9, 118, 251
Objekt 22, 96f., 238
– -beziehungen 24f., 27f., 40, 42,
  47f., 90, 99ff., 109f., 129–150,
  214, 234, 240
– -findung 53
– -liebe 48
– -repräsentation 95
– -suche 81f.
– -wahl 206, 213, 219f., 222, 239,
  242
ödipal
– -e Aggression 47, 64, 73
– -e Bewältigung 50
– -e Eltern 44, 46f., 50, 101, 105,
  113, 115, 217, 219f., 221f.
– -e Identifizierung 21, 45, 47, 64,
  217, 244
– -e Objekte 21, 48, 93, 95, 99, 102,
  153, 213, 219f., 224, 233f., 236f.,
  239, 244, 246, 249, 251
– -e Wünsche 21, 51, 64, 66, 71, 94,
  123, 219
– -er Konflikt 21, 54, 57, 81, 117,
  241, 249
– -es Körperbild 54

Ödipuskomplex 22f., 41, 43, 49–54,
  99., s. a. ödipaler Konflikt
– des Mädchens 89–92
– und Entwicklungskrise 51–54
oraler Geschlechtstrieb 77

Penisneid 75, 79, 81
Persönlichkeitsentwicklung 10f.,
  50, 59, 76, 78, 80, 114, 151, 216ff.,
  234, 242f., 254
–, Funktion der Adoleszenz für die
  19f., 41
Perversion/pervers 19, 42, 44, 48, 54,
  110, 214, 216, 218, 233, 239, 248
Peto, A. 59
Phantasie/n 11, 14, 21, 23ff., 42f.,
  45f., 49, 51, 59, 77, 80, 85–88, 90f.
  94–98, 109ff., 115–126, 140, 142f.,
  145f., 148, 151, 155f., 162, 180f.,
  207, 212, 218, 238, 246, 248–251,
  263
–, paranoide 170
–, perverse 113
–, regressive 72, 104, 113
–, Schwangerschafts- 30
Phobie 239f.
Pine, F. 53, 95
prägenitale Wünsche 26 ff.
präödipal
– -e Aggression 73
– -e Wünsche 64
präventive Funktion der Behandlung 111
Primat der Genitalzone/der Genitalität 20, 60–63, 241
Probehandeln 26ff., 46, 48, 61f., 66,
  96, 122, 212
Projektion 45, 65, 103, 113, 115,
  236ff., 247, 251
–, paranoide 214
Promiskuität 42, 182, 239
Pseudo-Ichideal 100
Psychose/psychotisch 13f., 19, 54,
  106, 112, 215, 240, 244f., 247–251,
  268

psychosomatische Störungen 239f.
psychotische Episode 233, 251, 254
psychotisches Funktionieren 238, 247, 249, 251
Pubertät 20f., 242
– -skrise 112–117, 214, 233, 244, 251, 254, 259, 266

Realität
–, innere/äußere 53, 234f.
– -sbezug (fehlender/verminderter) 24f., 151f., 219, 233f., 238, 245–251, 256, 259
– -sprüfung 44f., 59, 110, 121, 125, 219, 262
– -sverleugnung 80, 175
Regression/regressiv 11, 26f., 30, 39, 42f., 47, 49, 61f., 66, 72, 83ff., 102–105, 110, 112f., 139, 153, 159f., 213f., 232, 242, 249, 258
Rekonstruktion 116–119, 192, 203, 209
Ritvo, S. 26, 82, 101, 103, 114, 149
Rosenfeld, H. 149, 182

Sadismus/sadistisch 44, 120
sadomasochistisch 246
Sandler, J. 104
Schafer, R. 104
Schilder, P. 22, 59, 159
Schizophrenie 14, 134, 250
Schulphobie/Schulversagen 44, 239
Segal, H. 54
Selbstbeobachtung 235
Selbstbeschädigung/-verletzung/ -verstümmelung s. Autoaggression
Selbstbestrafung 158
Selbstbild 33, 38, 46, 67, 234
Selbsterhaltungstrieb 103
Selbsthaß 50, 126, 157, 219f., 236, 261, 264f., s. a. Haß auf den eigenen Körper
Selbstmord/-versuch/-gedanken 9, 34f., 37, 42, 44f., 55, 57, 63f., 69, 103, 118, 120, 137f., 141, 147f., 151–175, 179, 181f., 184, 188–191, 199, 211, 233, 239f., 245, 251, 255f., 259–262
– als akute psychotische Episode 151, 161f., 164
–, Bedeutung des Zeitpunkts des 169
–, Fallbeispiel (Frank) 155f.
–, Fallbeispiel (Mary) 163–175
–, Fallbeispiel (Paul) 33–39
– und Entwicklungskrise 152ff.
Selbstrepräsentation 43, 95
Sexualobjekt 213, 219, 222, 239, 241, 244
sexuell
– -e Abnormität/Normalität 10, 21, 184, 216f., 222ff., 233, 241, 256, 262f.
– -e Entwicklung 216–225
– -e Identifizierung 21, 23, 49, 254
– -e Identität 21, 41, 106, 112, 152, 220
– -e Organisation 19–40, 93, 97, 111, 212, 218f., 229, 234, 238, 241, 243, 245f., 251
– –, Fallbeispiel (Mark) 29–33
– –, Fallbeispiel (Paul) 33–39
– -e Wünsche/Phantasien 95, 113f., 124, 167, 170, 172
– -es Körperbild 49ff., 54, 59, 220, 232, 236ff., 240, 244f., 247
Sherfey, M. J. 78
Solnit, A. J. 103
Splitting 103, 237
Stewart, W. A. 161
Stoller, R. S. 218
Strachey, J. 205
Sublimation 149f., 236, 245
symbolische Bedeutung der Hand 76–83

Tagtraum 23f., 192, 197f., 200, 202f.
Theorie des Narzißmus 53
therapeutischer Rahmen 265–269
Transvestitentum 216, 218, 245
Trauerarbeit 135

Traum 87, 127, 132, 142, 145, 193f., 196f., 203, 209ff.
Trauma/traumatisch 40, 161f., 240, 245f., 249
Trennungserfahrung 78
Triebforderungen 64
Triebgefahr 93

Überich 23, 26, 49f., 52, 62, 93–106, 110, 112, 149f., 181
– -funktion 102, 105
–, Internalisierung des 23
Übertragung 25, 31, 55ff., 80f., 84, 86, 112ff., 116, 118, 121, 123–126, 129–150, 161, 163ff., 173, 182f., 187f., 197f., 202, 204, 208, 210, 213f., 268
–, paranoide 105f.
– -sbeziehung 101–106, 112, 175, 224f.
– -skrise 112, 114, 116, 164, 268f.
Urszene 68, 73

Verdrängung 25, 63, 76, 80ff., 101, 235
–, partielle 93
– -sschranken 102, 104
Verleugnung 24, 80, 235, 237
Verzerrung 115, 247, 256, s. a. Körperbild, verzerrtes

Wahnvorstellung 214, 247
Wahrnehmung 59, 238, 244
Winnicott, D. W. 54, 59, 72, 95

Zwanghaftigkeit 42, 63, 148, 179–205, 235, 239f., 249, 258, 263f.
–, Fallbeispiel (Rebecca) 263ff.

Ein Markstein in der Entwicklung der Familientherapie

Eine aufregende Entdeckungsreise: von der Unzufriedenheit mit den paradoxen Techniken zu einem neuen Psychosemodell.

Mara Selvini Palazzoli, Stefano Cirillo
Matteo Selvini, Anna Maria Sorrentino
Die psychotischen Spiele in der Familie

Aus dem Italienischen übersetzt von Ruth Ensslin-Frey
1992. 402 Seiten, Leinen mit Schutzumschlag,
ISBN 3-608-95677-8

Dieses Buch ermöglicht es dem Leser, die Entwicklung von Mara Selvini Palazzoli, einer der Pionierinnen der Familientherapie, und ihres Teams Schritt für Schritt nachzuvollziehen.
Dieser Weg führte von einem streng systemischen zu einem mehrdimensionalen Denken, von der paradoxen Umdeutung des Symptoms zur Offenlegung des Familienspieles.

Zur Beschreibung der pathogenen familiären Beziehungsmuster verwenden die Autoren die Metapher des Spiels. Dadurch gelingt es ihnen, das einseitig systemische Denken zu überwinden und den Blick frei zu machen für unabhängige, unvorhersehbare Spielzüge des einzelnen. Die therapeutischen Interventionen sind in erster Linie eine Einladung an die Familie, die Karten auf den Tisch zu legen, um mit einem neuen Spiel zu beginnen.

»Die Kursänderungen, die wir vorgenommen haben, standen allein im Dienste der inneren Kohärenz und Kontinuität unserer theoretischen und klinischen Forschung. Die therapeutischen Methoden, Strategien und Instrumente mögen sich ändern, das Ziel aber bleibt stets das gleiche: die zwischenmenschlichen Wurzeln der sogenannten Geisteskrankheiten zu finden, eine soziale Ätiologie der psychischen Störung zu entwerfen.«
(Aus dem Vorwort)

Klett-Cotta

Standardwerke der Psychoanalyse

Erik H. Erikson
Kindheit und Gesellschaft
11. Auflage 1992, 426 Seiten,
11 Abbildungen,
Linson mit Schutzumschlag
ISBN 3-608-95939-4

Ella Freeman Sharpe
Traumanalyse
1984, 205 Seiten,
Linson mit Schutzumschlag
ISBN 3-608-95183-0

Anna Freud
Wege und Irrwege in der Kinderentwicklung
Schriften zur Psychoanalyse und psychosomatischen Medizin, Band 7
5. Auflage 1992, 234 Seiten,
kartoniert
ISBN 3-608-95035-4

Ralph R. Greenson
Psychoanalytische Erkundungen
2. Auflage 1993, 467 Seiten,
Leinen mit Schutzumschlag
ISBN 3-608-95090-7

Ralph R. Greenson
Technik und Praxis der Psychoanalyse
6. Auflage 1992, 454 Seiten,
Leinen mit Schutzumschlag
ISBN 3-608-95954-8

Otto F. Kernberg
Objektbeziehungen und Praxis der Psychoanalyse
5. Auflage 1993, 316 Seiten,
Register, Bibliographie,
Leinen mit Schutzumschlag
ISBN 3-608-95936-X

Otto F. Kernberg
Schwere Persönlichkeitsstörungen
Theorie, Diagnose,
Behandlungsstrategien
4. Auflage 1993, 539 Seiten,
Leinen mit Schutzumschlag
ISBN 3-608-95369-8

Klett-Cotta

Standardwerke der Psychoanalyse

Melanie Klein
Das Seelenleben des Kleinkindes und andere Beiträge zur Psychoanalyse
4. Auflage 1991, 254 Seiten,
Leinen mit Schutzumschlag
ISBN 3-608-95107-5

Moses Laufer / M. Eglé Laufer
Adoleszenz und Entwicklungskrise
1989, 284 Seiten,
Linson mit Schutzumschlag
ISBN 3-608-95387-6

Hans W. Loewald
Psychoanalyse
Aufsätze aus den Jahren 1951 bis 1979
1986, 432 Seiten,
Linson mit Schutzumschlag
ISBN 3-608- 95266-7

Margaret S. Mahler
Studien über die drei ersten Lebensjahre
3. Auflage 1989, 417 Seiten,
Leinen mit Schutzumschlag
ISBN 3-608-95016-8

Margaret S. Mahler
Symbiose und Individuation. Psychosen im frühen Kindesalter
6. Auflage 1992, 255 Seiten,
Leinen mit Schutzumschlag
ISBN 3-608-95229-2

Joseph Sandler / Anna Freud
Die Analyse der Abwehr
1989, 395 Seiten,
Leinen mit Schutzumschlag
ISBN 3-608-95604-2

René A. Spitz
Vom Säugling zum Kleinkind
Naturgeschichte der Mutter-Kind-Beziehung im ersten Lebensjahr
10. Auflage 1992, 403 Seiten,
Leinen mit Schutzumschlag
ISBN 3-608-95199-7

Klett-Cotta